マンション
長寿命化
モデル事例集

CONTENTS

積算資料 ポケット版 シリーズ

共用部分修繕の工事単価

積算資料 ポケット版 マンション修繕編 2023/2024

■2023年7月発刊

建築工事研究会 編

■A5判　454頁

■定価2,937円（本体2,670円+税）

マンション共用部分修繕に関する工事費を、長期修繕計画標準様式の修繕項目に基づき掲載。

特集は「脱炭素時代のマンション省エネ改修への取り組み」と、「マンション外壁改修のこれから」。

見積実例では、大規模修繕と同時に耐震改修、エレベーターの新設を行った事例や、サッシ改修、給排水更新などの工事実例に加えて、調査・診断実例も掲載。

新築住宅の工種別工事単価

積算資料 ポケット版 住宅建築編 2023

■年1冊（4月）発刊

建築工事研究会 編

■A5判　744頁

■定価2,937円（本体2,670円+税）

新築住宅の工事費や材料費を工種別に掲載。

特集は、『「働き方改革」に向けて、今、工務店が取り組まなければいけないこと』、『コストアップから見た、今求められる住宅性能』の二本立て。

設計・見積り実例では新たな省エネ上位等級を満たす実例などを、詳細な仕様と見積書と共に掲載。各事業者の取り組みも紹介しており、事業運営に役立つ内容となっている。

住宅リフォームの部位別工事単価

積算資料 ポケット版 リフォーム編 2024

■年1冊（10月）発刊

建築工事研究会 編

■A5判　760頁

■定価2,937円（本体2,670円+税）

戸別・マンション専有部のリフォーム工事費を部位別に掲載。

特集は、「人と地域をつなぐ空き家対策」と題し、工務店や設計事務所などの空き家対策への取組みを紹介。設計・見積り実例では、断熱リフォームや各年代の生活スタイルに合わせたリフォームなど7事例を紹介している。

今号も「見積りの算出例」など、最新の価格情報とともにリフォームに役立つ情報が満載。

積算資料 ポケット版 マンション修繕編別冊

マンション建替えモデル事例集III

経済調査会 編集

■A4判変型　112頁

■定価 1,210円（本体1,100円+税）

築40年超の高経年マンションは、20年後には約425万戸に急増すると推計され、その再生が喫緊の課題。

本書では、高経年マンションを再生させるための“建替え”について検討を行っている管理組合向けに、成功に導くための進め方とポイントを最新の事例を交えてわかりやすく紹介

積算資料 ポケット版 マンション修繕編別冊

マンション改修モデル事例集III

経済調査会 編集

■A4判変型　72頁

■定価 1,210円（本体1,100円+税）

高経年マンションを再生させるための“改修”について検討を行っている管理組合向けに、進め方とポイントをこれまでに実施された事例を交えてわかりやすく紹介

● お申し込み・お問い合わせは ●

経済調査会出版物管理業務委託先
KSC・ジャパン（株）　0120-217-106　FAX 03-6868-0901

詳細・無料体験版・ご購入はこちら！
Bookけんせつ Plaza 検索

巻頭企画

マンション長寿命化への取り組み

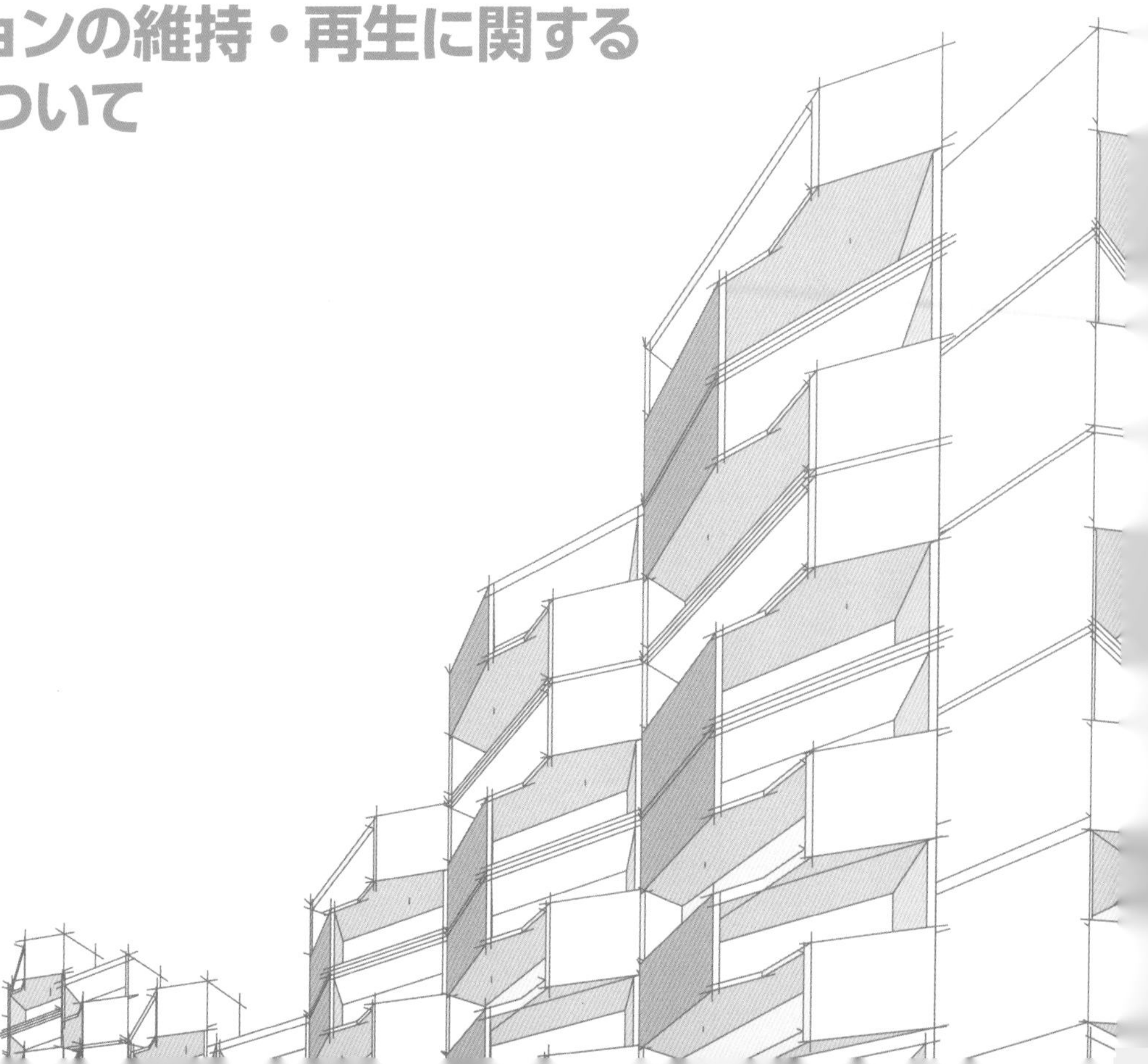

マンションの長寿命化に向けた取り組みと今後の方向性について

国土交通省　住宅局参事官（マンション・賃貸住宅担当）付

マンションの現状と課題

わが国の分譲マンションは、今からおよそ70年前の１９５０年代に誕生したといわれています。今日では、約７００万戸のストックが存在し、試算によれば、約１，５００万人、すなわち1割を超える国民が居住するなど、都市部を中心に主要な居住形態となっています。一方で、築40年以上を経過したマンションは約１２６万戸存在し、20年後には３・５倍の約４４５万戸まで増加していくことが見込まれています（**図1**）。加えて、築40年以上のマンションでは70歳以上の世帯主が約半数を占めるなど（**図2**）、「2つの老い」といわれる建物と居住者の両方における高齢化が進行しており、これに伴うさまざまな課題が顕在化しつつあります。

マンションは、適切な管理を行い適時必要な修繕工事を実施することで、相当長期間にわたって良好な居住環境の確保が可能と考えられる一方、適切な修繕工事が実施されず、長期間建物の劣化が放置され続けると、修繕による機能回復が困難になっていきます。劣化が進行したマンションにおいては、建替えによる再生を行うことも考えられますが、マンションの建替えは、検討や合意形成に当たり相当な労力と時間を要することに加え、近年のマンション建替えにおける事業性は低下傾向にあり、区分所有者に多額の費用負担が発生するなど、大きな困難が伴います。

修繕も建替えもできないマンションでは、建物の劣化が進行し、その結果、居住環境の悪化のみならず、外壁や手すりが落下し危害を及ぼすなど、周辺へも大きな悪影響をもたらします。このため、現存するマンションの管理水準の底上げを図り、長寿命化を進める取り組みを強化するとともに、老朽化したマンションの再生を円滑化する取り組みを進めることが喫緊の課題となっています。

こうした背景を踏まえ、国土交通省では、マンションの先導的な長寿命化工事への支援を行う「マンションストック長寿命化等モデル事業」を２０２０年に創設し、モデル的な取り組み事例やノウハウの収集および横展開を図っています。加えて、２０２３年４月には必要な積立金を確保し、大規模修繕工事を促す観点から、管理計

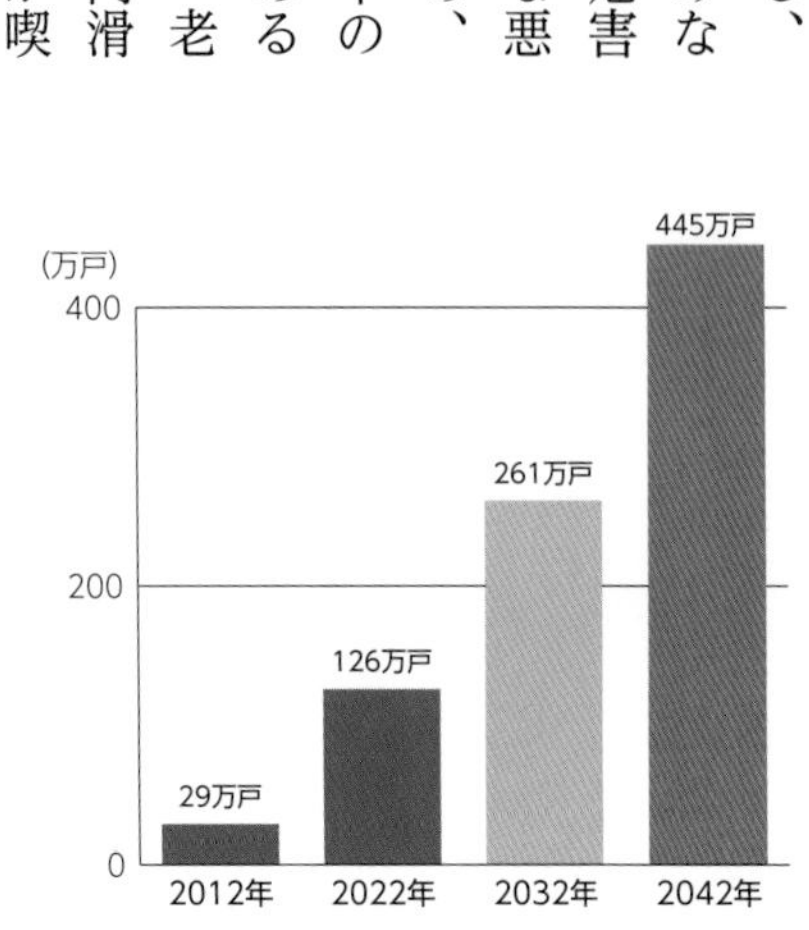

図１　築40年以上のマンションストック数の推移

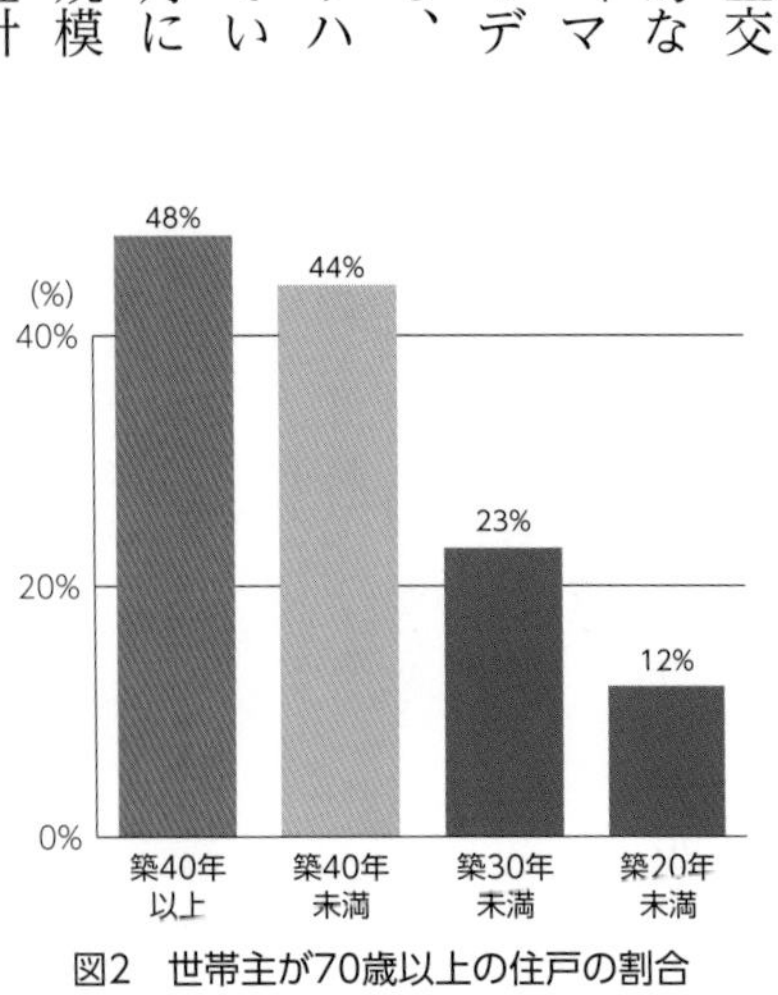

図2　世帯主が70歳以上の住戸の割合

画認定マンション等において、長寿命化に資する大規模修繕工事を実施したマンションに対する固定資産税額の減額措置として、「マンション長寿命化促進税制」を創設しました。

さらに、今後急速に進行する建物と居住者の「2つの老い」に対応するため、２０２２年10月より法務省において法制審議会区分所有法制部会（以下「法制審議会」という）が設置され、区分所有建物の管理と再生の円滑化に関する区分所有法制の抜本的な見直しに向けた議論が開始されました。また、国土交通省においても、法制審議会と並行して「今後のマンション政策のあり方に関する検討会」を設置し、適切な管理水準への誘導や良好なコミュニティー形成、マンション再生における事業の安定性の確保など、管理・修繕、再生の幅広いテーマについて課題の整理を行い、２０２３年８月に現時点で考えられるマンション政策の方向性を大綱としてとりまとめたところです。

本稿では、「マンションストック長寿命化等モデル事業」や「マンション長寿命化促進税制」の概要および「今後のマンション政策のあり方に関する検討会」のとりまとめについて、特にマンションの長寿命化に関する取り組みの方向性について、その一部をご紹介します。

マンションストック長寿命化等モデル事業について

マンションの長寿命化を図り、長期にわたって快適な居住環境を維持していくためには、日々の修繕工事に加え、建築時点の水準を超えてマンションの性能を向上させるような工事の実施についても検討していくことが重要と考えられます。ここで「性能の向上」と一言で表しても、耐震性能や省エネ性能など建物の性能の向上を図るものや、設計が古く維持管理しづらいものを現代の水準に合わせ今後の維持管理を容易にするものなど、マンションの実態に応じてさまざまな工事が考えられます。一方でそうした工事に当たっては、日々の修繕工事にかかる費用に加え多くの費用が必要となることもあり、進みづらいのが現状です。

こうした背景を踏まえ、より多くのマンションにおいて長寿命化等を図る取り組みが進められるよう、類似の課題を抱えるマンションの参考となる、政策目的、独自性・創意工夫、合理性、合意形成、工程計画、維持管理の点で総合的に優れた先導的なプロジェクトに対して、事業の計画検討や工事費用の一部に支援を行い、事例やノウハウの横展開を図る補助事業を行っています。補助を受けるに当たっては、以下で紹介する（1）、（2）どちらかの事業タイプにて、有識者からなる委員会において、先導的な取り組みであるとして採択されることが条件となります。

（1）先導的再生モデルタイプ

①計画支援［事業前の立ち上げ準備段階への支援タイプ］

先導性の高い長寿命化に資する改修や建替えに向けた事業を実現するために必要な調査・検討等の準備段階の取り組みを対象とします。建設後相当の期間が経過したマンションは、長寿命化改修等により、そのまま住み続けるか、または建替えやその他の方法での再生を図るのかについて、区分所有者の間で十分に比較検討し、専門家の意見も参考にしながら、再生手法を選択し、合意形成を図っていくことが重要です。このため、具体的に先導性の高い手法で再生を行おうとする準備・検討段階のマンションについて、情報収集や基礎的な検討、再生手法の比較などを行う取り組みを対象とします。

〈補助対象事業者〉

マンション再生コンサルタント、設計事務所、管理会社　等

〈補助対象事業費〉

マンションの長寿命化等に向けた事業を実現するための必要な調査・検討等に要する費用（選定１案件につき原則５００万円／年（最大3年）を上限※）

②改修工事支援・建替工事支援［長寿命化等の改修工事や建替工事の実施段階への支援タイプ］

1）改修工事支援

老朽化マンションの長寿命化に向けて、先導性が高く創意工夫を含む改修や修繕の取り組みを対象とします。劣化した部材の補修、設備の修理や取替えなど、性能や機能を建設当初の水準に回復するような修繕等のみを行う工事は対象となりません。

〈補助対象事業者〉

施工業者、買取再販業者、管理

組合に関わって改修事業に参画する者（事業参画者）

〈補助対象事業費〉

次に掲げる費用の合計の３分の１以内の額

①調査設計計画に要する費用

②長寿命化に資する工事のうち先進性を有するものに要する費用

2)建替工事支援

長寿命化改修工事を行うことが経済的に不合理なケースや、区分所有者の合意形成の状況等によっては建替えで再生を図ることが合理的であるケースもあります。そのようなケースであって、先導性があると評価委員会で認められた一定の建替工事について、支援を行っています。

〈補助対象事業者〉

施工業者、買取再販業者、管理組合に関わって改修事業に参画する者（事業参画者）

〈補助対象事業費〉

次に掲げる費用の合計の３分の１以内の額

①調査設計計画に要する費用

②土地整備に要する費用

③共同施設整備に要する費用（建替え前のマンションの共同施設の面積相当分が上限）

（2）管理適正化モデルタイプ

①計画支援［事業前の立ち上げ準備段階への支援タイプ］

管理水準の低いマンションが、管理水準を向上させていくために必要な大規模修繕工事等の実現に向けて、調査・検討等の準備段階の取り組みを対象とします。自ら管理水準を向上し、建物の機能や居住環境を維持していくことが困難なマンションにあっては、地域のマンション政策を担う地方公共団体の協力のもと、区分所有者間の合意形成を図り、管理の適正化に必要な大規模修繕工事等を実施していくなど、マンションの適正な維持管理のライフサイクルを実現していくことが重要です。このため、具体的に管理水準を向上させていくために必要な大規模修繕工事等を行おうとする準備・検討段階のマンションについて、長期修繕計画の作成、および見直しや修繕積立金の積立額の見直し等に必要な合意形成の確保に向けた取り組みを対象とします。

〈補助対象事業者〉

マンション再生コンサルタント、設計事務所、管理会社　等

〈補助対象事業費〉

管理水準の低いマンションが、管理水準を向上させ、大規模修繕工事等を実施するために必要な調査・検討等に要する費用（選定１案件につき原則５００万円／年（最大３年）を上限※）

②改修工事支援（管理適正化モデルタイプ）［大規模修繕工事等の実施段階への支援タイプ］

管理水準の低いマンションが、管理水準を向上させていくために必要な大規模修繕工事等を対象とします。計画支援（管理適正化モデルタイプ）において採択され、事業が完了しているものに限り対象となります。

〈補助対象事業者〉

施工業者

〈補助対象事業費〉

次に掲げる費用の合計の３分の１以内の額

①調査設計計画に要する費用

②長期修繕計画に基づく長寿命化に資する大規模修繕工事（原則として、屋根防水工事、床防水工事、外壁塗装工事を含む工事）

③大規模修繕工事と併せて実施する性能向上工事

詳しい募集要件等については、国土交通省のホームページで公表しておりますので、応募に当たってはよくご確認ください。

採択された事業については、モデル的な取り組みとして全国に横展開を図るため、今後事例発表会の開催や事例集等の公開を順次行い、全国のマンションにおける長寿命化等の取り組みに当たって、参考となる知見の提供を実施していくことを予定しています。

※計画支援（先導的再生モデルタイプおよび管理適正化モデルタイプ）においては、次に掲げる調査・検討を行う場合は、選定１案件につき６００万円／年を上限とします。

①大規模修繕工事の周期長期化のためのシミュレーションに関するもの

②マンションの建替え等の円滑化に関する法律（平成14年法律第78号）第１０２条第２項に規定する要除却認定基準への該当性に関するもの

③団地内マンションの長寿命化等に関するもの

●「マンションストック長寿命化等モデル事業」の概要や採択事例を13頁より紹介します。

マンション長寿命化促進税制の創設について

多くのマンションでは、区分所有者の高齢化や修繕工事費の上昇により、大規模修繕工事に必要な修繕積立金が不足している状況にあります。修繕積立金の引上げに係る管理組合の合意形成のハードルは高く、結果として工事内容の縮小や工事時期を先延ばしにするなど、長寿命化工事が適切に行われない事態が生じているマンションも散見されています。長寿命化工事が適切に行われない場合、外壁の剥落や廃墟化が進行し、周囲住民等への大きな悪影響が生じるとともに、この解消に多額の行政負担が必要となる可能性もあります。

こうした問題意識を踏まえ、必要な修繕積立金の確保や適切な長寿命化工事の実施に向けた管理組合の合意形成を後押しするため、マンション長寿命化促進税制が令和5年度税制改正により創設されました（図3）。

マンション長寿命化促進税制
管理計画認定
マンションの大規模修繕をすると
固定資産税が減税されます!
なぜ、大規模修繕が必要?
マンションの大規模修繕を行わないと、外壁が剥落したり、廃墟化し、周囲に大きな悪影響を及ぼすおそれがあります。適切な時期に大規模修繕を行うことで、そのような悪影響を防止し、さらにはマンションの資産価値も向上します。
この減税措置のねらいは?
修繕積立金の引上げや大規模修繕の実施には、管理組合の意思決定として、マンションの所有者の合意をとる必要がありますが、なかなか合意に至らないマンションが多いのが現状です。
この減税措置(マンション長寿命化促進税制)を所有者の皆様に活用していただき、所有者の合意につながるよう、今回の措置を設けました。
減税措置の概要
■対象マンション　築20年以上かつ10戸以上で管理計画の認定※を取得したマンション
※管理計画の認定基準未満から認定基準以上に修繕積立金を引上げた場合のみ減税の対象となります。管理計画の認定基準については、裏面をご覧ください。
※管理計画の認定基準は、お住まいの自治体ごとに異なる場合があります。
■工事要件　長寿命化工事(屋根防水工事、床防水工事及び外壁塗装等工事)を過去に1度以上実施していて、令和5年4月1日～令和7年3月31日の間に2回目以降の長寿命化工事を完了していること
■減税額　各区分所有者が翌年度支払う固定資産税(建物部分のみ)を1/2～1/6の範囲内※で減額
※減額割合は、お住まいの自治体の条例で決定されます。
■留意事項　・工事完了後、3か月以内に市町村に申請すること
・工事完了日の翌年1月1日※までに管理計画の認定を取得すること
※工事完了日が1月1日の場合は、同年1月1日
減税措置の詳細は、「マンション管理・再生ポータルサイト」に掲載しています。
国土交通省
図3　マンション長寿命化促進税制の紹介リーフレット

本税制特例は、管理計画認定マンション等において、長寿命化に資する大規模修繕工事（外壁塗装等工事、床防水工事および屋根防水工事。以下「長寿命化工事」という）が実施された場合に、工事完了日の属する年の翌年1月1日（工事完了日が1月1日の場合は同日）を賦課期日とする年度に課される建物部分の固定資産税額を減額するものです。なお、減額割合は、6分の1～2分の1の範囲内（参酌基準：3分の1）で市町村（特別区に当たっては都。以下「市町村等」という）の条例で定めるものとし、税制特例措置の適用期間は、2023年4月1日から2025年3月31日までの2年間であり、当該期間内に長寿命化工事が完了したものが適用対象となります。

（1）対象マンション

次の3点を全て満たしたマンションが対象となります。

①築後20年以上が経過した10戸以上のマンションであること
②長寿命化工事を過去に1回以上適切に実施していること
③長寿命化工事の実施に必要な修繕積立金を確保していること

このうち、「③長寿命化工事の実施に必要な修繕積立金を確保していること」については、必要な修繕積立金の確保に向けた管理組合の合意形成を後押しする観点から、次の2点のいずれかを満たす必要があります。

イ　管理計画認定マンションのうち、2021年9月1日以降に修繕積立金額を管理計画認定の基準未満から認定の基準以上に引き上げたもの。

ロ　マンション管理適正化法に基づく地方公共団体の助言または指導を受けて適切に長期修繕計画の見直し等をしたこと。

（2）対象工事

工事の始期が2023年3月31日以前であっても、2023年4月1日から2025年3月31日までに長寿命化工事が完了していれば対象となります。

外壁塗装等工事、床防水工事および屋根防水工事を全て行う必要がありますが、長寿命化工事の実施に当たって行う調査・診断の結果に基づき、必要と判断された各工事の工事項目が設定されていれば、工事の実施範囲が一部（部分工事）であっても、本税制特例の

適用対象となります。

（3）申告手続き

本税制特例の適用を受けるに当たっては、各区分所有者が、長寿命化工事の完了日から3カ月以内に、固定資産税減額申告書に次の書類を添付して市町村等に申告をする必要があります。

一　大規模の修繕等証明書（長寿命化工事を行ったことを証する書類。建築士または住宅瑕疵担保責任保険法人が発行します）

二　過去工事証明書（過去に長寿命化工事を行ったことを証する書類。マンション管理士または建築士が発行します）

三　マンションが10戸以上であることを証する書類

四　①または②の書類

①（1）イの場合：管理計画認定の通知書の写しおよび修繕積立金引上証明書（イの引上げを行ったことを証する書類。マンション管理士または建築士が発行します）

②（1）ロの場合：助言・指導内容実施等証明書（助言または指導を受けたマンションがロの基準に適合することとなったことを証する書類。都道府県等が発行します）

五　その他、市町村長が必要と認める書類

各証明書は、管理組合で発行を申請し、その写しを各区分所有者に配布することとなります。

本税制特例の適用を受けるには、市町村等への申告時点、かつ長寿命化工事の完了日の翌年1月1日※までに要件を全て満たしている必要がありますので注意が必要です。

※工事完了日が1月1日の場合は同日

要件や申告手続きの詳細については、以下の国土交通省ホームページをご参照ください。

「マンション長寿命化促進税制（固定資産税の特例措置）」
https://www.mlit.go.jp/jutakukentiku/house/jutakukentiku_house_tk3_000121.html

「マンション管理・再生ポータルサイト」
https://2021mansionkan-web.com/

「今後のマンション政策のあり方に関する検討会」とりまとめについて

最後に、「今後のマンション政策のあり方に関する検討会」のとりまとめに示された、マンションの長寿命化に向けた今後の方向性についてご紹介します。

（1）区分所有者の責務の明確化

マンションの管理の適正化の推進に関する法律（以下「マンション管理適正化法」という）では、「マンションの区分所有者等は、マンションの管理に関し、管理組合の一員としての役割を適切に果たすよう努めなければならない」と規定されています。マンションの管理は、総会への参加や、管理費や修繕積立金などの費用の負担など、各区分所有者の一定の行動や負担が前提となって行われています。こうした区分所有者の責務が適切に果たされないと管理不全化が進行し、中には行政代執行によって除却せざるを得なくなったマンションも出てきているところです。

マンションの管理は、複数の区分所有者による合意形成によって進められるものであり、それぞれの区分所有者が自らの住まう期間のことのみを考えているだけでは、円滑な管理が阻害され、後の区分所有者や他の区分所有者などマンション全体に影響を及ぼします。適切に管理を行うことは所有者の責任であり、その時々の区分所有者が適切にマンション管理に係る責務を全うする必要があることを理解しておく必要があります。そのような観点から、法制審議会では、民事法たる建物の区分所有等に関する法律（以下「区分所有法」という）においても区分所有者の責務に関する規定のあり方について議論が行われています。

こうしたことを踏まえ、本とりまとめでは、マンションの適切な管理のために区分所有者として果たすべき責務や行動について、区分所有者への普及・啓発を進めていくこととしています。また、マンション政策における今後の具体的な施策の立案においても、区分所有者に果たすべき責務があることを念頭に検討を加えていく必要があると考えています。そのため、

「区分所有者の責務」については、検討会における議論の根幹となる事項として、とりまとめの最初に位置付けているところです。

(2) マンションの長寿命化の推進

続いてマンションの長寿命化についてです。現在、築40年以上を経過したマンションは約１２６万戸あり、今後20年間で約４４５万戸まで増加すると見込まれています。高経年のマンションは今後増加する一方、マンション建替えにおける事業性は低下傾向であり、建替えに当たって多額の追加的負担を要することを踏まえると、建替えによる再生の困難性は増してきていると考えられます。マンションは、適切な管理を行い適時必要な修繕工事を実施することで、相当長期間にわたって良好な居住環境の確保が可能と考えられます。こうした状況を踏まえ、老朽化したマンションの再生の円滑化を進めるだけでなく、現在のマンションの長寿命化を図っていくことは必要不可欠な取り組みであり、国としても住宅政策の重要な柱の一つとして位置付けています。

一方、長寿命化によりマンションをできるだけ長く使うことの必要性や重要性については、必ずしも区分所有者に十分に認識されていません。これはマンションの長期修繕計画の計画期間が一般的に20年～30年であるため、管理組合においてこれ以上のスパンでの管理やマンションの寿命が意識されづらいことも一因と考えられており、一部の研究では、より期間を長くした超長期の修繕計画の有効性が指摘されています。超長期の修繕計画をもつことで、通常の計画では計上されないような遠い将来に必要な工事費用を認識することが可能となり、当初予期していなかった工事等により急激な修繕積立金の引上げなどを行わずとも、長い期間をかけて緩やかに修繕積立金を確保できることが期待されるためです。加えて、個々の区分所有者の視点からも、自らがそのマンションを生涯にわたって所有し続けるために必要な修繕積立金額の目安を把握できる資料になります。

以上のことから、管理組合において超長期の視点に基づく意思決定を行いやすくする環境を整備するため、マンションの寿命まで見据えた超長期の修繕計画のあり方について検討を行うこととしています。

(3) 適正な修繕工事等の実施

先述の通り、マンションの長寿命化を図っていくためには、適時適切な修繕工事を進めていくことが重要です。ここでは、適切な修繕工事を進めていくための施策の中から、マンションの維持修繕およびいずれ訪れるマンションの寿命に向けた資金確保に関する今後の方向性を紹介します。

① 修繕積立金の安定的な確保

マンションの長寿命化の実現のためには、適切な修繕工事が不可欠であり、長期修繕計画に基づき修繕積立金を安定的に確保することが重要です。一方、現状では、長期修繕計画を定めて修繕積立金を積み立てているマンションのうち、「現在の修繕積立金の残高が、長期修繕計画の予定積立残高に対して不足していない」と回答したマンションは約3割にとどまっています（図4）。

修繕積立金の積立方式は、大きく「均等積立方式」と「段階増額積立方式」に分類することができます。「マンションの修繕積立金に関するガイドライン（国土交通省）」においては、将来にわたって安定的な修繕積立金を確保する観点から均等積立方式の方が望ましいとしていますが、近年分譲されるマンションのほとんどが段階増額積立方式を採用しています（図5）。段階増額積立方式を採用した積立計画は、修繕積立金が長

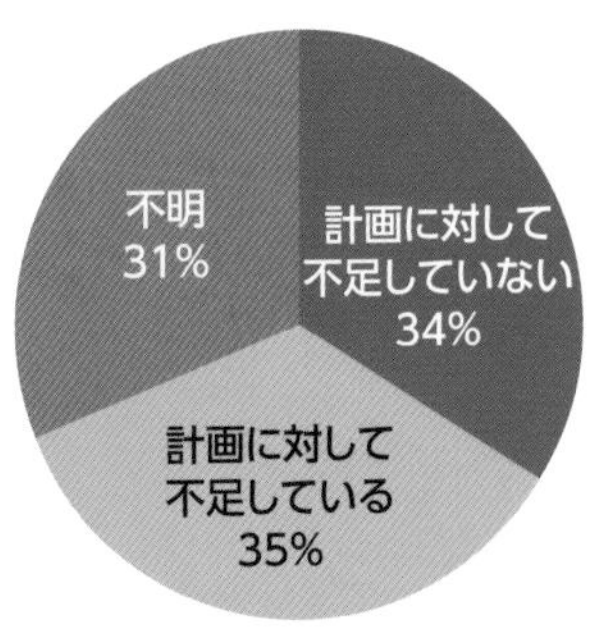

図4　修繕積立金の積立状況
（平成30年マンション総合調査）

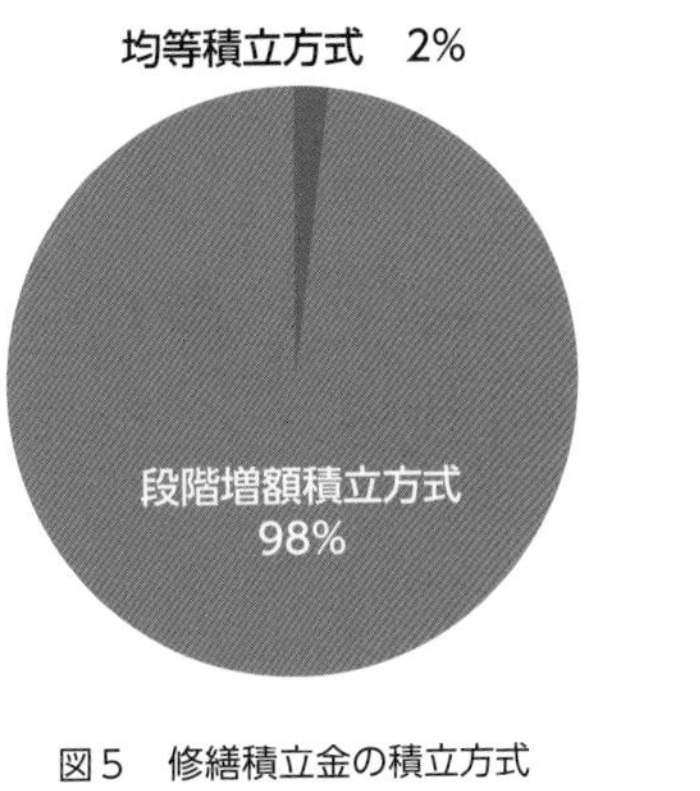

図5　修繕積立金の積立方式

期修繕計画に沿って計画通りに引き上げられることが前提となっています。しかし、例えば将来的に月々の支払額が10倍になるような大幅な引き上げを予定している計画では、実際に引き上げを行うときに総会で賛成が得られず、計画通りの引き上げができないおそれがあります。

そのため、段階増額積立方式を採用する場合であっても適切に修繕積立金の確保が進められるよう、修繕積立金の適切な引き上げ幅について参考となる基準等を検討することとしています。

②将来の解体等を見据えた対応

今あるマンションをできるだけ長く使用するために日頃から適切な管理を行うことは重要ですが、いずれは寿命が到来します。居住がままならなくなったマンションでは、建替えや敷地の売却などの再生方策が考えられますが、地理的な条件等により事業性が乏しいケースや、敷地の売却先が見つからないようなケースも想定され、全てのマンションで実現できるわけではありません。とはいえ、老朽化したマンションがそのまま放置されることは、周辺地域に悪影響を及ぼすため、このような場合であっても、区分所有者の責任と負担によって解体されることが必要です。

一部の管理組合においては、先進的な取り組みとして将来の解体も見据え、解体費用まで考慮した積立が行われている事例も存在していますが、多くの管理組合ではマンションの将来の解体等まで見据えた議論はなされていません。また、たとえ建替えや敷地を売却することによる再生を行う場合であっても、一定の資金の積立があることは、事業を円滑に進める観点からも優位に働くと考えられますので、長寿命化を図りながら、将来の解体を見据え解体費等の確保を並行して進めていくことは重要な取り組みであると考えられます。しかし現状では、解体費用を確保するにしても、マンションの解体に必要な費用を算出する指標や相場に関する情報が少ないといった問題もあります。

以上のことから、解体費の算出方法に係る検討を進めるとともに、積立方式を含む解体費等の確保手法のあり方について検討を進めていくこととしています。

（４）管理組合役員の担い手不足

適切に修繕積立金を確保すること並行して、それを活用し適切に維持修繕していく取り組みを進めていくことが必要です。高経年のマンションでは、区分所有者の高齢化が進行しており、築40年以上になると世帯主の48％が70歳以上となっています（図２）。また国土交通省の調査によると、管理組合の運営を担う理事会の役員への就任について、引き受けない理由として最も回答が多かった理由は「高齢のため」となっており、高齢化による管理組合役員の担い手不足が深刻化しているところです。

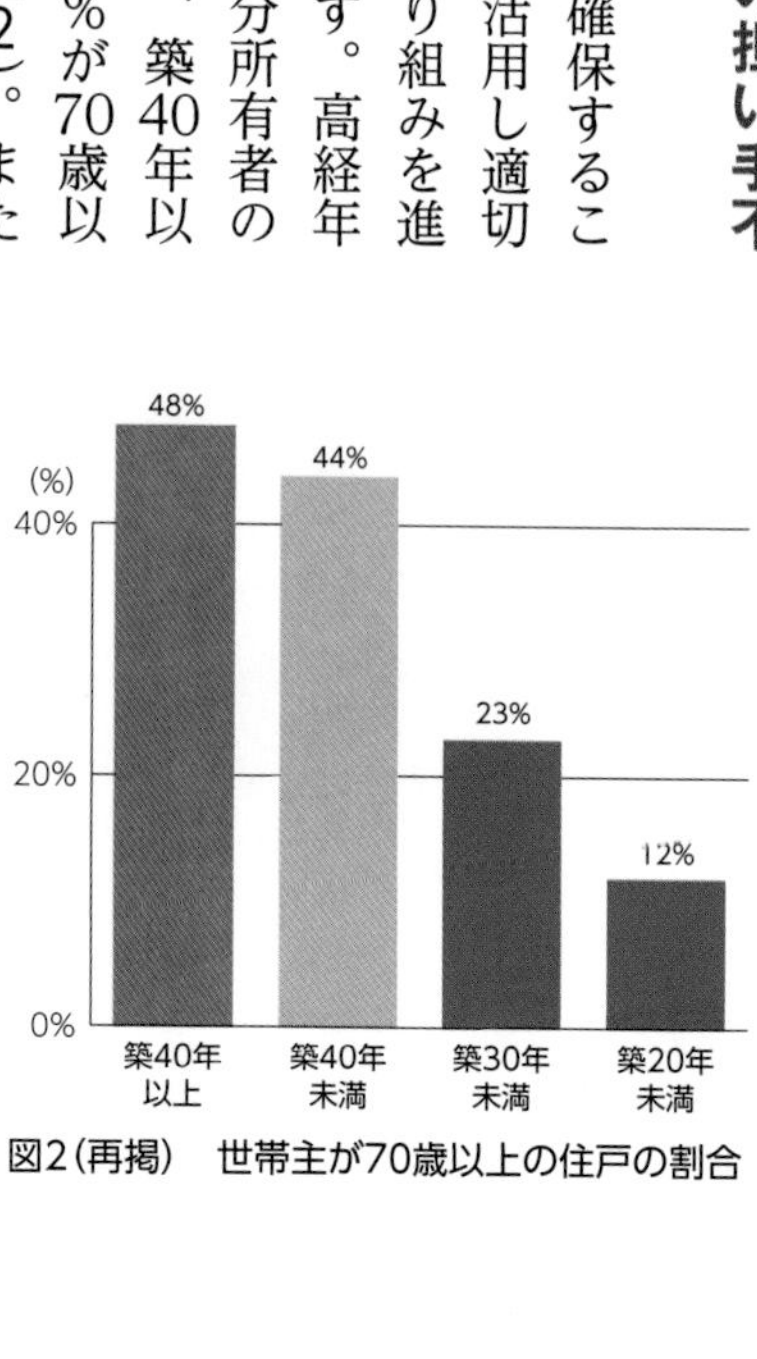
(%)
40%
20%
0%
48%
44%
23%
12%
築40年以上
築40年未満
築30年未満
築20年未満
図2（再掲）　世帯主が70歳以上の住戸の割合

こうした背景等を踏まえ、現在、マンションの管理業務を受託している管理業者が、当該マンションの管理者となって理事会役員の役割を兼ねる形での管理方式が増加しています。管理業者が管理者となることは、高齢化等による役員の担い手不足等の課題に対して有効な方策と考えられる一方、管理業者でもある管理者が、自社の関係企業に修繕工事を優先的に発注し、区分所有者の費用負担が増大してしまうなどの懸念もあります。国土交通省では、過去に区分所有者以外の第三者が管理者となる場合に参考となる「外部専門家の活用ガイドライン（国土交通省）」を整備しましたが、このガイドラインは管理業者が管理者となる場合を想定したものではありません。

このため、今後、管理業者が管理者となる場合の留意事項等を整理したガイドラインの整備に必要な検討を行うこととしています。

（５）管理不全マンションへの対応

①管理組合による適切な管理

高経年マンションでは、賃貸化や空き室化による区分所有者の非居住化が進行する傾向にあります（図６・７）。また、こうした住戸の中には区分所有者の所在が不明になっている住戸もあります。マンションの管理は、区分所有者間の合意形成をもって進めていく必要がありますが、区分所有者名簿等により区分所有者等の所在を正しく把握できていない場合、総会の運営や管理費、修繕積立金の徴収など管理組合の運営に支障をきたすおそれがあります。また、マンションの維持修繕において、設備点検や漏水事故の発生などで専有部分に立ち入る必要もあり、その場合には居住者名簿も必要となります。現行のマンション標準管理規約では、区分所有者名簿の作成を理事長の仕事として位置付けていますが、区分所有者名簿の更新や居住者名簿の作成については位置付けられていません。

そのため、まずはマンションの管理不全化を防止する観点から、マンション標準管理規約の改正を念頭に、管理組合において各種名簿の更新や区分所有者の連絡先を把握しやすくする仕組みについて検討を行うこととしています。

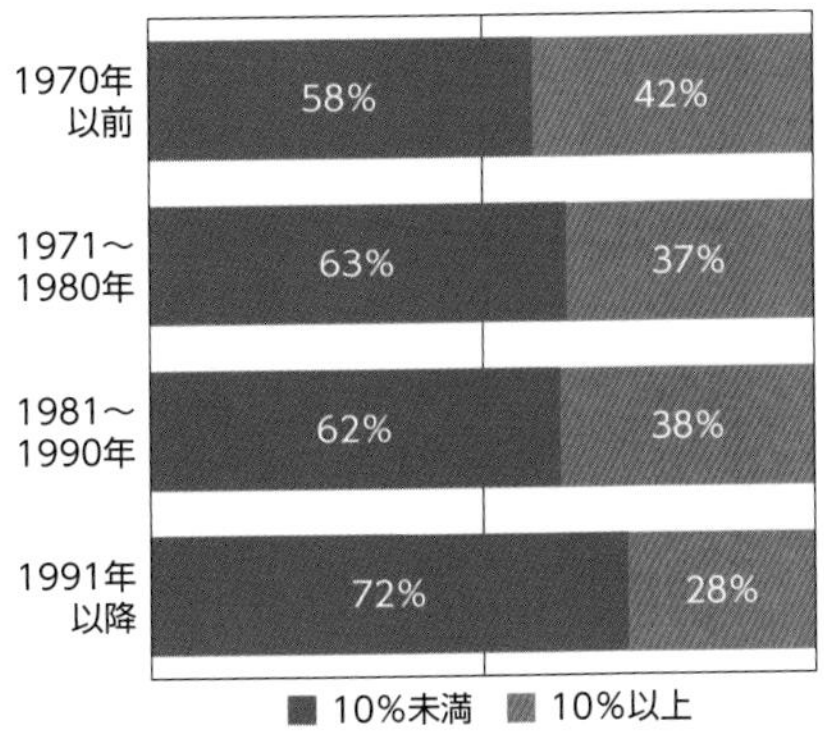

図６　マンション内の借家の割合（築年代別）

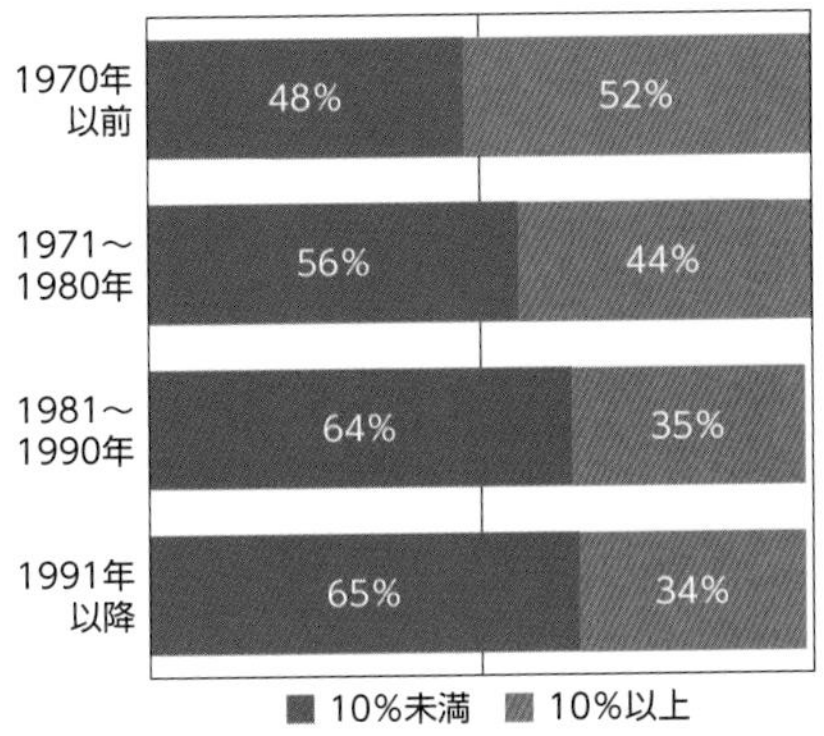

図７　マンション内の空き室の割合（築年代別）

②行政による対応

マンションの管理不全化が進行すると周辺地域へも悪影響を及ぼすことから、現地調査や周辺住民への対応が行政にも求められることとなります。また、管理不全が深刻化した場合、調査等にとどまらず管理不全マンションを除却するため、多額の費用をかけて行政代執行した地方公共団体もあり（図８）、こうしたケースが増加すると多大な行政負担を要することとなります。そのような事態となる前にマンションの管理不全化を未然に防止することは行政としても重要な取り組みであると考えています。

２０２０年のマンション管理適正化法の改正では、管理不全マンションや管理不全の兆候のあるマンションに対して、地方公共団体が助言・指導・勧告できる制度が創設されました。しかし、こうした制度の活用実績は現時点で少数にとどまっており、実効性が低いとの指摘があります。

そのため、地方公共団体が助言・指導・勧告等の実施を検討するに際して参考となる「マンションの管理の適正化の推進に関する法律第５条の２に基づく助言・指導及び勧告に関するガイドライン（国土交通省）」の充実化を図るとともに、地方公共団体の管理不全マンション等に対するさらなる権限の強化に向けた検討を行うこととしています。

（６）まとめ

以上、現状と課題を踏まえた、今後のマンション政策のあり方について、管理の適正化や長寿命化の観点からご紹介しましたが、この他にもマンション管理・再生の観点で幅広い検討を行っています。今回掲載できなかったテーマも含めて、今後検討するとしている事項については、短期的に措置が可能なものから中長期の検討を要するものもあります。法制度、予算、税制、融資、ガイドライン等の各種政策ツールを総動員して、マンションの管理の適正化、再生の円滑化に向けた取り組みを進めていきます。

一方、マンションの適正な管理や再生を進めていく主体はあくまで管理組合であり、さまざまな課題の解決を図るためには、管理組合において活発に議論が行われ、合意形成を進めていく必要があります。そこで、本検討会で取り上

図８　行政代執行により除却されたマンション

げた課題や議論の内容についても、広く管理組合や区分所有者に知っていただき、自らのマンションの状況と照らし合わせて、全国の管理組合で議論が進められるよう、関係団体を通じた周知やとりまとめに関する説明会等を行うなど広く周知を行っています。以下に掲載するポータルサイトにおいて、検討会における議論の内容やとりまとめに関する説明会の様子を掲載していますので、ぜひご覧いただければと思います。

「今後のマンション政策のあり方に関する検討会」のとりまとめについて
https://www.mlit.go.jp/jutakukentiku/house/jutakukentiku_house_tk4_000214.html

「マンション管理・再生ポータルサイト」
（とりまとめに関する説明動画を掲載しています。）
https://2021mansionkan-web.com/

おわりに

マンションを適切に管理する責任は、当然のことながら区分所有者から構成される管理組合にあります。一方でマンションの規模や意思決定の特殊性から、管理組合による適切な管理を促していくため、制度的な手当ても含めて支援していく必要があるとともに、地域におけるマンション政策を担う地方公共団体とも連携し、マンション政策の厚みを増していくことが必要と考えています。

そうした中、およそ20年ぶりに区分所有法の見直しが行われるなど、マンションの管理や再生に係る基本ルールの見直しに伴い、管理適正化・再生円滑化のより一層の推進が期待されるところです。国土交通省では、引き続き関係省庁、関係団体等と連携して、将来世代にマンションを負の遺産として残すのではなく、優良なストックとして引き継ぐことができるような政策を進めていきます。

■マンションストック長寿命化等モデル事業の概要

https://www.mlit.go.jp/jutakukentiku/house/jutakukentiku_house_fr5_000037.html

マンションと居住者の「2つの老い」に対応していくため、老朽化マンションの長寿命化等に資するモデル的な取り組みに対して、計画段階から工事段階に係る費用の一部を支援している。

補助事業の概要

①先導的再生モデルタイプ

新たな工法、材料など、技術的に先導的な性能向上改修等について、必要な調査・検討費用、改修等費用に対する支援。

- **計画支援**［事業前の立ち上げ準備段階］
- **工事支援**［長寿命化等の工事実施段階］
  ➡先導性の高い長寿命化等に向けた改修に対して支援

②管理適正化モデルタイプ

管理水準の低いマンションが、先導的な合意形成プロセスにより実現する長寿命化改修等について、必要な調査・検討費用、改修費用に対する支援。

- **計画支援**［事業前の立ち上げ準備段階］
  ➡管理水準の低いマンションが地方公共団体と連携して管理適正化を図るために必要な調査・検討に対して支援
- **工事支援**［大規模修繕工事等の実施段階］
  ➡大規模修繕工事等の修繕に対して支援

評価のポイント

※補助事業の採択に当たっては、モデル性について、有識者委員会にて審査。

長寿命化改修について

- 構造躯体の長寿命化
- ライフライン（給排水、電気、ガス）の長寿命化
- 省エネルギー性能の向上
- 高齢世帯や子育て世帯等の居住ニーズへの対応
- 防災対策
- 地域貢献機能の導入
- 管理水準の適正化　など

建替えについて

- 制約が多いマンションにおける建替え
- 複合用途マンションの建替え
- 団地型マンションの再生
- 地域貢献機能の導入　など

補助事業者・補助率

●計画支援［事業前の立ち上げ準備段階］

■補助事業者：マンション再生コンサル、設計事務所、管理会社　等
■補助率：**定額（原則上限500万円/年（最大3年））**

●工事支援［工事の実施段階］

■補助事業者：施工業者、買取再販業者　等
■補助率：**1／3**

採択プロジェクト ①（令和3年度第2回採択）　計画支援型

【マンション名】橋本スカイハイツ
【提案者名】（一社）マンション総合サポートセンター
（マンション再生コンサルタント）

空き家と賃貸化が進む小規模マンションの再生手法の検討

①対象マンションの概要

所在地	神奈川県
竣工年（築年数）	1961年（築61年）
延べ面積	1,601㎡
形式／階数／総住戸数	単棟型／地上4階／32戸
住宅以外の用途	なし

②現状と課題

- 32戸のマンションのうち10戸が空き家。賃貸化も進み居住区分所有者は4戸のみ。
- 老朽化が進み、特に近年は専有部分の配管からの漏水事故が頻発している。
- 区分所有者にアンケートを実施したところ、建替え、改修、敷地売却し管理組合を解散、と意見が分かれている。

③これまでの取り組み

- 建替えについて簡易調査を行ったところ、日影規制により現況より階数を低く変更する必要性が判明。
- 改修にも多額の金額が予測されることから、正確な費用を算定した上で合意形成を図ることとした。

④提案概要と事業の実施方針

【提案概要】
老朽マンションの改修または建替えの比較検討。劣化診断等により現状を調査した上で、改修と建替えそれぞれに要する費用を算出して比較し、合意形成を図る。

【事業の実施方針】

- 改修については、劣化診断を実施し専有部分の給排水管の改修、耐震改修等工事の概算費用を算出。資金調達、修繕積立金改定等についても検討する。
- 建替えについては、行政協議、資金調達および事業協力者の募集に向けた協議、従前資産の評価および再建マンションの各住戸の価格設定と負担割合の算定、賃貸利用予定者向けに収益利回りの算定を行う。工事については、既存杭の処理方法、仮住まいの対応を検討する。
- 改修と建替えの比較表を作成し、区分所有者に対し説明会を開催し意見聴取を行った上で、改修または建替えの方針について決議を行い具体的な検討を行う。

⑤工事の実施予定（見込み）【建替えの場合】

R4年度	総会決議（建替え決議）
R6年度	工事着手
R7年度	工事完了

【評価のポイント】
空き家化と賃貸化が進む老朽マンションの改修か建替えかの比較検討であり、費用算定だけでなく、資金調達方法の検討および賃貸収益利回りの算定など、合意形成に向けた検討も含んでおり、先導的と評価した。

採択プロジェクト ②（令和3年度第3回採択）

計画支援型

【マンション名】下野池第2住宅
【 提 案 者 名 】（株）地域計画建築研究所（マンション再生コンサルタント）

既存住宅の仮住まい利用および地域貢献施設の導入による団地型マンションの建替え検討

①対象マンションの概要

所在地	大阪府
竣工年（築年数）	1970年（築52年）
延べ面積	26,252㎡
形式／階数／総住戸数	団地型／地上5階／410戸
住宅以外の用途	なし

②現状と課題

- これまで自主管理にてコミュニティー形成・建物の維持管理を継続。近年、老朽化やバリアフリー等への対応が求められている。
- 長期修繕計画の見直しを実施。今後約20年の修繕工事費用は、修繕積立金額を2倍にしても一時的な借入れが必要。

④提案概要と事業の実施方針

【提案概要】
事業協力者が提案した建替え計画を基本に、一括建替え決議集会に諮る建替え実施計画案を策定するため、保留敷地に設定した西側敷地既存建物の仮住まい利用計画案、持続的な地域コミュニティー形成に向けた地域貢献施設のあり方について具体的検討を行う。

【事業の実施方針】
- これまでのアンケート・個別面談で確認した意向内容、部会・ワークショップ等での検討内容を用いながら、建替え実施計画案の一部として取りまとめる。
- 本事業では、①段階施工実施による既存住棟の仮住まい活用、②施行マンションを仮住まいとして管理運営するスキームの構築および損益分岐点の検証、③建替え後のコミュニティー再生を視野に入れた建替え計画の検討、④多世代居住を実現する地域貢献機能の導入（高齢者向け住宅、医療モール等）について具体的検討を行う。

③これまでの取り組み

- 2019年度から建替えを検討。
- 2020年11月に建替え推進決議。
- 2021年10月に事業協力者を決定。2022年度の一括建替え決議を目指し合意形成に取り組んでいる。

⑤工事の実施予定（見込み）

R4年度	総会決議（一括建替え決議）
R5年度	工事着手
R8年度	工事完了

【評価のポイント】 団地型マンションの再生であり、高齢者向け住宅や医療モール等の地域貢献機能の導入を計画。既存住棟の仮住まい利用、防災備蓄倉庫、ガスコージェネレーションによる災害時対応、カーシェアリングなどの独自性・創意工夫が見られる。また、仮住まい利用をした場合の損益分岐点の検証を行う点に合理性が認められるほか、部会・ワークショップによる建替え計画検討等の合意形成上の工夫も見られる点を評価した。

採択プロジェクト ③（令和4年度第3回採択）

計画支援型

【マンション名】103大稲マンション
【 提 案 者 名 】株式会社ラプロス（マンション再生コンサルタント）

さまざまな課題を有する複合用途型マンションにおける専有部分の除却更新を含む大規模改修、建替え等の比較検討

①対象マンションの概要

所在地	福岡県
竣工年（築年数）	1975年（築47年）
延べ面積	4,672㎡
形式／階数／総住戸数	単棟型／地上10階／54戸
住宅以外の用途	あり（店舗、事務所）

②現状と課題

- 店舗2戸、事務所4戸を含む複合用途型マンションであり、過半の議決権を持つ法人がある。
- 容積率の既存不適格、給排水管がスラブ下配管、修繕積立金の不足等の課題から、合意形成に時間を一定程度かけ、多面的な検討が必要としている。

④提案概要と事業の実施方針

【提案概要】
マンション再生手法の費用対効果の比較として、共用部分のみの大規模改修、専有部分の除却更新を含む大規模改修、建替えの3パターンのシミュレーションを作成し、再生手法の仮選択の推進決議を行う。その後、仮決めした再生手法の事業計画を立案し、再生手法選択の本決議を行う。

【事業の実施方針】
- 専有部分の除却更新を含む大規模改修については、専有部分の除却・更新を希望しない区分所有者(最近リフォームしたなど)がいる時の対応の可能性も考慮した検討を行う。
- 建替えについては、総合設計制度を利用する場合・利用しない場合の2パターンの検討を行う。

③これまでの取り組み

- 2021年：改修と建替えについてのアンケート調査
- 2022年：マンション再生検討委員会を設置

⑤工事の実施予定（見込み）【大規模改修の場合】

R6年度	総会決議（再生手法決定）
R8年度	工事着手
R8年度	工事完了

【評価のポイント】 専有部分の除却更新を含む大規模改修による再生を現実性の高い手法としながら、3パターンの再生手法について、選択後の各々の本検討期間、工事期間、仮住まい期間、費用負担、耐震改修等で得られる効果、決議要件等について比較できるよう検討するとしており、当該マンションの課題に即した独自性のある提案であると評価した。また、今後の合意形成に向けたプロセスが具体的に提案されている点も評価した。

採択プロジェクト ④（令和3年度第2回採択）

工事支援型（長寿命化改修工事）

【マンション名】入船東エステート住宅
【 提 案 者 名 】株式会社ジェス診断設計（設計事務所）

スラブ下配管の解消と専有部分給排水管の全面更新による排水システムの統一と性能向上を図る改修工事

①対象マンションの概要

所在地	千葉県
竣工年（築年数）	1982年（築40年）
延べ面積	95,204㎡
形式／階数／総住戸数	団地型／地上11～14階／807戸
住宅以外の用途	なし

②現状と課題

- 全8棟の団地型マンションのうち2棟がスラブ上排水枝管、6棟がスラブ下であり、異なる排水システムが混在している。
- 専有部分の給水給湯管はモルタル埋設箇所が多く更新が進んでいない。また、超節水型便器に対応可能な排水能力の向上等、今後のリフォームや維持管理への配慮が求められている。

③これまでの取り組み

- 1997年：給水管ライニング更生
- 2010年：排水管劣化診断調査、改修方針の検討
- 2016～18年：給排水管改修案の検討
- 2020年：給排水管工事専門委員会を設立し改修案を立案
- 2021年：総会にて工事実施の承認

④提案内容

【提案概要】

劣化が進行している給排水管の改修に当たり、スラブ下排水枝管のスラブ上化および専有部分も含む給排水管全面更新を行い、長年の課題であった団地全体の排水システムの統一と性能向上を実現し、長寿命化を図る。


【提案内容】
- **スラブ下排水枝管の解消**
  - スラブ下配管となっている6棟について、排水枝管のスラブ上化、在来浴室のユニットバス化に向けた排水枝管接続口の事前設置を行う。
- **専有部分も含む給排水管の全面更新**
  - 汚水管･汚雑排水管は、超節水型便器の全戸設置を前提とした排水負荷流量を算出し、対応可能な仕様とする。
  - 排水立主管の更新工事においては、引き抜き工法･カットイン工法により騒音･振動･粉塵の低減を図る。
  - 専有部分給水給湯管追焚管のモルタルおよびコンクリート内埋設配管の解消は、管理規約を改正し管理組合にて実施する。
  - 今回の改修工事を機に全戸の設備配管の記録を残した台帳の整備を実施する。

【評価のポイント】 スラブ下配管の解消、専有部分給排水管の全面更新による排水システムの統一と性能向上を図る改修工事であり、当該マンション固有の課題に合理的に対応している。排水枝管接続口の事前設置、設備配管の記録を残した台帳整備など、将来ニーズに備えた独自性・創意工夫も見られる。その他、合意形成に係る取り組みや、工事中の騒音・振動・粉塵の低減、将来の維持管理に向けた工夫も評価でき、先導的と評価した。

採択プロジェクト ⑤（令和3年度第2回採択）

工事支援型（長寿命化改修工事）

【マンション名】コンフォール上倉田
【 提 案 者 名 】(一社)TOKYO住まいと暮らし（マンション再生コンサルタント）

水害に対して居住継続を実現する改修工事
【令和2年度第2回　計画支援型　採択事業】

①対象マンションの概要

所在地	神奈川県
竣工年（築年数）	1994年（築28年）
延べ面積	11,078㎡
形式／階数／総住戸数	団地型／地上8～9階／144戸
住宅以外の用途	なし

②現状と課題

- 古くからの入居者も多く、過去に水害に見舞われた経緯もあり、防災意識は高くコミュニティーも良好。
- 区分所有者の高齢化に伴い、水害対策や持続性のあるコミュニティー形成等、長寿命化に向けたハード・ソフトの対応が求められている。

③これまでの取り組み

- 2003年：大規模水害により機械式駐車場が水没。全駐車場を平置き型に改造。
- 2004年：第1回大規模修繕。
- 2020年度に本事業（計画支援型）に採択され、内水氾濫のシミュレーション、浸水防止対策、防災対策による資産価値増大効果を検討。

④提案内容

【提案概要】

計画支援型事業により、内水氾濫の浸水状況を予測。目標とする浸水深を定め、設備（電気・給排水）系統や共用部分等の開口部を主体とした止水板設置等の浸水防止工事を行う。


【提案内容】
- **設備諸室、共用部への止水板設置および防水工事**
  - 床下換気口･点検口の防水化工事（既存換気口･点検口を撤去し防水仕様に更新）の実施。
  - 電気室やポンプ室の扉下部に止水板装置を設置。
  - 集会施設周辺の総合浸水対策（止水板の設置、屋外機の嵩上げ等）。
- **防災施設整備改修工事**
  - 住棟へ至る高圧引込埋設配管出入口の防水処理を実施。

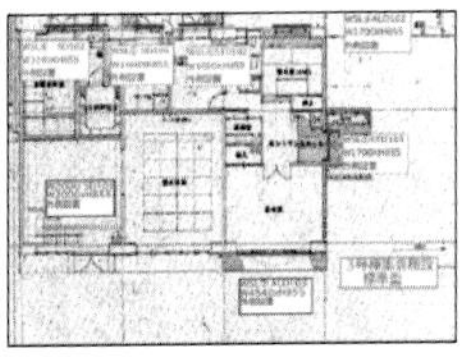

集会施設周辺の
浸水対策検討

【評価のポイント】

信頼性が高い詳細な浸水シミュレーション結果に基づく防災対策工事であり、建物外部に設置している設備機器類については、浸水深を考慮した嵩上げ工事を行うなど、当該マンションの状況に応じた合理的な対策でもあり、先導的と評価した。

採択プロジェクト ⑥（令和4年度第2回採択）　工事支援型（長寿命化改修工事）

【マンション名】四谷ガーデニア
【提案者名】株式会社エフビーエス（施工業者）

耐震改修等の性能向上改修の実績があるマンションにおける、中長期的な計画に基づく共用給排水管の改修工事

①対象マンションの概要

所在地	東京都
竣工年（築年数）	1981年（築41年）
延べ面積	11,185㎡
形式／階数／総住戸数	単棟型／地上10階／175戸
住宅以外の用途	あり（店舗）

②現状と課題

・共用給排水管が耐用年数を経過し更新の必要性がある。
・1階住戸床スラブ下ピット内の専用単独排水管が専有部分と位置付けられており、その更新工事は1階区分所有者の負担とされている。

③これまでの取り組み

・2010年：共用排水立管調査診断（第1回）
・2011年：耐震改修
・2012年：全住戸玄関ドアを耐震ドアに交換
・2014年：受水槽撤去跡地に防災倉庫を設置
・2015年：第2回大規模修繕
・2017年：共用排水立管調査診断（第2回）
・2022年：管理規約改正

④提案内容

【提案概要】
共用給排水管を樹脂管に更新するに当たり、1階住戸床スラブ下ピット内の専用単独排水管について、専有部分オプション工事（当該区分所有者負担）としていたが、当該部分を共用部分とする管理規約の改正を経て、当該部分を管理組合にて改修する。

【提案内容】
●管理規約の改正を経て、1階住戸床スラブ下ピット内も含めた排水管を改修
・耐震改修等の実績がある中で、非構造部材を含む建物全体の耐震性向上および共用給排水管更新工事ロードマップを用いた合意形成等、計画的かつ着実に合意形成を図りながら、共用給排水管の改修を実施（令和3年度第1回工事支援型採択事業）。
・上記既採択事業と同時に1階住戸床スラブ下ピット内の専用単独排水管も改修できるよう、管理規約を改正。共用部分の工事として併せて実施する（当該部分を追加提案として令和4年度第2回工事支援型にて採択）。

【評価のポイント】　従前の管理規約では、1階住戸床スラブ下ピット内の専用単独排水管が専有部分と位置付けられており、その更新工事は1階区分所有者の負担とされていたが、管理規約を改正の上、当該部分工事を共用部分の工事として既採択事業と併せて工事実施することとした点は合理的であり、そのために管理規約の改正も実現し合意形成が図られている点も評価した。

採択プロジェクト ⑦（令和3年度第2回採択）　工事支援型（建替工事）

【マンション名】港南台こまどり団地
【提案者名】三菱地所レジデンス株式会社（買取再販業者）

建築基準法第86条により認定を受けた対象区域の将来的な変更に配慮した団地型マンションの建替工事

①対象マンションの概要

所在地	神奈川県
竣工年（築年数）	1978年（築44年）
延べ面積	4,670㎡
形式／階数／総住戸数	団地型／地上5階／60戸
住宅以外の用途	なし

②現状と課題

・老朽化が進んでいる上、エレベーターがなくバリアフリー化が難しい。
・当該こまどり団地と隣接する団地の2団地とが合わせて一団地認定を受けている。
・敷地の4分の1が高圧送電線設置のために地役権が設定されており、現契約下では建築物の一切の築造が禁止されている。

③これまでの取り組み

・2013年：建替え検討開始（隣接団地と一体での建替え）
・2018年：当該団地単独での建替え推進決議
・2021年：当該団地単独での一括建替え決議

④提案内容

【提案概要】　2団地からなる一団地認定（建築基準法第86条）の一方の団地の建替えと、高圧線下に設定された築造禁止の地役権の変更という2つの課題を乗り越えた建替えを行う。

【導入予定の地域貢献機能】　マンション内の自助施設（共用施設の防災用倉庫／かまどベンチ／AED／太陽光パネル／非常用発電機）、地域に開かれた敷地内通路（隣接団地も含めた2団地の火災時には、消防車の進入路としての利用を想定）

【提案内容】
●一団地認定（建築基準法第86条）の一方の団地の建替え
・一団地認定解消には隣接団地も含む550戸の全員同意が必要となり実現に向けたハードルが高かったため、行政と協議し老朽化団地の再生に係る課題を共有。一団地認定の将来の解消を見据え、2団地のうち一方の団地の建替え計画の立案に至った。
●高圧送電線下に設定された築造禁止の地役権の変更
・一括建替え決議の可決要件は4/5であるのに対し、当該地に築造可能とする地役権設定契約の変更のためには、所有者全員による合意が必要とされていた。行政と電力会社の双方と相談・協議を重ねることで建替え合意者による合意での契約変更が可能となり、地役権契約変更を条件に付す建替え決議とすることで合意形成が実現した。

【評価のポイント】
建築基準法第86条による一団地認定区域内での複数団地の建替えは事例が少なく、本件は両団地の建替えを前提とし、認定基準の緩和により、最終的に必要最低限の一団地認定区域となるよう工夫した団地建替えであり、先導的と評価した。

採択プロジェクト ⑧（令和3年度第3回採択）

工事支援型（建替工事）

【マンション名】多摩川住宅ホ号棟
【 提 案 者 名 】住友不動産株式会社（事業参画者）

団地関係者で協議し制定された地区計画に基づく団地型マンションの建替え

①対象マンションの概要

所在地	東京都
竣工年（築年数）	1968年（築54年）
延べ面積	24,612㎡
形式／階数／総住戸数	団地型／地上5階／380戸
住宅以外の用途	なし

②現状と課題

・分譲・賃貸住宅、道路、公園、商業、教育施設等が一体的に整備された団地。
・建物の老朽化に伴う防災性の低下、団地内の高齢化率も上昇。地区のにぎわいや活力の低下が課題であり、多様な世代による魅力ある街への再生が求められている。

③これまでの取り組み

・2011年～：団地を構成する4管理組合、公社、行政による「街づくり協議会」発足
・2017年：「多摩川住宅地区地区計画」決定
・2020年：団地一括建替え決議成立
・2021年：権利変換計画　提出

④提案内容

【提案概要】
団地関係者で協議して制定された地区計画で定めた目標に基づく団地型マンションの建替え。計画地に隣接する幼稚園と敷地の位置交換を行い、園舎の建替えも併せて行う。

【導入予定の地域貢献機能】 地区公園、地区広場、コミュニティー街路、歩道状空地、子育て支援施設（幼稚園の園舎建替え）

【提案内容】
●**景観形成、良質なストック形成に寄与した建替え計画**
・公園、広場、コミュニティー街路をバランス良く配置し、従後住戸は 長期優良住宅、CASBEE Aランクの水準とする。
●**隣接する幼稚園との敷地の位置交換**
・計画地に隣接する幼稚園と敷地の位置交換を行うことにより、土地の有効利用と老朽化した園舎の建替えを実施。団地内の子育て支援施設の充実化を図る。
・幼稚園の移転においては、現位置での運営を続けながら移転先の旧住棟を先行解体後、新幼稚園を建設することで、仮設の幼稚園を不要とする。

【評価のポイント】 団地型マンションの再生に当たり、地区公園、地区広場、コミュニティー街路と歩道状空地、幼稚園（建替え）といった地域貢献機能の導入を図ることや、幼稚園の非現地建替えにより仮設幼稚園を不要とすることは、独自性・創意工夫や工程計画の工夫の点で評価できる。また、長期優良住宅、CASBEE Aといった具体的な性能水準を提示している他、テレワーク施設の導入、電気室の2階配置等の災害対策の提案も評価した。

採択プロジェクト ⑨（令和4年度第2回採択）

工事支援型（建替工事）

【マンション名】桜台団地
【 提 案 者 名 】横浜市住宅供給公社（事業参画者）

大量の保留床処分と厳しい経済条件を克服した郊外分譲団地の一括建替え

①対象マンションの概要

所在地	神奈川県
竣工年（築年数）	1966年（築56年）
延べ面積	25,617㎡
形式／階数／総住戸数	団地型／地上4階／456戸
住宅以外の用途	なし

②現状と課題

・4階建て階段室型住棟で構成される郊外団地。
・高さ制限や敷地内の高低差といったハード面の課題の他、高齢化によりコミュニティーが希薄になりつつあるといったソフト面の課題を有している。

③これまでの取り組み

・2012年：建替え推進特別委員会の発足
・2015年：建替え推進決議
・2019年：一括建替え決議
・2020年：建替組合設立認可
・2021年：権利変換計画認可
・2021年：解体工事着手

④提案内容

【提案概要】 駅至近とはいえない立地環境、建築規制（高さ制限）、東西に長く高低差（約24m）がある敷地、厳しい経済条件、区分所有者の高齢化といった課題に対応した18棟・456戸の郊外大規模団地の建替え。地道な合意形成活動を経て、既に解体工事に着手している。

【導入予定の地域貢献機能】 地域との交流に使用できるコミュニティー施設棟、敷地周囲の歩道空間、桜の名所である南側道路沿いへの植栽整備

【提案内容】
●**区分所有者の意向を反映した魅力ある建物計画**
・事業協力者選定前に管理組合が主体的に計画を検討し、坂道の負担軽減のためのEV乗り継ぎによる移動ルート、外部にも開放されたコミュニティー施設棟の計画に至った。
●**現状のブロック割を生かした計画**
・各ブロック1棟の構成とすることで、一団地認定（建築基準法第86条）の手続きを不要とし工程短縮を実現した。

【評価のポイント】 事業性が高いとはいえない郊外分譲団地の建替えに向け、多目的スタジオやリモートワークスペースなどを備え、イベント時に地域開放されるコミュニティー施設棟の整備による魅力付けや、エレベーターの乗り継ぎによる敷地高低差の克服、組合員の取得可能住戸の拡大など、500戸超の保留床処分に向けた工夫が見られる計画を評価した。さらには、厳しい経済条件や高い転出率の中で地道な合意形成活動により一括建替え決議に至った点や、各ブロック1棟構成による一団地認定の回避などの工夫も先導的な提案として評価した。

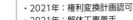

マンションは長寿命化推進の時代に

横浜市立大学　国際教養学部　教授　齊藤広子

本格ストック時代の到来

私たちは、今、経験をしたことがないマンション本格ストック時代に突入しました。

マンション本格ストック時代とは、何を指しているかというと、第一には、マンションの本格的な供給が始まり約60年が経過し、これから築50年、60年のマンションが増えてくることになります。つまりは、経験したことのない築年数のマンションが増え、何が起こるかわからない、未知の世界に入っていくことになるのです。第二に、マンションストックの総数が約700万戸となり、そのなかでも、昔は建替え時期だと考えられていた「築40年マンション」が増えてきています。つまり、質も量も、まさにマンションストック時代に突入したのです。

築年数のたったマンションは、「2つの老い」を抱えています。建物は年を取り、あちらこちらにガタがくる。そこに住み、管理をすべき人も老いる。そのために必要な建物の改修にかけるお金がない。理事のなり手もなく、必要なことが決められないし、実行もできない。このまま、負のスパイラルに巻き込まれていくのでしょうか?!

今こそ、私たちは、負のスパイラルを断ち切り、これからの本格ストック時代に対応していかなければなりません。「2つの老い」を抱えるようになったのは決して必然ではなく、ストック時代に対応した体制がなかったからです。原因があるから、結果がある。だから、原因を取り除くことが必要なのです。

長期のスパンで考えよう

では、「2つの老い」にはどんな原因があったのでしょうか?

第一は、長期のスパンで建物を維持する体制をとってきていなかった点にあります。現在では、多くのマンションで計画修繕に備えて費用を積み立てています。いわゆる修繕積立金です。しかし、残念なことにその費用が十分でないことが多いのです。初期に供給されたマンションでは修繕積立金という概念はありませんでしたし、今から40年ほど前に供給されたマンションは何の根拠もなく、修繕積立金は管理費の1割、2割に設定されていました。当然、これでは計画修繕のための費用が足りなくなってしまいます。ゆえに適正な維持管理ができていません。

マンション総合調査で確認すると、平成30年度の調査結果では長期修繕計画が策定されているのは全体の約9割となっていますが、昭和44年以前に建設されたマンションでは4分の3のマンションでしか策定されていません。総合調査をさかのぼって少し前の状況を確認してみましょう。長期修繕計画があるマンションは、全体でみると、昭和62年度調査では69・9%、平成5年度調査では76・5%、平成11年度調査では85・2%、平成15年度調査では83・0%、平成20年度調査では91・2%、平成25年度調査では91・8%と、じわじわと長期修繕計画策定率が上がってきているのが見て取れます。しかし先に見たように、築年数のたったマンション（昭和44年以前建設）では、４分の3ほどで策定されていることとなっていますが、昭和62年度調査の時点では実はほぼ半数の52・７％（不明を除くと55・８％）でしか、策定されていませんでした。

この数字からも、長期修繕計画という考え方が当たり前ではなかったということが読み取れます。ゆえに、それに基づいて修繕積立金を積み立てるという文化が定着していませんでした。その結果、費用が足りないということとなり、適正な修繕ができない、修繕時期が遅れていくなどの状況につながってきたのです。

①建物および設備の劣化の状況

②社会的環境および生活様式の変化

③新たな材料、工法等の開発およびそれによる修繕周期、単価等の変動

④修繕積立金の運用益、借入金の金利、物価、工事費価格、消費税率等の変動

表1　長期修繕計画の際の見直しのポイント（長期修繕計画作成ガイドラインより）

そこで、計画的に修繕を進めるには、長期修繕計画を策定し、それに基づいて修繕積立金を積み立てることが重要になってきます。なお長期修繕計画は、30年以上で、かつ大規模修繕工事が2回含まれる期間以上とすることが基本です。また、計画は一度策定したらそのまま永遠に使うのではなく、5年程度ごとに調査・診断を行い、その結果に基づいて見直すことが必要になります。なお、見直しには一定の期間（おおむね1～2年）を要することから、見直しについても計画的に行う必要があり、そして長期修繕計画の見直しと併せて、修繕積立金の額も見直すことが必要となります（表1）。

また、修繕積立金を積み立てているマンションにおいても、修繕のための費用が不足していると考えられているマンションが34・8％もあります（平成30年度マンション総合調査）。その理由の一つに、新築時に設定された修繕積立金の金額が低いことがあります。計画修繕に必要な費用を修繕積立金として算定し、その金額がだんだん上がるように、いわゆる「段階増額積立方式」で設定されていることが多いのですが、実際２０２２年４月以降に供給された２４３マンションの98％が段階増額積立方式で修繕積立金が設定されており、これらのマンションでは修繕積立金の値上げの幅は、当初から計画の最終年までで平均で３・58倍（基金含む場合：約２・43倍）、多い場合は5倍を超えるものもあります（上位6分の1の平均増額幅は、5・3倍（基金含む場合：3・46倍）国土交通省調査）。

将来、本当にそのような修繕積立金の増額ができるのでしょうか。できない場合は適切な修繕が行えないことになります。投資用・売り逃げを考えている所有者はなかなか修繕積立金の増額には賛成しない可能性もあります。段階増額積立方式では、必要な費用はみんなで負担します。そのために住戸の広さに応じて負担しましょうという、横（同じ時の所有者間）の平等は維持できていても、縦（時系列的に見た所有者間）の平等が確保できていないことになります。マンションとは世代を超えて引き継がれるものです。ゆえに、できるだけ均等に積み立て、無理なく修繕ができること、民主的で公平なルールの設定が必要になります。だからこそ、長期マネジメント計画の作成にトライしてみるのはいかがでしょうか（図1）。

向上型メンテナンスを当たり前に

「2つの老い」を抱えた第二の原因には、現状維持を原則にしたマンションの維持管理体制であったことが挙げられます。つまり、マンションは時がたてば劣化していくだけでなく、社会的な水準と乖離し、陳腐化していくものです。それを予防するには、改善工事が必要となる、つまりは向上型メンテナンスが必要となります。向上型メンテナンスのなかでも、大規模に改修（修繕＋改善）する方法を、リノベーション（renovation）と呼んでいます。

リノベーションとは、古い建物を新たな使用に耐えられるように修繕、改造することであり、増床、建物の用途変更、外装衣替え、住戸内部全面改造、共用空間の大規

模改変、外部環境整備など、大々的な改修を指しています。これに対してリフォーム（reform、alteration）とは、建設後年数がたって陳腐化した建物の内装、外装、設備、デザイン等を改良することです。例えば、大規模修繕の際に外壁の色を変える、手すりの色を変える、共用部分の改装を行うなどがあります。色の決定には、居住者の投票結果を取り入れるなど、修繕への関心を高め、日頃コミュニケーション不足に陥りがちな居住者同士の絆を高める工夫などにつながります。

　住み手の意識を高め、関心を持ってもらい、快適なマンションに維持向上させていく。中でも、大規模なリノベーションをする場合には当然費用がかかります。しかし、費用がないことから諦めてしまうと、マンションの陳腐化が進行することになります。機能的な陳腐化を解消する事例としては、例えばエレベーターがないマンションで、エレベーターの設置を実現したなどのチャレンジが挙げられます。

　現状では長期修繕計画の多くは現状維持型のメンテナンスが前提となっています。これでは陳腐化が必然的に起こってしまいます。よって、向上型メンテナンス、時代に合ったものへと変化していけるように、余裕のある計画、具体的には資金的な余裕が必要となるのです。

マンションの長期的な管理運営の方針ならびにハード的な維持管理、およびソフト的な組合運営の取り組みに関する長期的な計画。

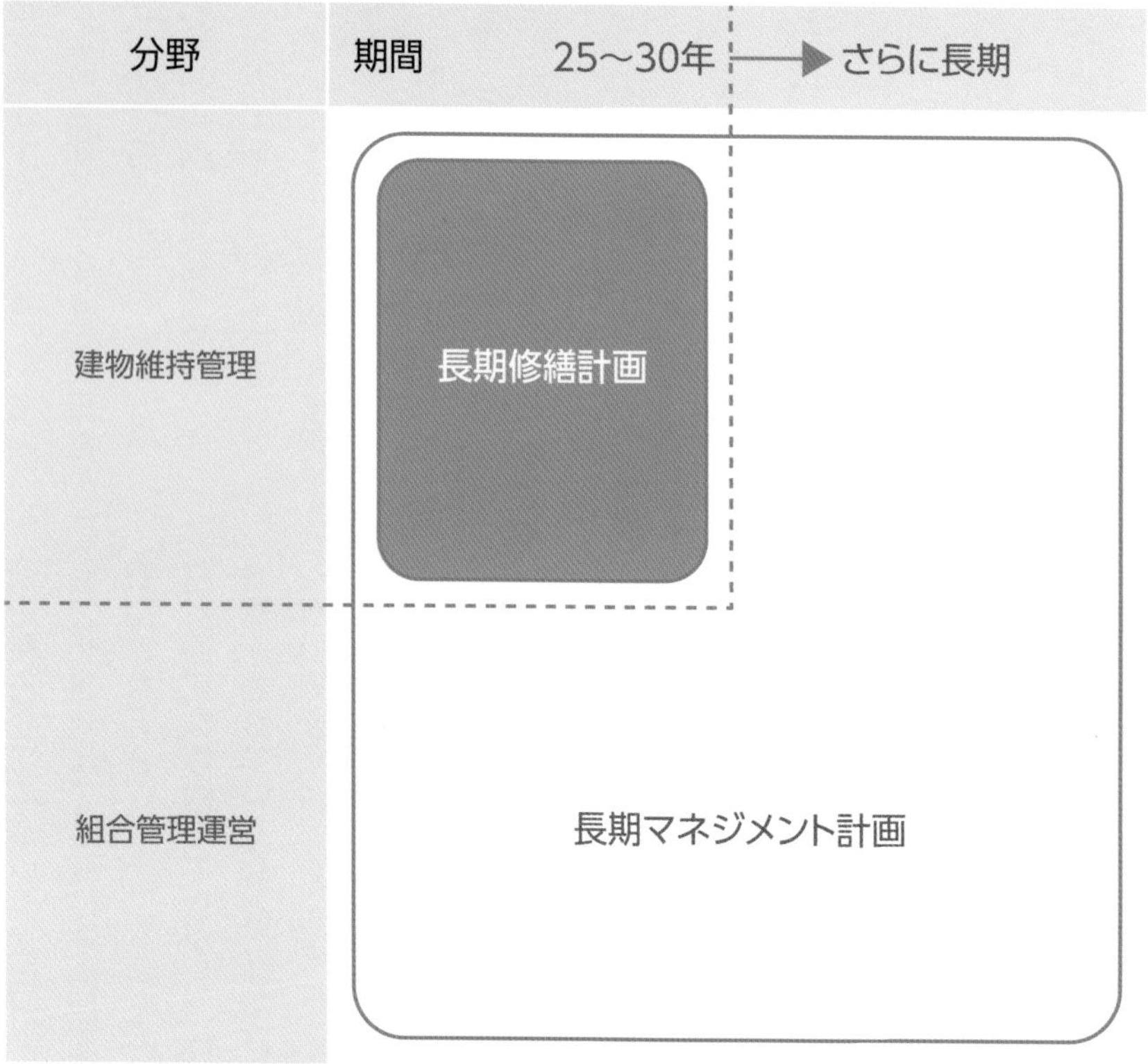
分野
期間
25～30年
さらに長期
建物維持管理
長期修繕計画
組合管理運営
長期マネジメント計画

図1　長期マネジメント計画

簡単に建替えや解消に走るな！

　第三に、「30・40年すれば建替えればよい」という考え方が定着していたからと考えられます。しかし、建替えはそう簡単ではありません。わが国では約700万戸のマンションストックがあり、旧耐震基準のマンションは約100万戸にも及びます。そのうち、建替えをしたマンションは被災マンションを除くと約282件（2023年3月現在）となっています。つまり、限定的なマンションでしか実施できていないのです。

　建て替えたマンションの多くは、開発事業者が関与し、開発事業者がリスクを担って成り立った事業です。ゆえに、実際に建替えできたマンションを見ると、①容積率が2・3倍になっている、②住戸数は1・7倍、部屋の広さは1・4倍になっている、③建替えの際の自己負担の費用は最近では約2，000万円（初期の建替えでは平均400万円未満）、④駅から10分以内が8割と、恵まれた条件でかつ恵まれた人がいる場合に成立しているといえるでしょう。

　では、今後どの程度のマンションが開発事業者関与型で建替えができるのでしょうか。既に既存不適格マンションも多いなかで開発事業者が関与できる建替えは、多くてストックの0・5～1割程度ではないかという意見があります（建替え事業者への聞き取り調査結果より）。建替えは簡単ではないし、当然費用もかかるものなのです。

　なお、わが国ではマンションの再生（終焉）メニューは、建替えが主たる方法として位置付けられ

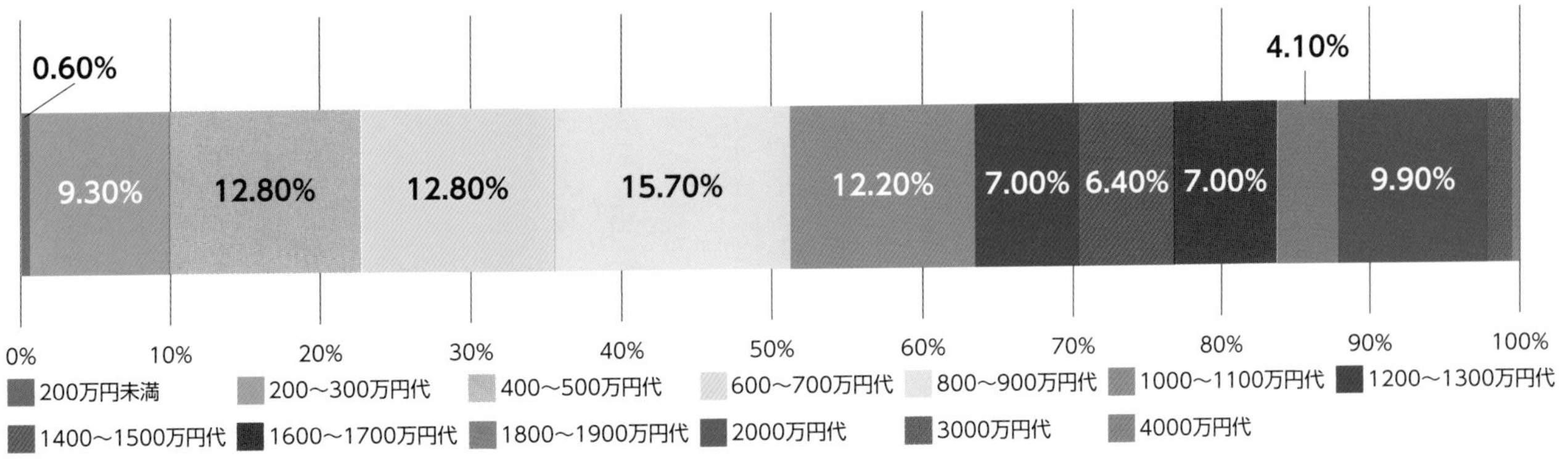
0.60%
4.10%
9.30%
12.80%
12.80%
15.70%
12.20%
7.00%
6.40%
7.00%
9.90%
0%
10%
20%
30%
40%
50%
60%
70%
80%
90%
100%
200万円未満
200～300万円代
400～500万円代
600～700万円代
800～900万円代
1000～1100万円代
1200～1300万円代
1400～1500万円代
1600～1700万円代
1800～1900万円代
2000万円代
3000万円代
4000万円代

図2　戸当たり土地の資産価値（横浜市・旧耐震マンション）

ているのですが、諸外国、アメリカやヨーロッパでは建替えは想定されておらず、解消が多数決でできる法制度となっています。では、日本では解消の可能性がどの程度あるのでしょうか。現在、被災したマンションでは、東日本大震災でも熊本地震でも復興は「建替え」よりも「解消」を選択したマンションの方が多いのです。そこで、横浜市を例に旧耐震基準のマンションで、解消の可能性を経済的な側面から検討してみました。その結果は、戸当たり土地売却価格が中古マンション価格の半分以下となるマンションが約4割を占めることとなりました。

中古マンション購入者が、解消となると購入額の半分しかもらえない、そんな状態では解消に同意はできないという所有者も多いでしょう。さらに、敷地を売却しても解体費すら捻出できないマンションが0・6%存在するのです（図2）。また、土地の売却益が見込める場合でも、その売却益で近隣マンションを購入できる可能性があるマンションは5・7%にとどまり、残りの約95%のマンションは追加の自己費用を必要とし、その金額が2，000万円を超えるケースが約40%となっています。

つまり、解消もそう簡単には進まないのです。合意が取れないと何もできないのがマンションです。では建替えや解消の決議要件を下げれば、建替えや解消が円滑に進むのでしょうか。区分所有者、居住者一人一人が納得しないと前には進めませんし、費用がないと参加もできないし、新たな道も開けない。ゆえに、簡単に建替えや解消を考えることは望ましくないのです。

修繕するかしないかは「勝手」ではない

第四に、マンションは私有財だから、修繕するかしないかは「勝手」だという考え方がありました。そこで、管理不全マンションが世に少なからず登場してきたのです。

滋賀県野洲市に、築約50年で、全9戸のマンションが実質的に放置され、管理放棄されていました。約10年間、地域住民からの苦情、適正な管理実施の依頼があったものの、なんら効果的な対応ができていませんでした。存在そのものが外部不経済となったため、空家対策特別措置法（平成二十六年法律第百二十七号　空家等対策の推進に関する特別措置法）で特定空家に認定し、解体が行政代執行・略式行政代執行で行われました。

話はそれで終わりません。かかった建物解体費の回収がスムーズに行えていないのです。本ケースでは建物が解体され、区分所有者からみれば利用できない状態となり、そして建物の所有権はなくなります。通常は建物の所有権がなくなるというのは、建物を売却するときなどで、区分所有者は売却の費用を手に入れることができます。しかし、本ケースは所有権がなくなった上に、所有者はお金をもらえるどころか、戸当たり1，

管理放棄されたマンション

３００万円も支払う必要がありました（戸当たり解体費）。かかった費用を回収するために土地を売るにも所有者不明が存在しているため、売却もままならず、例え売れても戸当たり1，３００万円も生み出せません。結局、きちんと管理している市民のお金（税金）を、適正な管理を行うべき責任を果たさない人のために使うことになってしまいました。

そこで、マンション管理適正化法（平成十二年法律第百四十九号マンションの管理の適正化の推進に関する法律）が２０２０年に改正され、問題のあるマンションに対して行政が指導・勧告ができるようになりました。そこまでいかなくても、管理不全マンションやその予備軍のマンションは数多く存在しています。近隣や地域に大変な迷惑を与えている、特定空家までいかないまでも、明らかに地域や近隣に良くない影響を与える、管理不全マンションや管理不全マンション予備軍が一定程度存在しています。なお、「管理不全」をどのように定義するのかですが、空家対策法では、「空家等が適切な管理が行われていないことにより、そのまま放置すれば特定空家等に該当することとなるおそれのある状態にある」ものを管理不全空家としています。

横浜市の築30年以上のマンションを対象に、具体的・客観的指標を用いて判定した結果、管理不全・管理不全予備軍は12・8％ありました（横浜市金沢区調査、２０１７年実施）。支援が必要な管理不全マンションは全国に存在していますが、行政は管理不全マンションには即座に手が出せませんので、マンション管理適正化法での対応のほかに、区分所有法で管理不全マンションの管理人制度が用意されようとしています。管理をするかどうかは区分所有者の「勝手」ではありません。不動産を持つ者には適正な管理の責務がある、ということを今一度認識すべきでしょう。

長寿命化にチャレンジ
—チャレンジの応援—

こうした背景から、国は長寿命化にチャレンジするマンションの管理適正化、再生円滑化を進めていくため、政策目的に適合した（表2）老朽化マンションの長寿命化に資するモデル的な取り組みを応援しています。

支援されたマンションには、改修工事では、①古いマンションに見られるスラブ下配管を解消し、専有部分給排水管の全面更新による排水システムの更新といった改修工事、その工事中の騒音・振動・粉じんの低減への取り組み、②水害による被害防止のための工事、建替えでは、③建替え時の課題になる2度の引っ越しを避け既存住棟を使っての仮住まいの実施、高齢者向け住宅や医療モール等の地域貢献機能を導入し、防災備蓄倉庫、ガスコージェネレーションによる災害時対応、カーシェアリングの実施など、④地区公園、地区広場、コミュニティー街路と歩道状空地、幼稚園（建替え）といった地域貢献機能の導入、テレワーク施設の導入があるもの——などがあります。

地域に寄与するマンション

行政が応援する理由の一つとして、地域貢献施設の整備があります。東日本大震災では、マンション（区分所有の集合住宅）が地域に大きく貢献しました。津波被害エリアでは避難ビルに、液状化エリアでは傾いた戸建て住宅からの避難場所としてマンションの共用施設が地域に開放され、受水槽は地域の水確保の貴重な施設となった等が挙げられます。よって、マンションを核とした、地域の防災性や防犯性など、地域価値の向上の実現ができる可能性がたくさんあるのです。

マンションは2つの老いに悩まされていますが、まちも同じなのです。日本の既成市街地では、空き地や空き家問題、少子高齢化による地域の自治能力の低下、必要なサービスが届かない、必要な施設が身近にない等の住環境の問題が深刻化しています。よって、マンションができ、そこに若い世代が入ること、マンションの地域貢献施設がまちの防犯や防災対策に寄与することは大いに意義があることなのです。また、地域貢献施設の整備は決して建替え時だけしか実現できないわけではありません。既存マンションでの取り組みを見ていきましょう。

京都市の築40年、約２００戸のマンションでは地域貢献施設になるように改修を行いました。

このマンションでは、計画修繕

政策目的	例示
構造躯体の長寿命化	・大規模修繕の周期延長につながる耐久性の高い新材料を用いる改修工事 ・超高層マンションにおいて先導的な修繕技術を用いる改修工事
ライフライン（給排水、電気、ガス）の長寿命化、性能向上	・大規模修繕の周期延長につながる耐久性の高い新材料を用いる改修工事 ・超高層マンションにおいて先導的な修繕技術を用いる改修工事 ・住戸スラブ下の専有部分に配置されている住戸配管を、スラブ上の専有部分に移設する改修工事
省エネルギー性能の向上	・省エネルギー対策、断熱性能向上のための改修工事 ・太陽光設置、電気自動車に係る充電器の設置等の改修工事
高齢世帯や子育て世帯など多様な居住ニーズへの対応	・バリアフリー対応（エレベーターの設置を含む） ・単身高齢者等の小規模世帯に対応した１戸→２戸への変更工事 ・住戸数を減らして子育て世帯向けに居住面積を広くする改修工事
防災対策	・浸水想定区域内において、マンションの地下に設置された電気設備を浸水のおそれのない上階に移設したり、浸水防止のための対策や非常用電源を確保する工事等により、総合的にマンションの防災性を向上するための改修工事 ・災害時の居住継続性能を向上するための改修工事
新たなニーズへの対応	・新たな性能・機能の獲得（テレワーク対応、通信環境の改善、IoTの導入、防犯対策、宅配ボックス設置等）に向けた改修工事 ・共用部分の設備や施設（集会室等）の活用しやすさの向上や、居住者ニーズの高い用途の導入のための改修工事
地域貢献機能の導入	・空き住戸を転用して、子育て支援施設や高齢者支援施設等の地域機能を導入する工事 ・地方公共団体と協定締結した災害時の一時避難施設として、備蓄倉庫等を新たに設置する工事
管理水準の適正化	・管理水準の低いマンションが地方公共団体の協力のもと、管理の適正化を図り、適正なマンションの維持管理のライフサイクルを実現するために行う大規模修繕工事

表2　政策目的に適合した事業テーマ（改修）

電子掲示板を設置した集合郵便受け

移設された管理人室

生まれ変わったアプローチ

天の川をイメージしたタイル

中庭にはウッドデッキを設置

日差し豊かなアトリウム

庭で採れた収穫物

地域に開いた交流室

に関しては、既に2回の大規模修繕を実施していました。さらに築100年までの長期修繕計画を作成し、100年間持続的に維持管理をするために何が必要かのシミュレーションが行われています。その計画に加えて、大規模修繕時には常に改善を心がけています。こういった積み重ねの結果、築約40年には見えないマンションとなっています。

マンションに入るアプローチ部分は、当初白色のタイルでしたが、雨でも滑りにくいタイルに変更。ベンチとしても利用できる自然石や、夜間に足元を照らすダウンライトを設置し、玄関部分では高齢者にも優しく、便利なスロープを設け、自動ドアへの変更も行っています。奥まった場所にあり、小さな窓しかなかった管理人室を、玄関やアプローチ、エレベーターホール等が見えやすい場所に移し、エントランスホールはタイルや、郵便受けも全面取り換えを行い、見た目も明るくかわいいデザインになり、その上に電子掲示板も設置しています。

続いてあるアトリウムはウッドデッキを採用し、おしゃれな空間に生まれ変わり、中庭には天の川をデザインしたタイルを採用、自然石のベンチも置かれています。交流室は、地域の人にも使ってもらいやすいように全面開放できる窓や扉に改装し、1階の元個人事務所を2つ買い取り、会議室と管理組合事務所に、さらに井戸を作り、各フロアーに水栓を設置して非常時への備えも考慮されています。

足りなくなることが多い駐輪スペースは、約半分が共用自転車になっており、いろんなタイプの共用自転車も用意されています。庭には、さまざまな実のなる木が所狭しと植えられています。地域の人も使いやすい交流室等は自習室として使われることも多く、地域の子供もやってきます。マンション内の交流室を使って、住民のお得意な芸の発表会や教え合い、ケーキつくり教室やお茶会、大人カフェや楽しみ満載の防災訓練などを開催。そして週に2回、移動販売も来て、ここにも地域の人が数多く訪れます。

また、マンションは近隣の人の災害時の避難場所にもなっており、マンション内の安心・安全とともに地域にも寄与しています。ここで遊んだ地域の子供が大きくなってマンションを購入する等の事例もあり、人の老いの予防にもつながっているのです。

魅力的な長寿命化マンションを目指して

向上型メンテンテナンスを行っている事例を見ると、第一に管理組合の基本となる運営体制の整備、つまりは総会の開催、規約の整備、管理者選定、所有者名簿の作成、居住者名簿の作成などが、しっかりとされています。

第二には、長期的なスパンで維持管理が考えられています。一般的な30年程度ではなく、80年、１００年の利用を考慮した維持管理計画が作られており、「このマンションは80年持たせます」と積極的な宣言をしたマンションに若者が集まる傾向がありますが、それは中古でマンションを購入し、大きな費用をかけてリノベーションして住みたいという人の需要に合っているからです。１，０００万円かけてリノベーション工事をしても、すぐに建替えとなると、折角かけた費用も時間も思いもすぐに消えてしまいます。マンションを長く持たせるためには、新築時の情報から、その後どのように維持管理をしてきたのかを示す「住宅履歴情報（いえかるて）」が生成・蓄積・活用されています（表3）。

第三には常に向上型メンテナンスを目指している点、第四にはコミュニティー形成を大事に管理の基盤づくりを行っている点が挙げられます。マンションならではの「集まって住むのは楽しいな・安心だな」の実践がされているのです。

第五には、地域とともにマンションも、暮らしも、マンションの居住者だけでなく周辺地域の人々も、もっともっと良くなるようにと成長を目指していることも、見逃せません。

マンションは、重要な社会資産です。適正な維持管理を行い、良質なマンションを社会で循環させ、より豊かな暮らしを実現していきましょう。あなたのマンションでのチャレンジを応援します。

分譲会社から交付される設計図書（❶～⓫）　※電子ファイルにより保管することが望ましい

❶ 付近見取図	❼ 基礎伏図
❷ 配置図	❽ 各階床伏図
❸ 仕様書（仕上げ表を含む）	❾ 小屋伏図
❹ 各階平面図	❿ 構造詳細図
❺ 二面以上の立面図	⓫ 構造計算書（地盤情報を含む）
❻ 断面図または矩計図	＋ 計画修繕工事の設計図書、点検報告書等の修繕等の履歴情報

表3　修繕履歴情報（いえかるて）の蓄積を

住宅金融支援機構におけるマンションの維持・再生に関する制度について

住宅金融支援機構　マンション・まちづくり支援部

はじめに

住宅金融支援機構は、1950年に設立された住宅金融公庫の業務を引き継ぐ独立行政法人として2007年4月に設立されました。

個人の住宅取得時に提供する長期固定金利住宅ローンについては、民間金融機関との提携による「フラット35」を中心に展開していますが、住宅金融公庫時代から行っていた政策上重要で民間金融機関では対応が困難な分野については引き続き直接融資を行っています。

ここでは、マンションの維持・再生に関する住宅金融支援機構の制度についてご紹介します。

分譲マンションの維持・再生に関する制度について

分譲マンションストック戸数は日本全国で約694・3万戸（2022年末時点）に達したといわれており、マンションの適切な維持管理の重要性はますます高まってきているところです。当機構では新築から建替え等に至るまでのそれぞれのステージに対応した制度により、マンションの適切な維持管理・再生を資金面から支援しています（図1）。

修繕積立金の計画的な積立てをサポート～マンションすまい・る債～

(1) マンションすまい・る債の利用状況

マンションの計画的な修繕のために積み立てられる「修繕積立金」をどのように運用していくかは、マンション管理組合にとって重要な問題です。

国土交通省による2018年度マンション総合調査（図2）によれば、修繕積立金の運用先として、銀行の預金に続いて4番目に「マンションすまい・る債」が利用されていることが分かります。

また、図4に2023年度までのマンションすまい・る債の募集結果の推移を示しています。特に2015年度以降は制度改正（マンション共用部分リフォーム融資の金利引下げの特典の導入、申込要件の緩和等）を行ったことにより、応募口数・組合数が制度改正を行う前と比較して高い水準で推移しており、2023年度募集では応募口数および応募組合数が過去最多となりました。近年の傾向を見ると、築年数31年以上の高経年マンションからの応募が増えており、築年数の平均も増加傾向にあります（表1）。また、2023年度の積立理由のアンケート結果（表2）では、「機構発行の債券で安全・安心だから」と回答した割合が最も多く（47・1％）、2022年度と比較すると「利回りが良いから」と回答した割合が増加しています（2022年度：37・1％→2023年度：44・8％）。

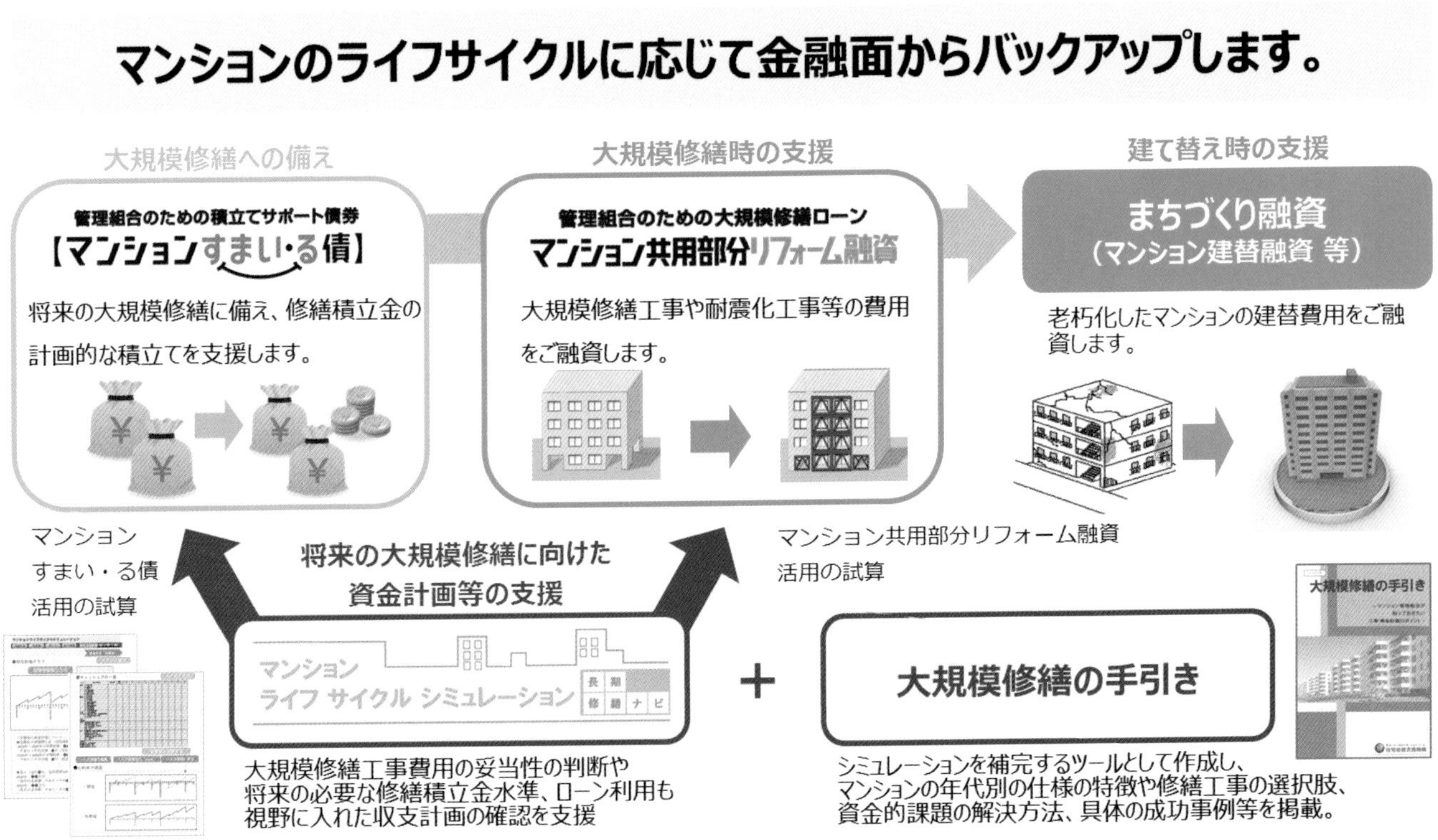

図１　住宅金融支援機構のマンション支援制度

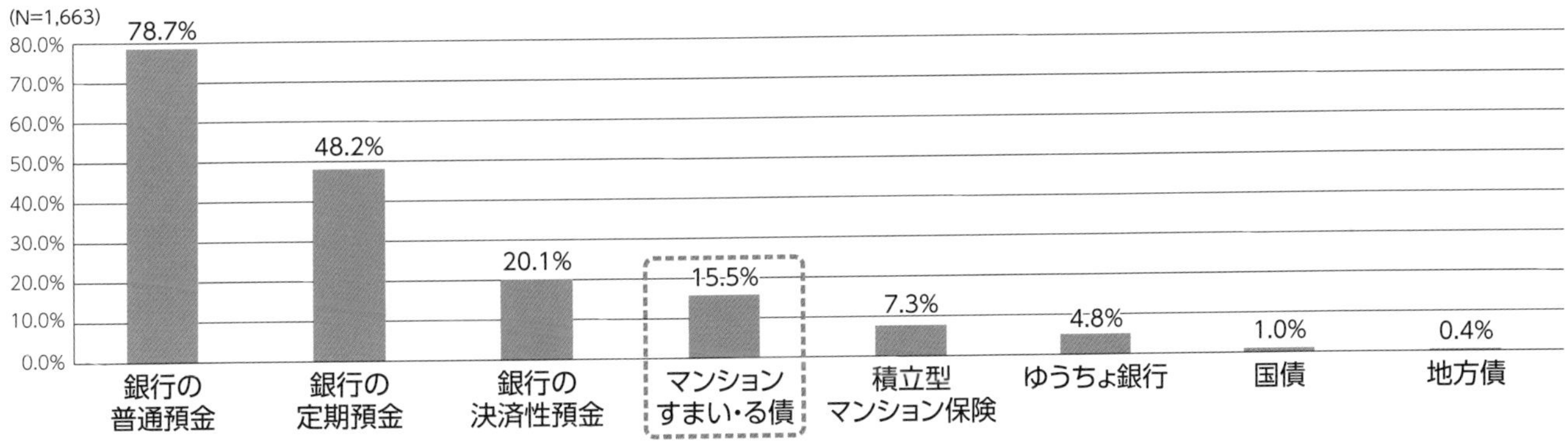

図２　修繕積立金の運用先（重複回答）　※国土交通省「2018年度マンション総合調査」より　住宅金融支援機構にてグラフを作成

応募口数＼住宅戸数	平均応募口数	<参考>口数区分ごとの組合数								
		～10口	11口～20口	21口～30口	31口～40口	41口～60口	61口～80口	81口～100口	101口～	合計
～20戸	12.6	118	24	6	10	3	1	0	1	163
21戸～40戸	15.2	411	140	27	37	30	12	6	2	665
41戸～60戸	27.2	266	121	27	42	42	22	25	14	559
61戸～80戸	35.5	118	79	15	32	31	11	23	20	329
81戸～100戸	43.1	67	54	8	22	25	9	18	21	224
101戸～150戸	72.2	35	69	16	29	24	9	23	49	254
151戸～200戸	88.4	7	29	6	22	13	6	14	31	128
201戸～	162.8	42	43	13	54	45	18	39	161	415
全体	**53.3**	1,064	559	118	248	213	88	148	299	2,737

図３　住宅戸数規模別の応募口数（2023年度募集結果分析）

主な制度改正

2015年度	①マンションすまい・る債の残高がある管理組合に対して、マンション共用部分リフォーム融資の金利を年0.2％引き下げました。 ②申込要件を緩和（修繕積立金基準の撤廃）しました。 ③書類の送付先を管理組合が指定した管理会社にすることができる「送付先指定制度」を導入しました。
2021年度	抽せん制度を廃止したことに伴い、それ以降は応募受付期間が１カ月程度長くなりました。
2023年度	管理計画認定を受けたマンション向けマンションすまい・る債の募集を開始しました。

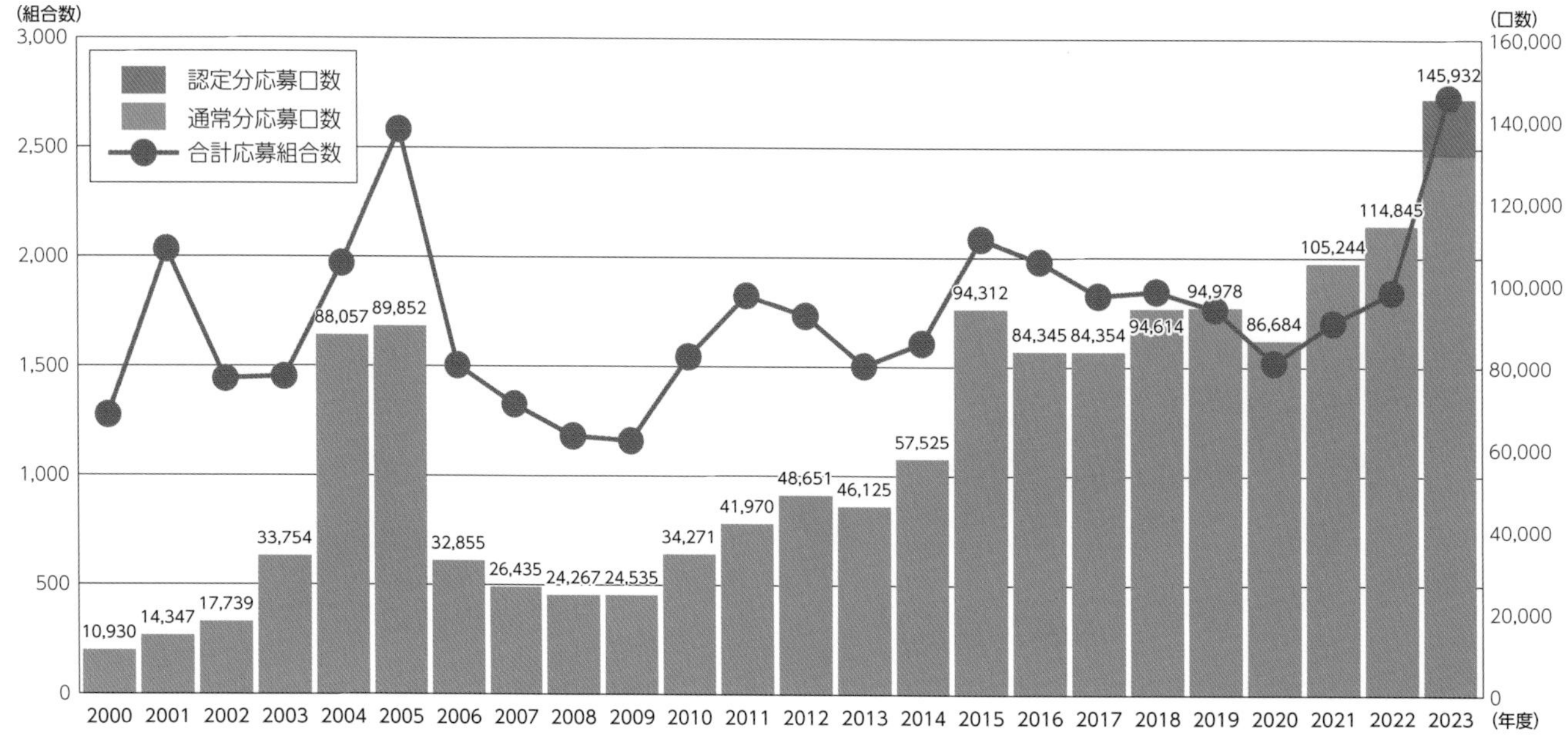

2000	2001	2002	2003	2004	2005	2006	2007	2008	2009	2010	2011	2012	2013	2014	2015	2016	2017	2018	2019	2020	2021	2022	2023	
1.600	1.100	1.396	0.494	1.537	0.629	1.543	1.065	0.954	0.924	0.563	0.396	0.459	0.266	0.337	0.313	0.080	0.152	0.143	0.102	0.080	0.120	0.208	0.475	(通常分)
																							0.525	(認定分)

※１ 通常分は上段、認定分は下段に募集年度ごとの10年満期時年平均利率（税引前）を記載　※２ 2000年度から2002年度までは１口100万円、2003年度以降は1口50万円での口数の推移

図４　マンションすまい・る債　募集結果の推移

組合数 ＼ 応募年度	2019年度	シェア	2020年度	シェア	2021年度	シェア	2022年度	シェア	2023年度	シェア
組合数計	1,765	100.0%	1,521	100.0%	1,704	100.0%	1,841	100.0%	2,737	100.0%
築年数12年以内	595	33.7%	475	31.2%	481	28.2%	547	29.7%	684	25.0%
築年数13～24年	695	39.4%	608	40.0%	625	36.7%	600	32.6%	896	32.7%
築年数25年以上	475	26.9%	438	28.8%	598	35.1%	694	37.7%	1,157	42.3%
築年数31年以上	310	17.6%	255	16.8%	374	21.9%	436	23.7%	707	25.8%
築年数の平均	**18.3年**		**18.8年**		**20.5年**		**20.8年**		**22.1年**	

表１　マンションすまい・る債築年数別の応募組合数

（２）マンションすまい・る債の制度概要

「マンションすまい・る債」は当機構が国の認可を受けて発行する管理組合向けの債券です。マンションすまい・る債の特長は表３の通りです。

利息は、債権発行時に決定された利率で毎年支払われます。２０２３年度募集の場合、１０年満期まで預けた場合の年平均利率（税引前）は０・４７５％となっています。

積立ての理由 ＼ 応募年度	2023年度	2022年度
機構発行の債券で安全・安心だから	**47.1%**	**54.8%**
利回りが良いから	44.8%	37.1%
共用部分リフォーム融資の金利引下げがあるから	6.9%	7.1%
マンション管理に役立つ特典があるから	1.3%	0.9%

表２　マンションすまい・る債の積立ての理由

特長1	利付10年債で、毎年1回（2月予定）定期的に利息をお支払い。
特長2	1口50万円から購入可能で、最大10回継続購入して積立可能。
特長3	中途換金※時に手数料はかかりません。
特長4	当機構が国の認可を受けて発行している債券
特長5	マンション管理計画認定の取得により、債券の利率を上乗せします。

※初回債券発行日から1年以上経過した場合、中途換金が可能です。取扱いは1口（50万円）単位となります。

表３　マンションすまい・る債の特長

特典１	マンション共用部分リフォーム融資の融資金利を年0.2％引き下げます※1。
特典２	マンション共用部分リフォーム融資の保証料が２割程度安くなります※2。

※１　マンション共用部分リフォーム融資の申込時点でマンションすまい・る債の残高があることが必要です。
※２　2023年11月現在、（公財）マンション管理センターへ保証委託する場合に同センターが実施している特典であり、今後取扱いの変更等が生じることがあります。

表４　マンションすまい・る債積立ての特典

要件１	管理規約が定められていること。
要件２	長期修繕計画の計画期間が20年以上であること。 ※「20年以上」という期間は、長期修繕計画を作成した時点からの期間で、応募を行う時点からの期間ではありません。応募日現在、計画期間であることを確認してください。
要件３	反社会的勢力と関係がないこと（反社会的勢力と関係があるマンション管理組合はこの制度を利用できません）。
要件４	将来、マンション共用部分リフォーム融資を利用予定であること（ただし、利用していただかなくても問題ございません）。

表５　マンションすまい・る債　応募要件

手続きの流れ　<2023年度募集の場合>

4月～	応募受付期間	4/17～10/13
11月～2月	積立用書類の送付	11/20（予定）
	積立用書類の返送	11/21～1/12（予定）
	積立金の振込み	11/21～2/2（予定）
2月	債券の発行 （機構が保護預かり）	2/20（予定）

2021年度募集分から抽選制度を廃止し、応募受付期間中の応募については、全て受け付けることとなりました。

ただし、募集口数には上限があるため、各債券の上限口数に達する見込みとなった場合は、債券毎に応募受付終了日をこれより早い日に変更する可能性があります。

その場合は、変更後の応募受付終了日の1カ月前をめどに機構ホームページ等にてご案内します。

なお、応募受付終了日を変更した場合であっても、受付郵便局の消印が変更後の応募受付期間内である応募については、全て応募を受け付けます。

図５　マンションすまい・る債応募の流れ（2023年度募集の場合）

　マンションすまい・る債を積み立てた管理組合は、表４の特典をご利用いただけます。特典は、初回の購入時から債券の残高がなくなるまでご利用いただけます。マンション共用部分リフォーム融資を受ける際の金利引下げなど、将来大規模修繕等を行う場合にメリットがある特典となっています。

　マンションすまい・る債の積立てができるマンション管理組合については、長期修繕計画の計画期間が20年以上であることなどの要件がありますので、詳しくは表５をご確認ください。マンションすまい・る債の募集は、例年４月中旬から10月中旬にかけて行われます（２０２３年度のスケジュールは図５の通り。２０２３年度の募集は終了しています）。

マンションの共用部分の工事への融資～マンション共用部分リフォーム融資～

　マンションの大規模修繕は、計画的に積み立てた修繕積立金で行っていくことが理想ですが、長期修繕計画作成時から大幅に工事費が上昇した場合、大規模修繕をきっかけとしたバリューアップ工事

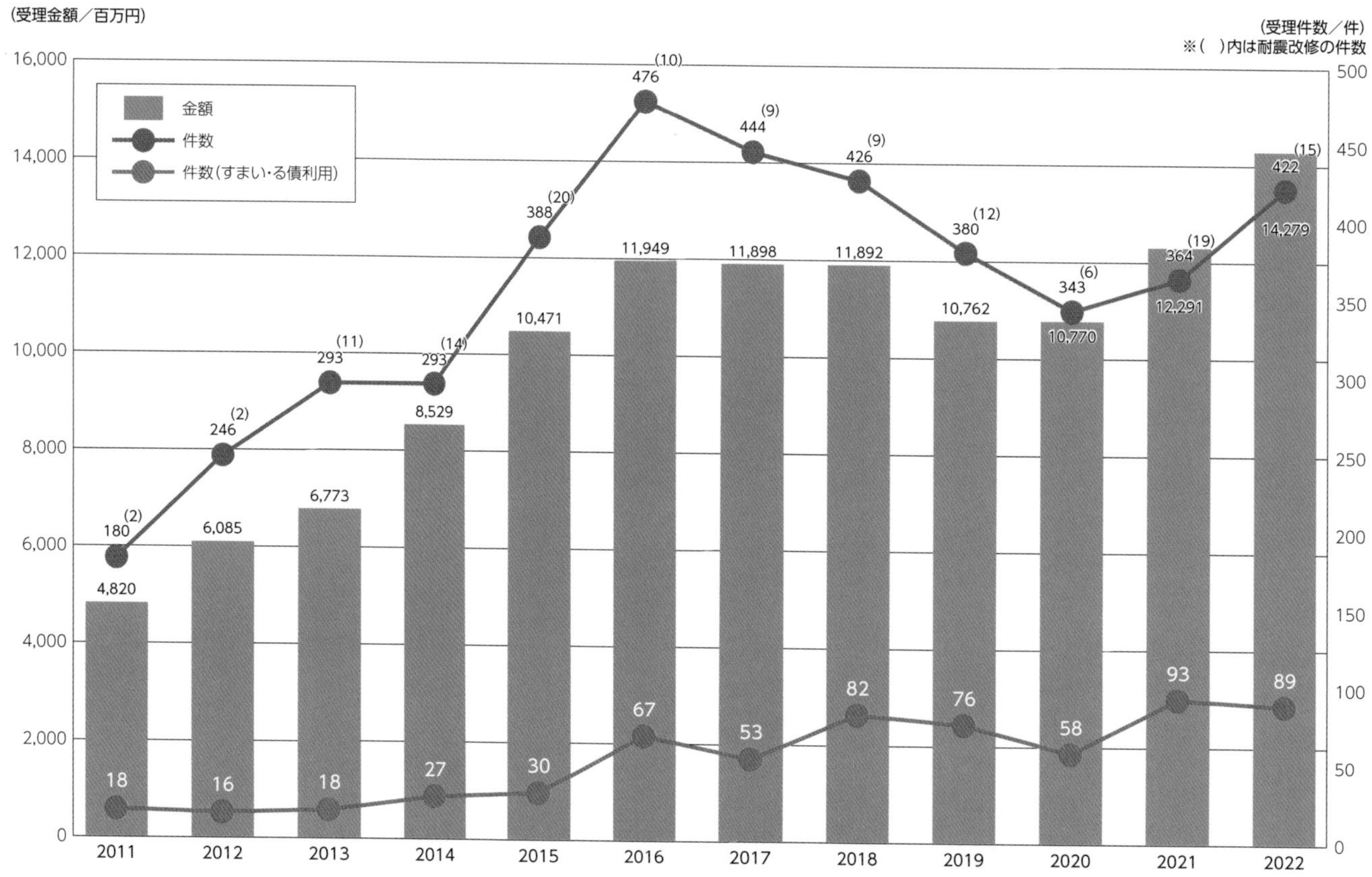
(受理金額／百万円)
(受理件数／件)
※(　)内は耐震改修の件数
金額
件数
件数(すまい・る債利用)
16,000
14,000
12,000
10,000
8,000
6,000
4,000
2,000
0
500
450
400
350
300
250
200
150
100
50
0
2011
2012
2013
2014
2015
2016
2017
2018
2019
2020
2021
2022
4,820
6,085
6,773
8,529
10,471
11,949
11,898
11,892
10,762
10,770
12,291
14,279
180 (2)
246 (2)
293 (11)
293 (14)
388 (20)
476 (10)
444 (9)
426 (9)
380 (12)
343 (6)
364 (19)
422 (15)
18
16
18
27
30
67
53
82
76
58
93
89

図6　マンション共用部分リフォーム融資の受理件数・金額の推移（2011年度～2022年度受理分）

を行う場合、耐震改修工事を行う場合などで、資金が不足してしまう時には「マンション共用部分リフォーム融資」をご活用いただいています。

マンションストックの増加や工事費の高騰などに伴い、融資の受理件数は、近年増加傾向となっています（図6）。

次に、マンション共用部分リフォーム融資（管理組合申し込み）の特長についてご紹介します（表6）。

金利は全期間固定金利で、借入申込時点に返済終了までの借入金利と返済額が確定しますので、返済計画が立てやすく、管理組合の合意形成がしやすくなります。

管理組合の法人格の有無を問わずお申し込みが可能で、抵当権等の担保は不要です。

また、機構の定める耐震改修工事を行う場合やマンションすまい・る債の積立てを行っている場合には金利を引き下げます。

2023年11月に借入申し込みをされたマンション管理組合に適用される融資金利は、表7の通りとなっています。

ご利用いただけるマンション管理組合については、「管理規約において、管理費または組合費から支出すべき経費に修繕積立金を充当できる旨の定めがないこと」、「修繕積立金が1年以上定期的に積み立てられており、滞納割合が原則として10％以内であること」、「管理費と修繕積立金が区分して経理されていること」など修繕積立金の適切な管理運営が行われていることなどを要件としています（32頁表8）。

また、耐震改修工事等の一定の工事（32頁表8「返済期間」①～⑧の工事）を行う場合は、最長返済期間を20年とすることができます。耐震改修工事等は、一定の周期で行われる大規模修繕工事とは異なり、社会環境の変化に適合させるための改良工事であり、長期修繕計画上で周期的な工事として計画されていない例が多く見られます。その上、工事費も多額となることが多いため、特に修繕積立金が不足することが懸念される工事であることから、これらの工事について、最長返済期間を20年としています。

特長1	法人格の有無を問いません（法人格のない管理組合も申し込みできます）。
特長2	担保は不要です（機構が承認した保証機関（（公財）マンション管理センター）の保証を受けることが必要です）。
特長3	全期間固定金利です。
特長4	耐震改修工事、浸水対策工事または省エネルギー対策工事を行うことにより、融資金利を年0.2%引き下げます。※1
特長5	マンションすまい・る債の積立てにより、融資金利を年0.2%引き下げます。※2
特長6	マンション管理計画認定の取得により、融資金利を年0.2%引き下げます。※3
特長7	返済期間は1～10年（年単位）です。 次の①から⑧までのいずれかの工事を行う場合は、返済期間を11年以上20年以内とすることができます。 ①耐震改修工事、②浸水対策工事、③省エネルギー対策工事、④給排水管取替工事、⑤玄関またはサッシ取替工事、 ⑥エレベーター取替または新設工事、⑦アスベスト対策工事、⑧機械式駐車場解体工事

表6　マンション共用部分リフォーム融資の特長

返済期間が 1年以上10年以内の場合	融資金利	マンションすまい・る債の積立て※2 または 管理計画認定の取得※3	マンションすまい・る債の積立て※2 かつ 管理計画認定の取得※3
マンション共用部分リフォーム融資	年1.06%	年0.86%	年0.66%
耐震改修工事、浸水対策工事 または 省エネルギー対策工事※1	年0.86%	年0.66%	年0.46%

返済期間が 11年以上20年以内の場合	融資金利	マンションすまい・る債の積立て※2 または 管理計画認定の取得※3	マンションすまい・る債の積立て※2 かつ 管理計画認定の取得※3
マンション共用部分リフォーム融資	年1.79%	年1.59%	年1.39%
耐震改修工事、浸水対策工事 または 省エネルギー対策工事※1	年1.59%	年1.39%	年1.19%

金利はお申込時の金利が適用されます（金利は毎月見直します）。最新の金利は、機構のホームページ（https://www.jhf.go.jp/）でご確認ください（融資金利には下限（年0.1%）があります）。

表7　融資金利【2023年11月】（管理組合申し込み）

【以下、表6・表7共通】
※1　住宅金融支援機構が定める基準に適合する必要があります。基準について、詳しくは「マンション共用部分リフォーム融資のご案内（詳細版）」をご覧下さい。
※2　マンション共用部分リフォーム融資の申し込み時点でマンションすまい・る債の残高があることが必要です。
※3　「マンション管理の適正化の推進に関する法律（平成12年法律第149号）」に定める管理計画を作成し、都道府県等の長の認定を受けていることが必要です。

おわりに

以上、マンションの「修繕積立金」の運用先としてご利用いただける「マンションすまい・る債」、大規模修繕や耐震改修の際にご利用いただける「マンション共用部分リフォーム融資」についてご紹介しました。

なお、今回ご紹介した制度以外に、マンション管理組合が大規模修繕工事等を行う場合に区分所有者個人の方が負担する一時金をご融資する制度「マンション共用部分リフォーム融資（区分所有者申込み）」や、地震等の自然災害等により被災したマンションの共用部分を補修する際にご利用いただける制度「災害復興住宅融資（マンション共用部分補修）」がございます。詳しくは住宅金融支援機構までお問い合わせください。

住宅金融支援機構の制度をより多くの皆さまに知っていただき、今後のマンションの維持管理・再生にお役立ていただければと思います。

資金使途	マンション管理組合がマンションの共用部分の改良工事（外壁塗装、屋上防水工事、玄関スロープ設置工事等）を行うための資金 ・専門家による調査設計の実施、耐震診断の実施、長期修繕計画の作成等のみを実施する場合も融資の対象となります。 ・ローンのお借換えには利用できません。
ご利用いただける管理組合	1　次の事項等が管理規約または総会の決議[※1]で決められていること。 ① 管理組合がマンション共用部分の工事をすること。 ② 管理組合が機構から資金を借り入れること（借入金額・借入期間・借入予定利率等）。 ③ 借入れの返済には修繕積立金を充当すること。 ④（公財）マンション管理センターに保証委託すること。 ⑤ 管理組合の組合員、業務、役員、総会、理事会および会計に関する事項 2　管理規約において管理費または組合費から支出すべき経費に修繕積立金を充当できる旨の定めがないこと。 3　修繕積立金が1年以上定期的に積み立てられており、滞納割合が原則として10％以内であること。また、管理費と修繕積立金が区分して経理されていること。 4　マンションの管理者または管理組合法人の代表理事が原則として当該マンションの区分所有者（自然人）の中から選任されていること。 5　毎月の返済額が毎月徴収する修繕積立金の額の80％以内[※2]であること。 6　反社会的勢力と関係がないこと[※3]。
融資額の上限	以下の①または②のいずれか低い額が融資額の上限になります。 （融資額は10万円単位で、最低額は100万円です（10万円未満切捨て）） 【工事費等から決まる融資額の上限】 ① 融資対象工事費（－補助金） 【管理組合の修繕積立金から決まる融資額の上限】 ② 毎月徴収する修繕積立金[※4]×80％以内[※2]÷借入金100万円当たりの毎月の返済額×100万円 ・既に他のお借入れがある場合は、今回の融資に係る借入金の毎月の返済額に当該借入れに係る毎月の返済額を加えた合計額が、毎月徴収する修繕積立金の額の80％以内であることが必要です。
返済期間	1年以上10年以内（1年単位） ・次の①から⑧までのいずれかの工事を行う場合に限り、返済期間を11年以上20年以内とすることができます。 ① 耐震改修工事、②浸水対策工事、③ 省エネルギー対策工事、④ 給排水管取替工事、 ⑤玄関またはサッシ取替工事、⑥エレベーター取替または新設工事、 ⑦アスベスト対策工事、⑧機械式駐車場解体工事
担　保	必要ありません。
保証人・保証料	機構が認める保証機関（（公財）マンション管理センター）の保証をご利用いただきます。 なお、保証料はお客さまの負担となります。
火災保険	必要ありません。
返済方法	元利均等返済または元金均等返済
手数料	融資手数料：必要ありません。 繰上返済手数料：必要ありません。

※1 決議を行う総会において、「商品概要説明書」等、機構所定の書式を配布した上で理事長等が内容を説明し、その旨を当該総会の議事録に記載していただく必要があります。
※2 修繕積立金の滞納割合が10％超20％以内である管理組合がお借入れいただくためには、一定の条件を満たした上で、毎月徴収する修繕積立金の額の60％以内とする必要があります。
（詳細は「マンション共用部分リフォーム融資のご案内（詳細版）」をご覧ください）
※3 マンション管理組合の組合員が反社会的勢力に該当する場合、住戸が反社会的勢力の事務所等として使用されている場合等もご融資できません。
※4 返済額に充当するために返済期間中一定額を徴収する場合は、その額を含みます。
（注）・審査の結果、お客さまのご要望に沿えない場合がありますので、あらかじめご了承ください。
・上記は（公財）マンション管理センターへ保証を委託する場合の融資条件です。保証を委託しない場合は、融資条件が異なります。

表8　商品概要（2023年度お申し込み分）

マンション共用部分リフォーム融資は、マンションの所在地を担当する機構の支店等を窓口としてお申し込みいただいています。

商品の詳細については「マンション共用部分リフォーム融資のご案内【詳細版】」を併せてご覧ください。

（https://www.jhf.go.jp/files/100011980.pdf）

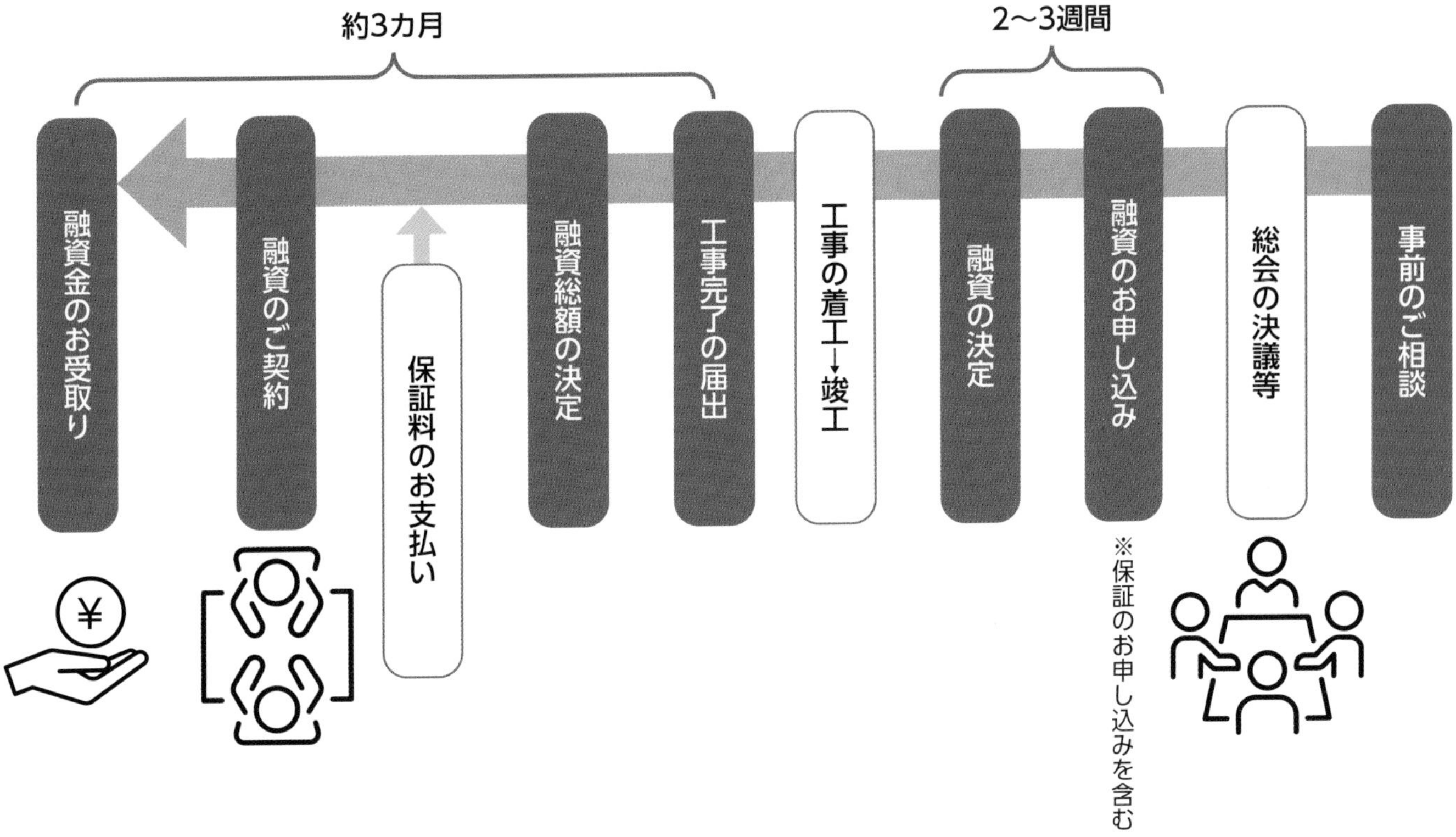
約3カ月
2〜3週間
事前のご相談
総会の決議等
融資のお申し込み
※保証のお申し込みを含む
融資の決定
工事の着工→竣工
工事完了の届出
融資総額の決定
保証料のお支払い
融資のご契約
融資金のお受取り
¥

※1　工事が完了している場合は、お申し込みができません。
※2　総会の決議を行う前に機構支店へのご相談をお願いしています。
※3　融資のご契約以降は、機構業務取扱金融機関での手続きとなります。

【参考】手続きの流れ

お問い合わせ先

営業時間　9:00〜17:00（土日、祝日、年末年始は休業）

マンションすまい・る債		お客さまコールセンター　住宅債券専用ダイヤル ☎ 0120-0860-23
マンション共用部分リフォーム融資 災害復興住宅融資（マンション共用部分補修）	北海道	北海道支店 まちづくり業務グループ ☎ 011-261-8305
	青森県・岩手県・宮城県 秋田県・山形県・福島県	東北支店 まちづくり業務グループ ☎ 022-227-5036
	栃木県・群馬県・新潟県・長野県 東京都・神奈川県・茨城県・埼玉県 千葉県・山梨県・静岡県	本店マンション・まちづくり支援部 マンション・まちづくり融資グループ ☎ 03-5800-9366
	岐阜県・愛知県・三重県	東海支店 まちづくり業務グループ ☎ 052-971-6903
	滋賀県・京都府・大阪府・兵庫県・奈良県 和歌山県・富山県・石川県・福井県・徳島県 香川県・愛媛県・高知県	近畿支店 まちづくり業務グループ ☎ 06-6281-9266
	鳥取県・島根県・岡山県・広島県・山口県	中国支店 まちづくり業務グループ ☎ 082-221-8653
	福岡県・佐賀県・長崎県 熊本県・大分県・宮崎県・鹿児島県	九州支店 まちづくり業務グループ ☎ 092-233-1509
まちづくり融資		本店マンション・まちづくり支援部 マンション・まちづくり融資グループ ☎ 03-5800-8104

トピックス

マンションの長寿命化・再生に向けて

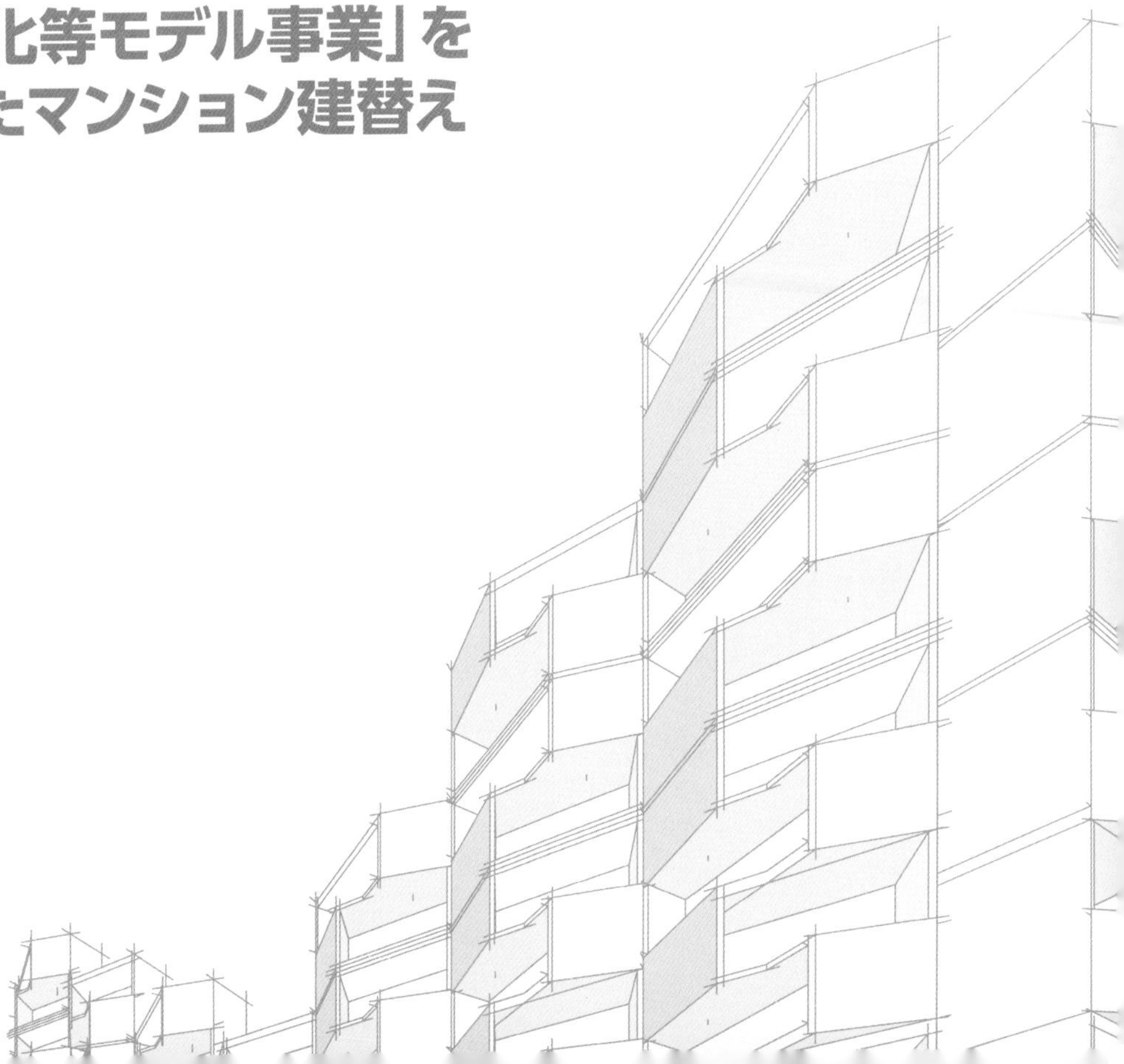

マンションの長寿命化を見据えた 高経年マンションの耐震補強

特定非営利活動法人
耐震総合安全機構　江守芙実

はじめに

1981年に新耐震基準が制定されました。それ以前の旧耐震基準で設計された分譲マンションは現在約103万戸あり、分譲マンション総ストック数694・3万戸の14・8％を占めています（2023年8月10日　国土交通省発表の分譲マンションストック数より）（図1）。

1995年の阪神淡路大震災を契機に耐震改修促進法が制定され、既存の旧耐震建築物の耐震診断や耐震改修の促進が図られてきました。耐震改修促進法では、建物の用途に限らず、旧耐震基準設計によって設計された建築物の所有者は、耐震診断の実施や、耐震改修の実施の努力義務を負うと定めており、分譲マンションの場合は区分所有者一同が構成する管理組合がその努力義務を負うことになります。

耐震改修促進法の制定から29年が経過しましたが、住宅の耐震化はいまだその途上にあり、とりわけ分譲マンションについては合意形成が難しいことなどから、耐震化の難易度が高いといわれています。

耐震性能が重視される時代

耐震化による生活者の安全性の確保はもちろんのことですが、今後建築物のストック流通が増加する時代にあって（図2）、既存住宅の資産価値評価の際に耐震性能がより重視される時代が来ることが予想されます。

既に新耐震基準の制定から43年が経過しており、築40年を超える高経年マンションの中にも新耐震基準のマンションが出始めていま

築40年、50年を超える高経年マンションが今後増加

建替えが劇的に増加することは考えづらい高経年マンションが不動産取引市場に占める割合が増加すると、既存マンションの市場価値は「良好マンション」と「管理不全マンション」の差別化が進んでいく可能性が高い。

- 現在のマンションストック総数は約694.3万戸（2022年末時点）。
- これに令和2年国勢調査による1世帯当たり平均人員2.2人をかけると、約1,500万人となり、国民の1割超が居住している推計となる。

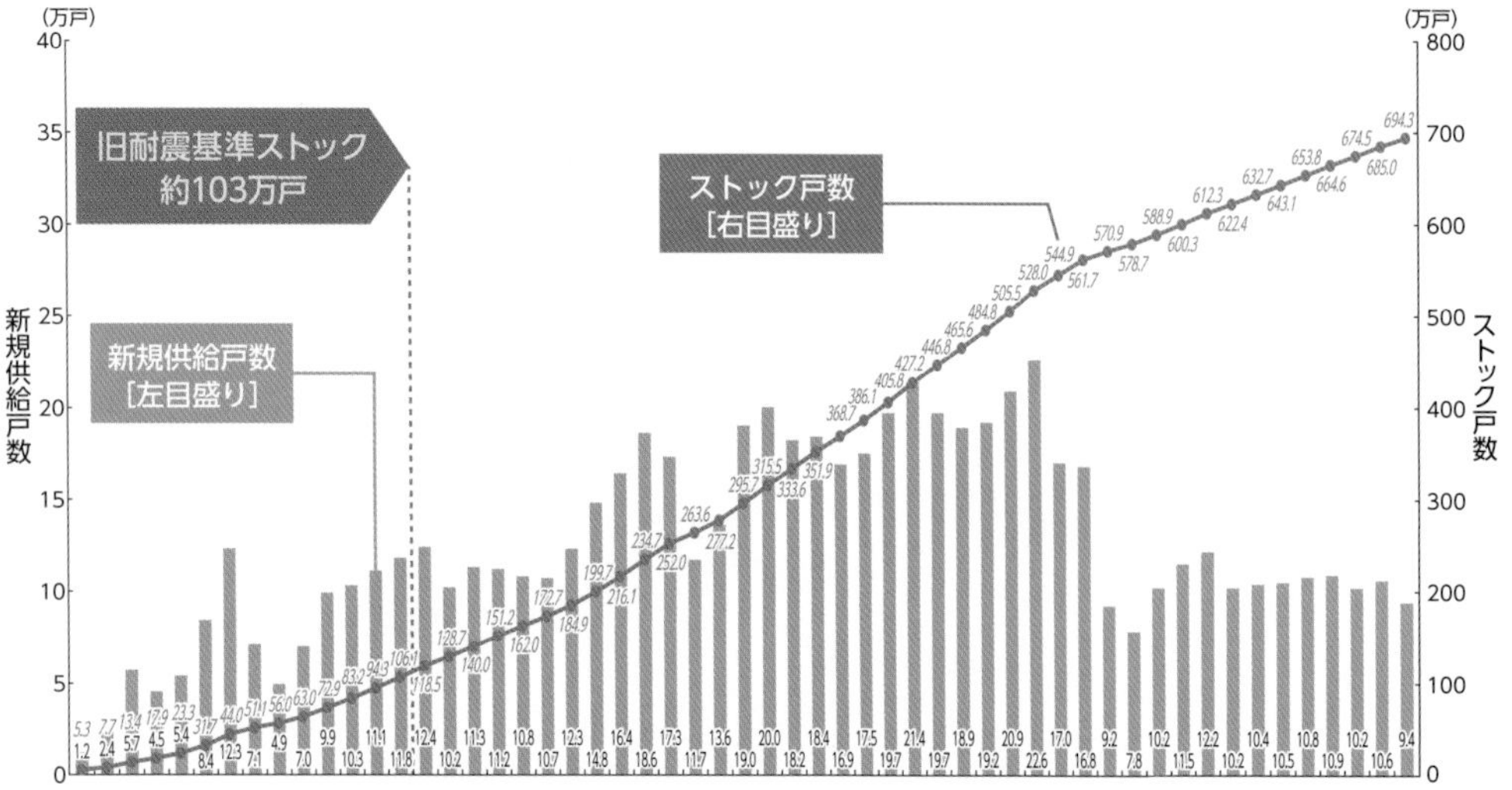

※新規供給戸数は、建築着工統計等を基に推計。　※ストック戸数は、新規供給戸数の累積等を基に、各年末時点の戸数を推計。
※ここでいうマンションとは、中高層（3階建て以上）・分譲・共同建で、鉄筋コンクリート造、鉄骨鉄筋コンクリート造または鉄骨造の住宅をいう。
※1968年以前の分譲マンションの戸数は、国土交通省が把握している公団・公社住宅の戸数を基に推計した戸数。

図1　分譲マンションストック数の推移

すが、今後は高経年マンションストックにおける新耐震基準マンションの比率が徐々に増加することになります。

高経年マンションが抱える課題は多岐にわたりますが、特に耐震安全性が不明確な高経年マンションストックは、今後中古住宅取引市場において新耐震基準のマンションと比較するとネガティブな評価を受ける可能性があります。旧耐震基準で建築されたマンションにとっては、耐震診断による耐震性能の確認、ならびに耐震化による安全性の確保は喫緊の課題であるともいえます。

耐震診断による安全性の確認や、耐震改修工事を実現したマンション管理組合の実例も徐々に増えつつある一方、管理組合によっては、耐震診断は実施したもののさまざまな事情によりその後の耐震改修計画の策定や耐震改修工事の実現に至らないケースもあります。

これは、図3に示すように高経年マンションであるが故の「計画修繕工事の多様化・高額化」や「修繕積立金等の管理組合の資金不

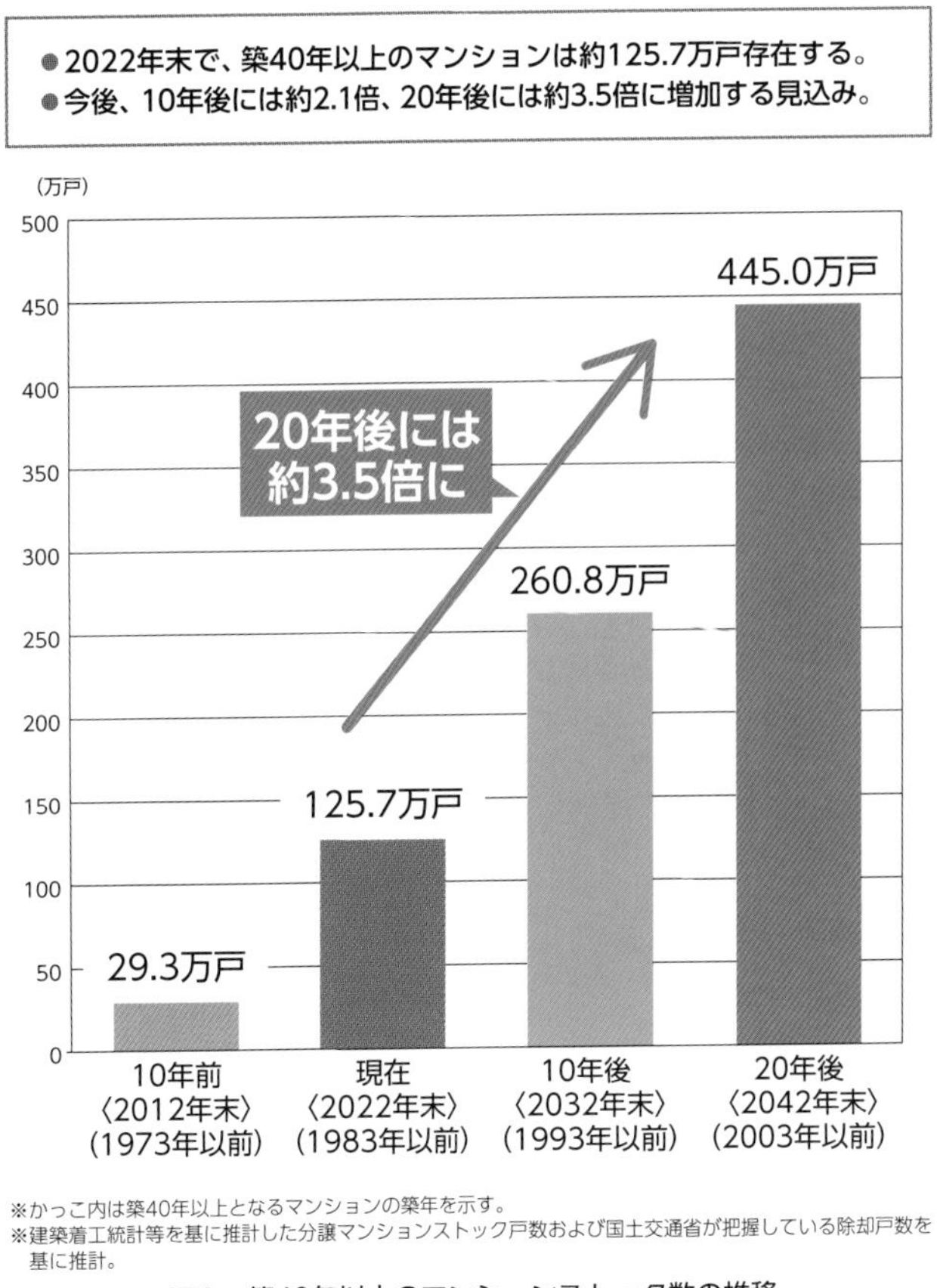
●2022年末で、築40年以上のマンションは約125.7万戸存在する。
●今後、10年後には約2.1倍、20年後には約3.5倍に増加する見込み。
(万戸)
500
450
400
350
300
250
200
150
100
50
0
445.0万戸
20年後には
約3.5倍に
260.8万戸
125.7万戸
29.3万戸
10年前
〈2012年末〉
(1973年以前)
現在
〈2022年末〉
(1983年以前)
10年後
〈2032年末〉
(1993年以前)
20年後
〈2042年末〉
(2003年以前)
※かっこ内は築40年以上となるマンションの築年を示す。
※建築着工統計等を基に推計した分譲マンションストック戸数および国土交通省が把握している除却戸数を基に推計。
図2　築40年以上のマンションストック数の推移

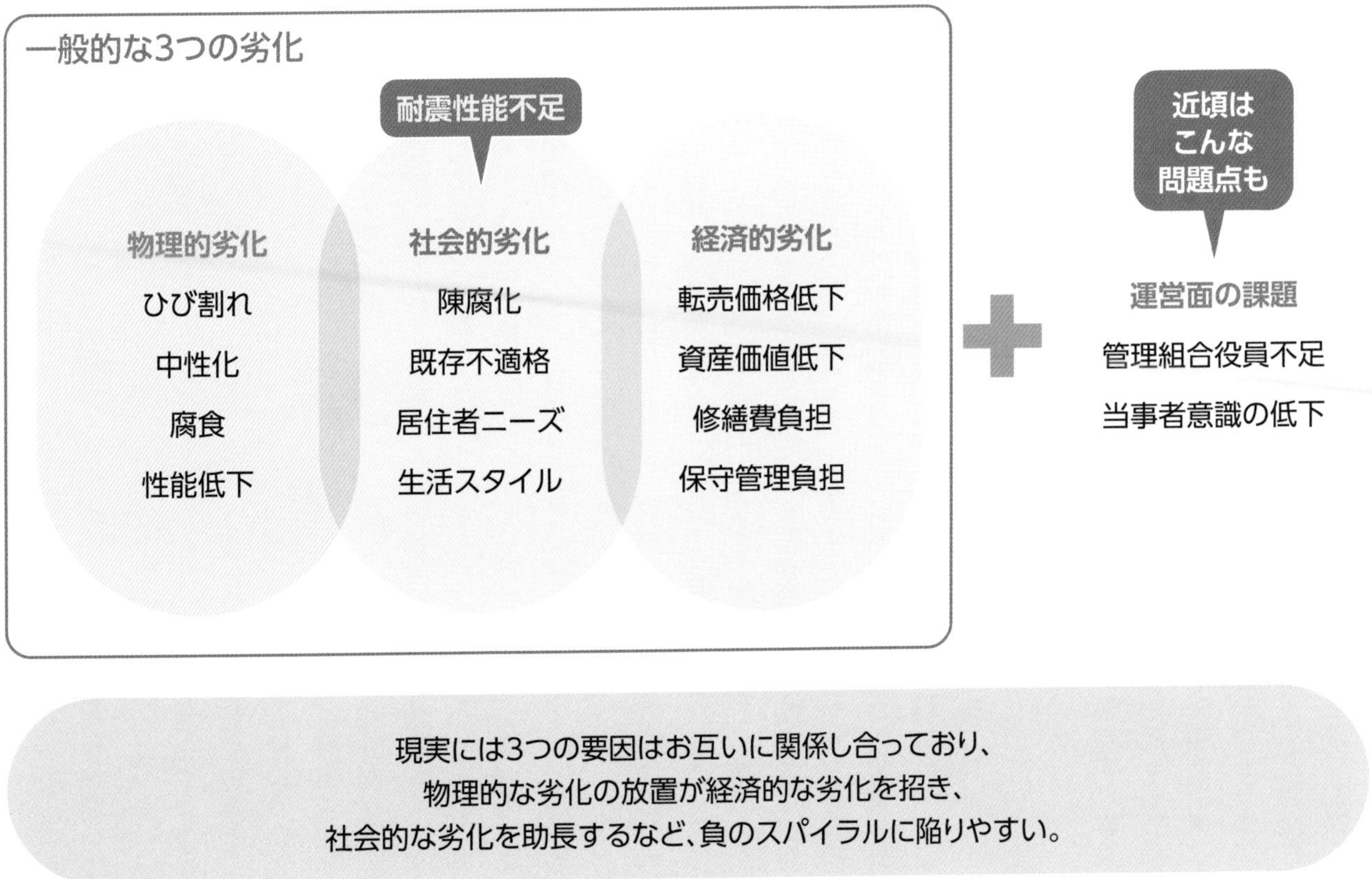
一般的な3つの劣化
耐震性能不足
物理的劣化
ひび割れ
中性化
腐食
性能低下
社会的劣化
陳腐化
既存不適格
居住者ニーズ
生活スタイル
経済的劣化
転売価格低下
資産価値低下
修繕費負担
保守管理負担
近頃は
こんな
問題点も
運営面の課題
管理組合役員不足
当事者意識の低下
現実には3つの要因はお互いに関係し合っており、
物理的な劣化の放置が経済的な劣化を招き、
社会的な劣化を助長するなど、負のスパイラルに陥りやすい。
図3　マンションをめぐる「劣化」の考え方

技術面の課題

- 法適合性の確保が困難
- 敷地境界と建物の離隔が少なく補強工事スペースがない
- 工事により商業利用区画の営業活動に支障が出る
- 専有部分での補強が必要

資金計画面の課題

- 修繕積立金の不足
- 他の計画修繕工事などを行うため、耐震化費用の捻出が困難
- 修繕積立金値上げが必要だが困難

ソフト面・合意形成面の課題

- 計画を推進する力が不足
- 区分所有者の無関心化
- 管理組合の内部で意見が割れる

課題を乗り越えるヒント

- 補強設計・補強工法は一つだけでなく、多様な選択ができる場合もある
- 検討を重ねる中で最適解を見つける
- 耐震工法を比較し、さらに工事時期を分割して段階的に耐震補強工事をするといった選択で耐震化の実現に至る場合もある
- 長期的な視点での資金計画を検討し、大規模修繕工事等と組み合わせた工事計画を立てるなどの工夫をする
- 他の計画修繕工事の資金計画も考慮して長期修繕計画を見直し、将来計画と合わせて修繕積立金額を見直す
- 助成制度を活用する
- 借入れを行う
- 耐震化支援者を見つける

図４　マンション耐震化の課題と乗り越えるヒント

足」、「役員の担い手不足等による管理組合運営の継続の困難化」など、さまざまな課題に取り組まざるを得ない状況下において、耐震化の検討や実現が困難となっている実態が想定されます。

マンション耐震化の課題とステップ

特定非営利活動法人耐震総合安全機構（以下ＪＡＳＯと略する）は、公益財団法人マンション管理センターから調査事業の委託を受け、これまでＪＡＳＯ会員が関わり、実際に耐震化の取り組みを行ったさまざまなマンションの実態について、マンションごとにどのような進捗状況だったか、取り組みがスムーズにいっていない場合の支障となっている背景や理由・課題についてアンケート調査を行い、その結果について分析をしました（アンケート回答者は、診断や設計等を担当したＪＡＳＯ会員建築士等の耐震化支援者）（図５）。

この調査の結果からさまざまな課題が浮かび上がってきましたが、建物の耐震性能や構造の特徴、構造以外の建築・設備等の劣化事象、資金の状況、管理組合の特性や意思決定方法など多様な要素が影響していて、マンション耐震化の阻害要因は個別性が高いことが分かっています。

図５③の「耐震化フローと進捗状況の分析」を見てみると、診断が完了した１５８件のうち１０１件がフェーズ２の補強計画まで進捗し、そのうち83件がフェーズ３の補強設計まで到達しています。さらにフェーズ４の補強工事が完了したマンションは53件となり、それぞれのフェーズの件数の差をその段階でスタック（中断あるいは断念）している物件数を示していると見なすと、フェーズ１からフェーズ２へ至る段階でスタックする件数が最も多いことが分かります。このことから、耐震診断後に耐震補強計画や耐震補強設計へ進む段階が最も難しく、ここがさまざまな課題を乗り越える上でのボトルネックとなっていると推察されます。

マンションに限らず、建築物の耐震化は、耐震診断→耐震補強の計画・設計→耐震補強工事という手順で進める必要があります。耐震診断により不足する耐震性能や耐震上の弱点を正確に把握し、その結果を踏まえて耐震性能引き上

① 耐震化支援者（診断者・設計者）へのアンケート：主要な阻害要因

Q. 耐震化を進めるに当たり、課題はありましたか。

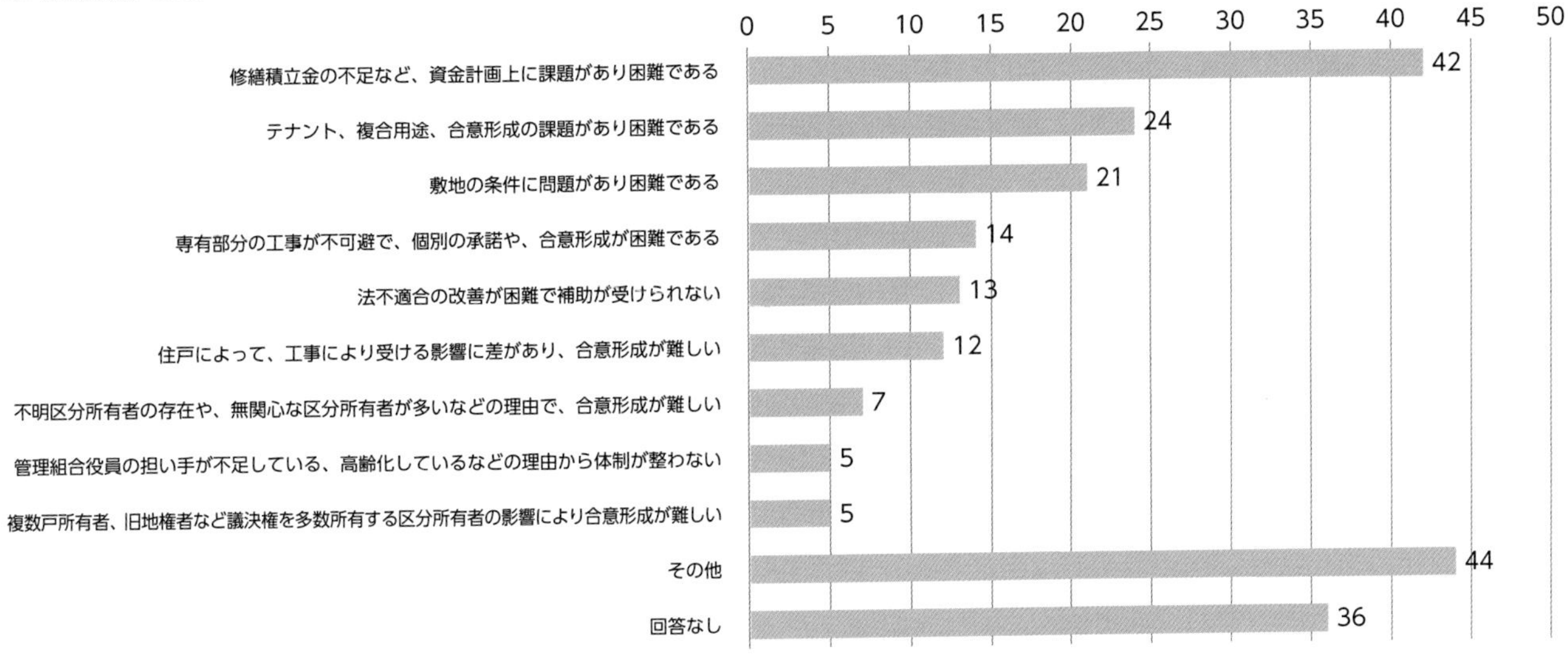

② 耐震化支援者（診断者・設計者）へのアンケート：管理組合による耐震への取り組み

Q. 建築と設備の地震対策について、管理組合の取り組みがあれば教えてください。

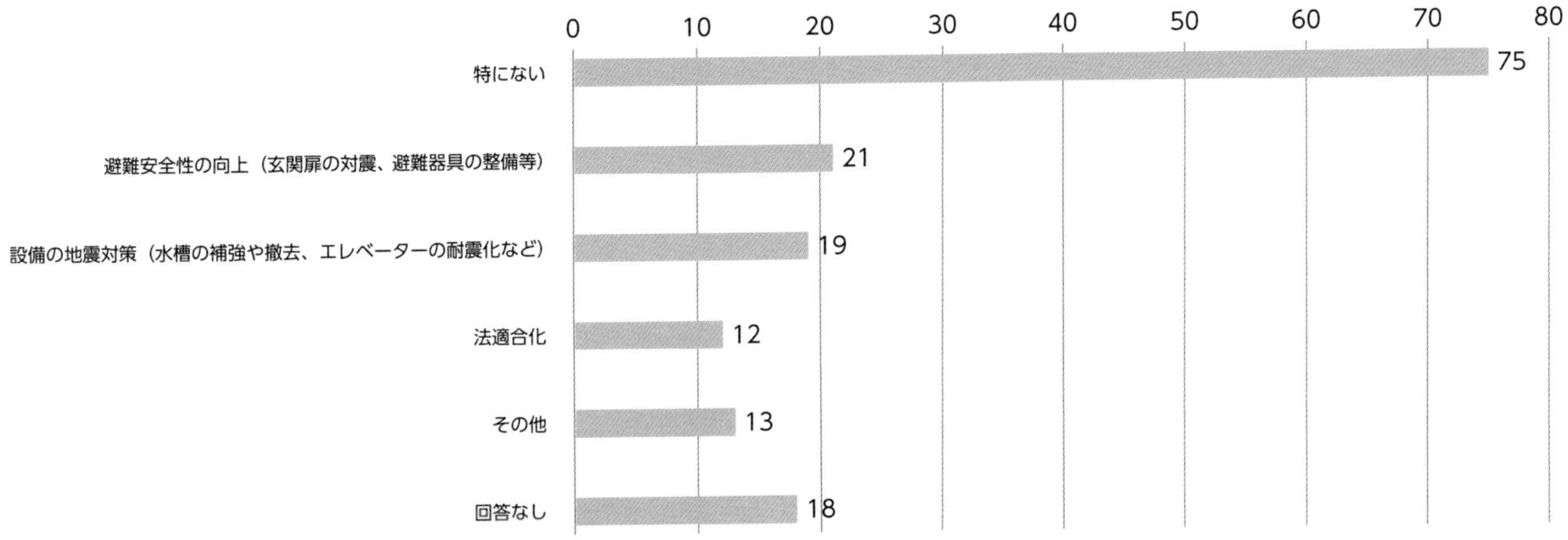

③ 耐震化フローと進捗状況の分析

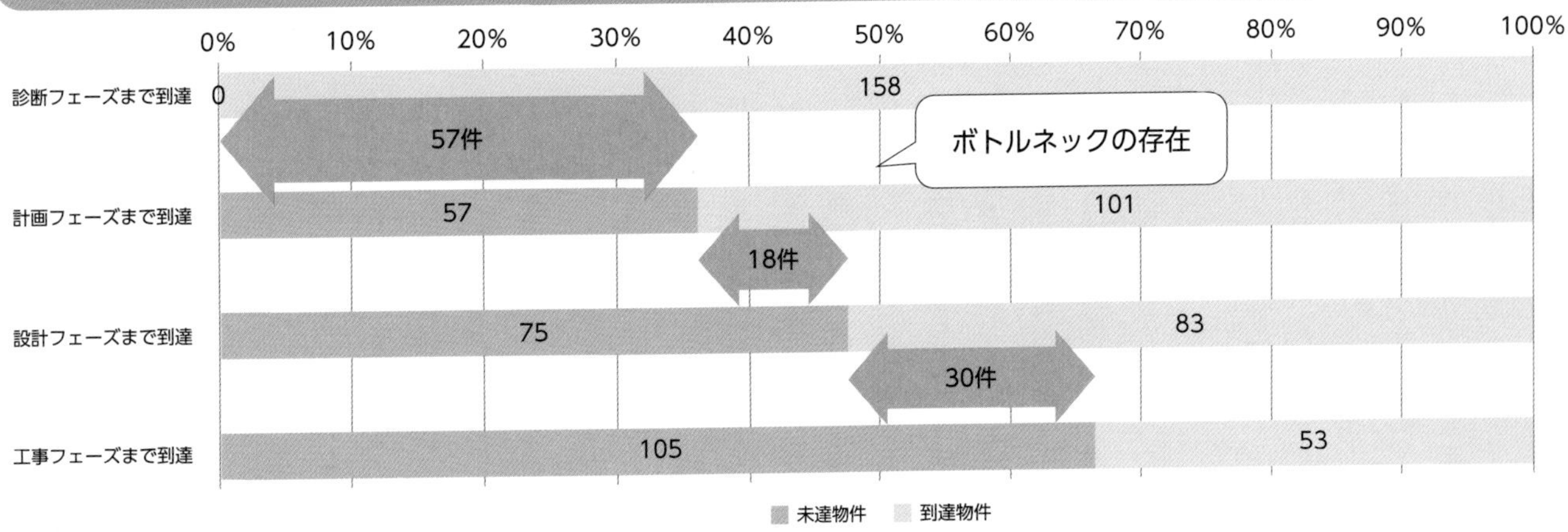

図5　(公財)マンション管理センター委託調査結果（抜粋）

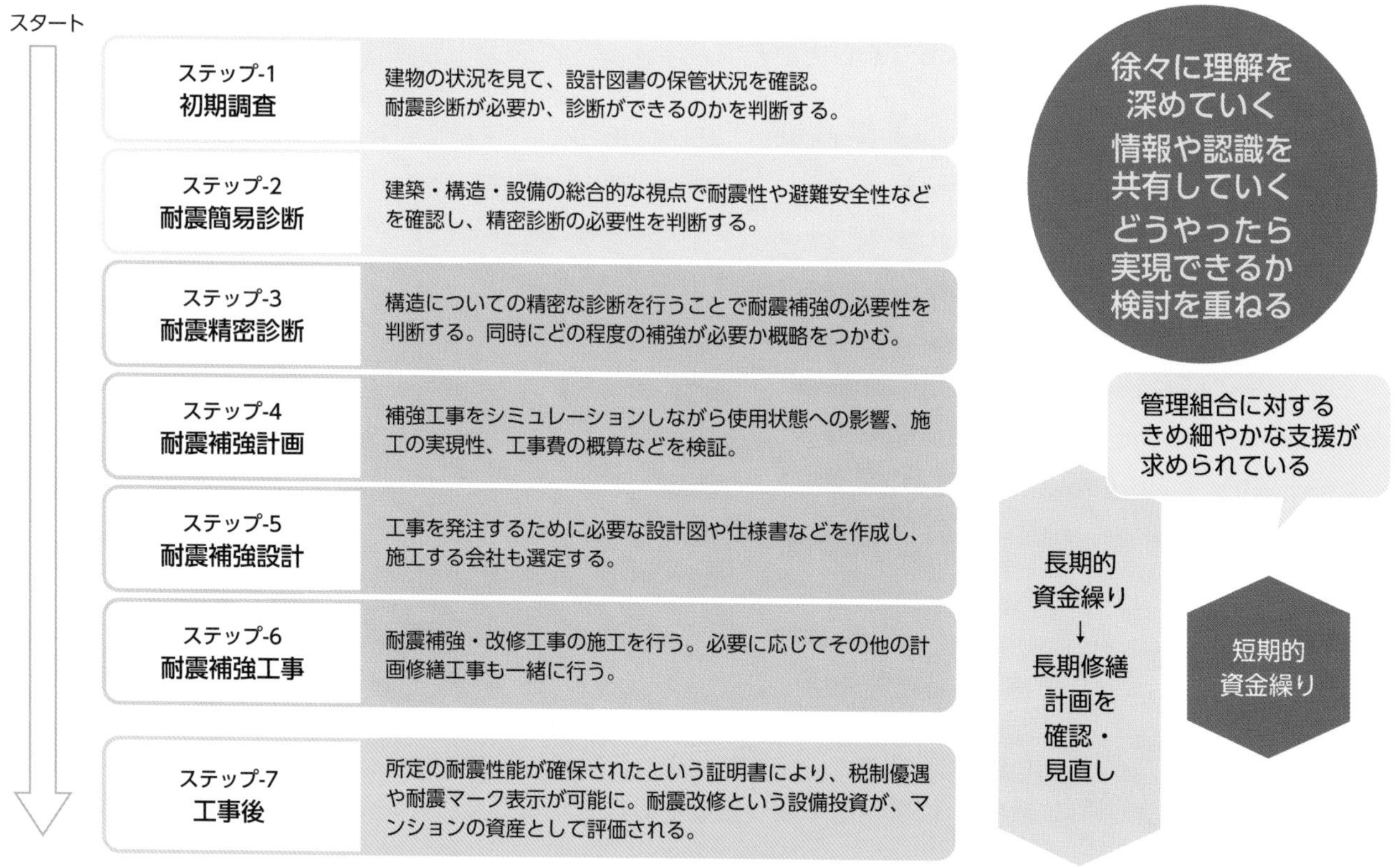
スタート
ステップ-1
初期調査
建物の状況を見て、設計図書の保管状況を確認。
耐震診断が必要か、診断ができるのかを判断する。
ステップ-2
耐震簡易診断
建築・構造・設備の総合的な視点で耐震性や避難安全性などを確認し、精密診断の必要性を判断する。
ステップ-3
耐震精密診断
構造についての精密な診断を行うことで耐震補強の必要性を判断する。同時にどの程度の補強が必要か概略をつかむ。
ステップ-4
耐震補強計画
補強工事をシミュレーションしながら使用状態への影響、施工の実現性、工事費の概算などを検証。
ステップ-5
耐震補強設計
工事を発注するために必要な設計図や仕様書などを作成し、施工する会社も選定する。
ステップ-6
耐震補強工事
耐震補強・改修工事の施工を行う。必要に応じてその他の計画修繕工事も一緒に行う。
ステップ-7
工事後
所定の耐震性能が確保されたという証明書により、税制優遇や耐震マーク表示が可能に。耐震改修という設備投資が、マンションの資産として評価される。
徐々に理解を深めていく
情報や認識を共有していく
どうやったら実現できるか検討を重ねる
管理組合に対するきめ細やかな支援が求められている
長期的資金繰り
↓
長期修繕計画を確認・見直し
短期的資金繰り

図6　マンション耐震化ステップ

げの目標値や耐震補強の具体的な手法を検討し、適切な補強設計を実施することになります。

　マンションの場合、これらの手順のそれぞれの実施について、総会で決議し進めていくことになるため、耐震化の発意から耐震補強工事完了まで相応の期間が必要となります。

　耐震補強は、マンション建物の特性や敷地条件など個別性の高い制約条件の中で行う必要があります。そのマンションにとって最適な補強方法は、診断後すぐに見つかるものではありません。補強工事が実現・完了したマンションでは、いくつかの選択肢の技術的検討と並行して、長期修繕計画から大規模修繕工事など他の計画修繕工事との技術的・資金計画的・工事時期等のすり合わせも行っています。補強方法や具体的な補強箇所を集約していく過程で、課題をうまく工事に結び付けている実態が見えてきました。

　なお多くのマンションでは、耐震診断完了後に次のフェーズへ以降する段階が最も難しく、耐震化のボトルネックになっている実態があり、これは、耐震診断の次に耐震補強計画へ取りかかる難しさがあるものと推定されます。多様な検討テーマに同時に取り組む必要があり、そのための合意形成など、技術面よりソフト面での課題の比重も大きいことも要因の一つと推測されます。耐震化が実現したマンションは、管理組合が主体的にさまざまな課題解決の努力をしている実態もありました。

　耐震性能について客観的な状況を把握する耐震診断を行うことはもちろんですが、マンション耐震化のフローの中で最も重要なのは、補強計画の段階であることが分かりました。つまり、前述のような長期的資金計画も考慮しながらマンション耐震補強の最適解を求める検討行為として、耐震診断と耐震補強設計の間に「耐震補強計画」を丁寧に行うことで、さまざまな情報が整理され、その後の補強設計や補強工事につながっていきます。

　今後は、耐震診断後、補強設計着手前に補強計画を行う効果が広く認知されることを期待します。また、管理組合が補強計画を行う際の行政の支援制度の拡充も期待されます。

おわりに

高経年マンションが取り組む課題は多様ですが、今後高経年マンションストックが増加する中でも、良好な資産として評価され次世代に住みつなぐためには、大規模修繕工事のような物理的劣化に対して、しっかりと投資をした上で、さらに耐震化や省エネ性能向上のように建物資産になる費用支出（投資）が求められます。

耐震化検討においても、建物全体の劣化対策・性能向上について長期的かつ総合的視点で検討が行われることを期待します。

基本的な改修

物理的劣化対策

大規模修繕

＋

性能向上、性能付加

①耐震化（旧耐震基準マンションを長持ちさせる前提条件）

②総合的な給排水設備更新（旧材の残置がないように）

③窓サッシの取替え・開口部の断熱化（高額）

④外構（成長した樹木）

性能向上の取り組みが求められるのは、耐震化だけではない。
他の計画修繕工事や、耐震化・その他性能向上についても
耐震補強計画の際に一緒に検討を行う。

・物理的劣化に対する修繕工事は、消耗性に対する投資の意味合いが強い。

・耐震化・省エネ化などの性能向上工事は、建物資産に対する投資となる。

図7　既存マンションを次世代につなげるために必要な管理・保全行為

既存マンション省エネ改修による効果

一般社団法人　日本建材・住宅設備産業協会

はじめに

　マンションのストック数は2021年末で約685・9万戸となり、総人口の1割にあたる1，516万人の方々がそこに居住されています。その内2003年までに427・2万戸が供給されており、現在約62・3%が築年数20年を超えています。しかもこの比率はますます増え続けています。

　2012年6月17日に「脱炭素社会の実現に資するための建築物のエネルギー消費性能の向上に関する法律の一部を改正する法律」が公布され、低炭素化社会の実現に向けて2025年までにすべての新築住宅・建築物に省エネルギー基準への適合を義務付けるなど、省エネ対策の強化が打ち出されました。

　こうした政策により、建築物に対する省エネ要求は高まっています。しかし、ほとんどのストックの省エネ性能は1992年の新省エネ基準（等級3）レベル以下のままで、無断熱のものも数多く見られます。

　このようなことから、省CO_2を進める上で、このストックの省エネ化は避けて通ることができません。3・11の東日本大震災を契機に、節電に対する意識が高まり、多くの方々が省エネ化の必要性を強く意識するようになってきています。しかしながら、住宅の省エネ化に求められる、断熱改修や住宅設備の改修に関しては、その情報不足等から、なかなか行動に移れないのではないかと思われます。

　最近の建材、住宅設備は、社会的要求の下、メーカーやその指導官庁の努力により、大幅な省エネ化が実現されています。

　本稿では、これからマンションの共用部改修をご検討される方々や関連する方々に、省エネ改修のための基礎知識を、その効果と共に、できるだけ分かりやすく制作編集したものです。

　マンションでの快適な生活と、省エネを実現していくために是非参考としてください。

※本稿の図中の数値は、(一財)日本建材・住宅設備産業協会マンション省エネ改修部会および経済産業省「賃貸・分譲エコ・マンション研究会」、省エネ・防犯住宅推進委員会「省エネ・防犯住宅推進アプローチブック」で一定条件（次世代省エネルギー基準 IV 地域【東京】を基準）を前提に試算したもので各社カタログ等の数値と異なる場合があります。実際のエネルギーコストや省エネルギー性は、機器の使い方や生活スタイル、お住まいの地域によって変化します。内壁（内断熱）と外壁・屋上（外断熱）と窓の数値は、クアトロ社製国土交通省特別評価認定 温熱解析ソフト『 TRNSYS 』による建材性能比較シミュレーションで一定の条件を前提に算出しています。

本稿は、(一財)日本建材・設備産業協会が発行する「既存マンション省エネ改修のご提案」を再編集したものです。

マンションの省エネ

境界部分

共用部分

専有部分

参考

既存のものから、最近の省エネ建材・設備機器にスイッチすると

こんなにお得に省エネ！

エアコン
10年前のエアコンを買い替えると。

省エネ効果 7% 削減

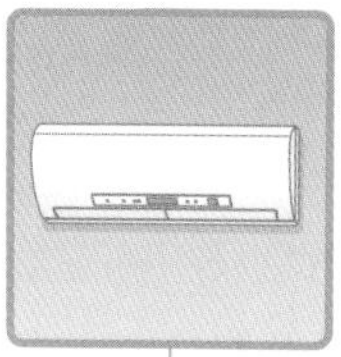

床暖房
電気ヒーターからヒートポンプ式温水床暖房に変更。

省エネ効果 70% 削減

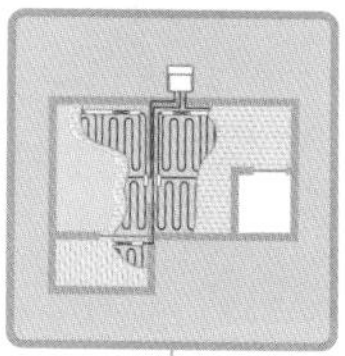

ファンコンベクター（従来型ガス給湯暖房機）から床暖房（潜熱回収型省エネガス給湯暖房機）に更新。

省エネ効果 26% 削減

エコジョーズ
潜熱回収型省エネガス給湯器を設置。

省エネ効果 16% 削減

玄関ドア
片面フラッシュドアを両面フラッシュドアに更新。

省エネ効果 9% 削減

高日射反射率塗装
外壁塗装の塗り替え、もしくは新たに施工。

省エネ効果 5% 削減

コンロ
従来ガスコンロからSiセンサーコンロに更新。

省エネ効果 11% 削減

エコキュート
高効率ヒートポンプを設置。

省エネ効果 66% 削減

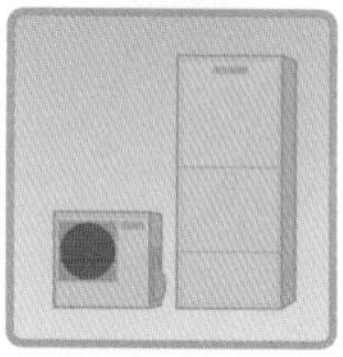

内窓
既存アルミサッシに内窓を設置。

省エネ効果 22% 削減

専有部分
【区分所有者負担部分】

温水洗浄便座
従来型温水洗浄便座から高効率温水洗浄便座に更新。

省エネ効果 36% 削減

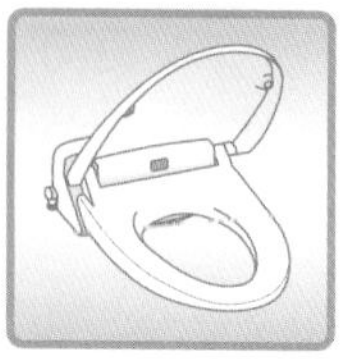

給湯器
現行ガス給湯器から潜熱回収型省エネガス給湯器に更新。

省エネ効果 16% 削減

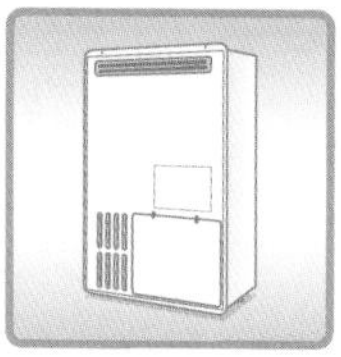

電気温水器からCO_2冷媒ヒートポンプ給湯機に更新。

省エネ効果 66% 削減

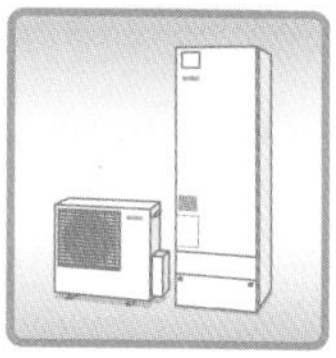

浴室
一般浴室から省エネ浴室改修を実施。

省エネ効果 50% 削減

シャワーヘッド
従来型（10ℓ）から節水シャワー（6.5ℓ）に交換。

省エネ効果 48% 削減

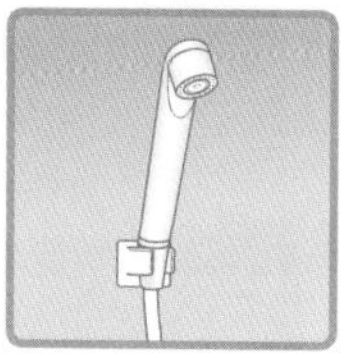

食器洗い乾燥機
手洗いから食器洗い乾燥機の導入。

省エネ効果 35% 削減

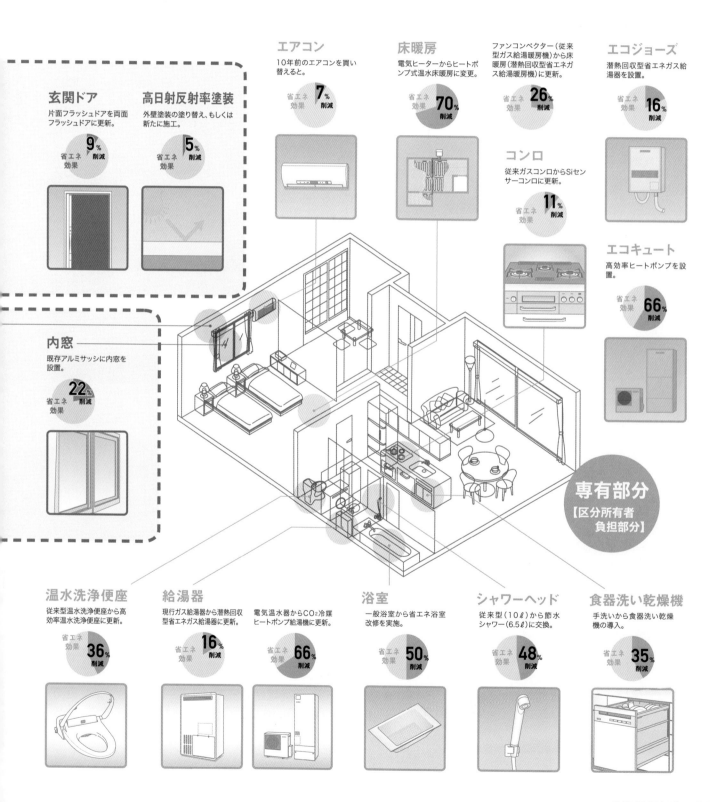

省エネ効果は抜群。コストもお得で、快適な質の高い生活を。

お使いの家電製品と同様に、経年劣化による性能低下は、築年数を重ねたマンションにも起こっています。最近の建材・設備機器は、高い省エネ効果や、性能の向上が見込まれ、質の高い暮らしをサポートします。頻繁にメンテナンスをおこなって経費をかけるよりも、快適でしかも経済的なエコ・マンションへリフォームしましょう。

共用部分

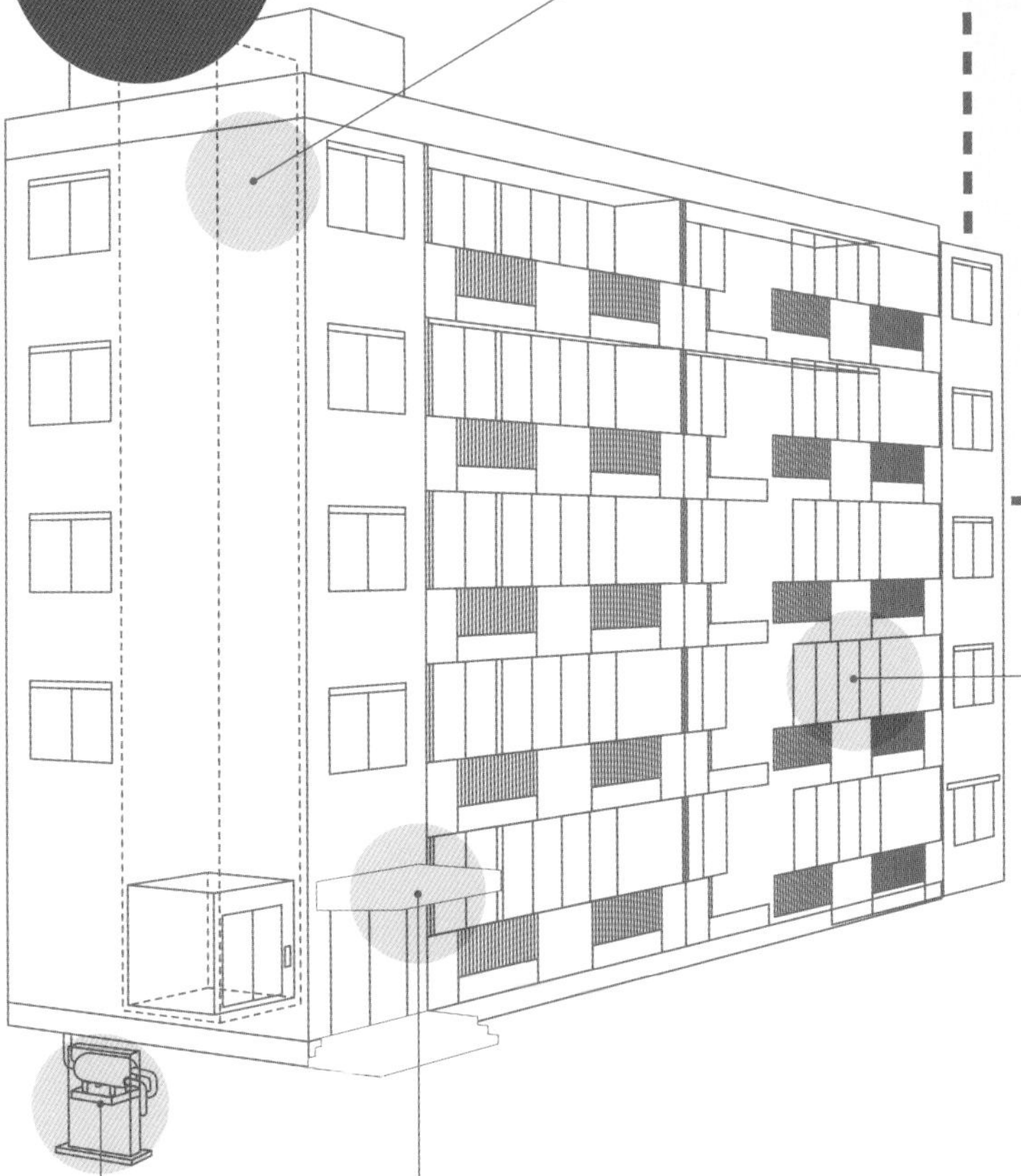

境界部分【共用部分】

外壁・屋上

外壁と屋上に外断熱を施工。

省エネ効果 12%削減

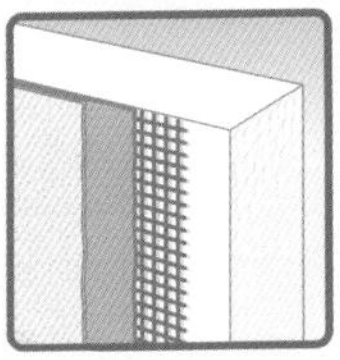

アルミサッシ+ガラス

既存アルミサッシを高断熱サッシ+複層ガラスに更新。

省エネ効果 9%削減

Low-E複層ガラス

窓ガラスを遮熱高断熱Low-E複層ガラスに交換。

省エネ効果 9%削減

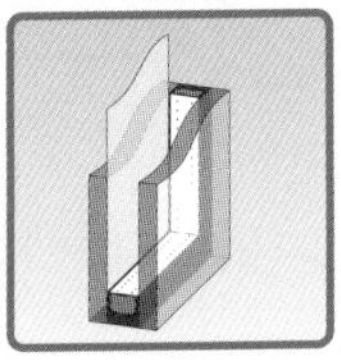

境界部分【専有部分】

内壁

室内壁側と天井裏に内断熱を施工。

省エネ効果 10%削減

給水ポンプ

従来機器から直結増圧給水方式に更新。

省エネ効果 62%削減

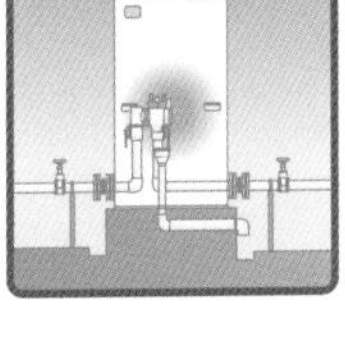

照明

従来機器から人感センサー付きに変更。

省エネ効果 50%削減

換気システム

高断熱・高気密化された省エネ住宅の必需品！

既存換気機器から排気型ダクト換気システム（浴室暖房換気乾燥タイプ）に更新。

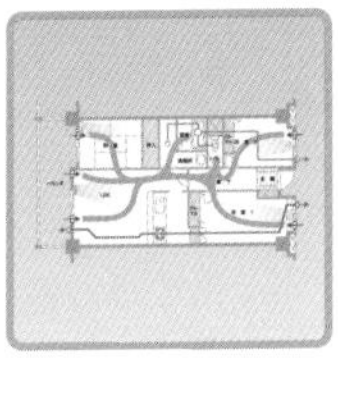

トイレ・便器

従来型（13ℓ）から節水便器（6ℓ）に交換。

省エネ効果 60%削減

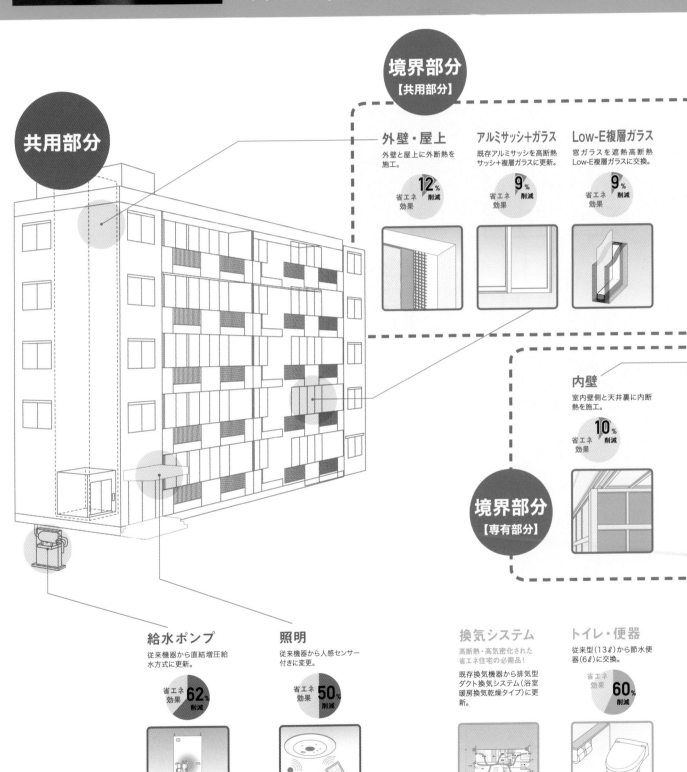

マンションの燃費(省エネ性能)比較

高性能断熱材の採用や最新設備へ交換するリフォームの改修前と改修後のランニングコストをマンション1棟全体で算出し、マンションの燃費として比較しました。

対象マンション

- ■ 所在地 東京
- ■ 建物構造規模 鉄筋コンクリート造 5階建
- ■ 総戸数 30戸
- ■ 延床面積 2,770㎡
- ■ 建物平面図 1 ～ 5階平面

東京地方の5階建RC造のマンションです。
南向きの総戸数30戸
築年数25年程度の階段室型マンションです。
住戸タイプは3LDK、4LDKのファミリータイプです。

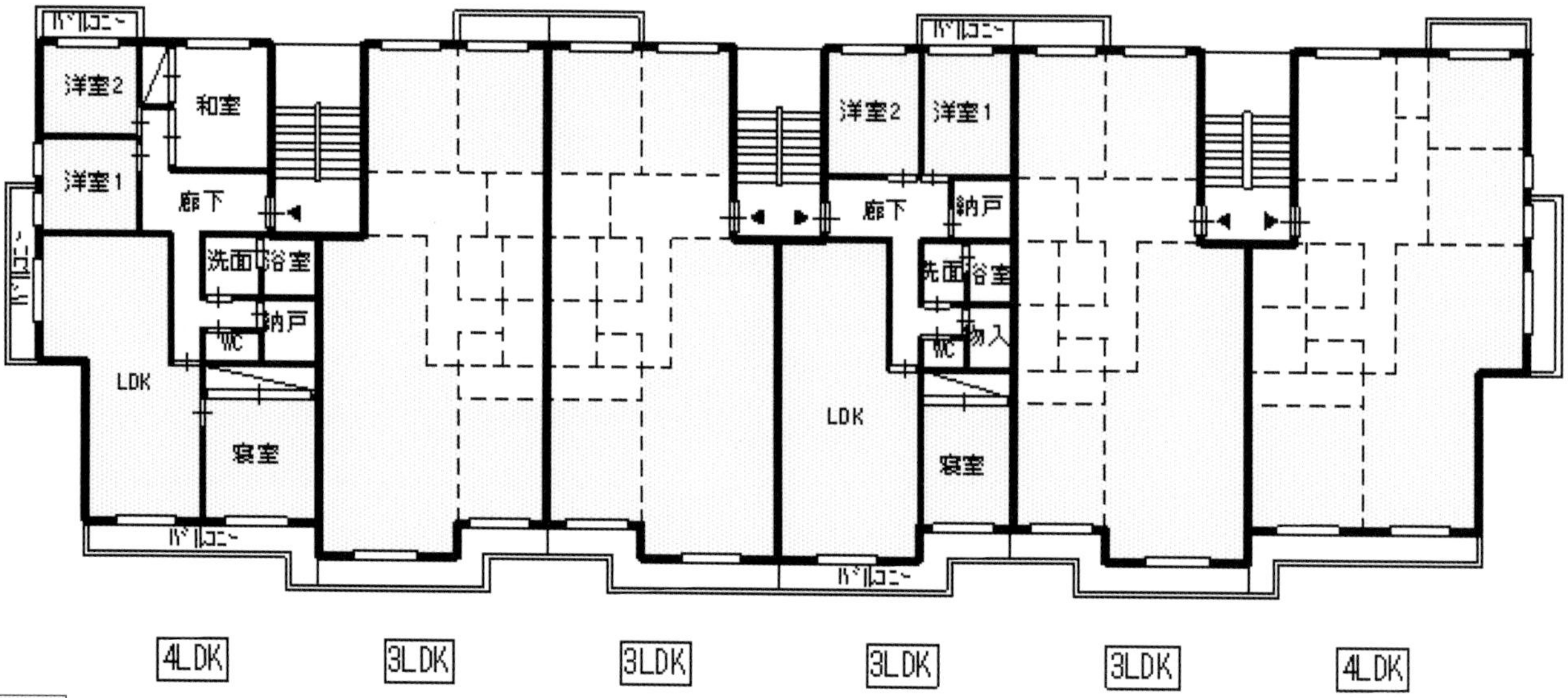

……空調稼働室

住戸仕様と住戸設備

「25年前の住戸仕様（平成4年基準相当）と現在の最新の住戸設備（HEAT20 G1相当）の比較

			平成4年仕様	HEAT20（G1）仕様
住戸仕様	屋根		断熱材（ア）20㎜＋防水	断熱材（ア）20㎜＋35㎜＋防水
	外壁		断熱材（ア）20㎜（内断熱）	断熱材（ア）20㎜（内断熱） ＋ 断熱材（ア）50㎜（外断熱）
	開口部	扉	スチールドア	断熱ドア
		窓	アルミサッシ（単板ガラス）	アルミサッシ（単板ガラス） ＋ 樹脂（内窓）サッシ（Low-Eガラス）
	空調	暖房	エアコン（COP 2.5）	エアコン（COP 6.25）
		冷房	エアコン（COP 2.5）	エアコン（COP 2.78）
住戸設備	換気		消費電力（20kW）	消費電力（10kW）
	給湯		ガス給湯器（瞬間湯沸器）	電気ヒートポンプ給湯器
	照明		蛍光灯器具	LED器具
	その他設備		家電調理器等	家電調理器等

※上下水道は含まず

建物全体（共用部分と専有部分）では…
【住戸仕様＋住戸設備】

約**40%**の光熱費を節約

マンションの共用部分改修効果とあわせて専有部分を現在の最新の住戸設備に取り替えた場合の比較です。

これはマンション1棟30戸全体の年間光熱費の比較です。

平成4年仕様	
暖房設備	2,570,298円
冷房設備	558,199円
換気設備	765,160円
給湯設備	4,571,459円
照明設備	7,279,850円
その他の設備	4,121,996円
合計	19,866,962円

HEAT20（G1）仕様	
暖房設備	590,924円
冷房設備	464,298円
換気設備	495,142円
給湯設備	3,249,853円
照明設備	3,091,497円
その他の設備	4,121,996円
合計	12,013,710円

*住宅設備費用はエネルギー消費性能計算プログラム（（国研）建築研究所）にて算出

年間光熱費比較

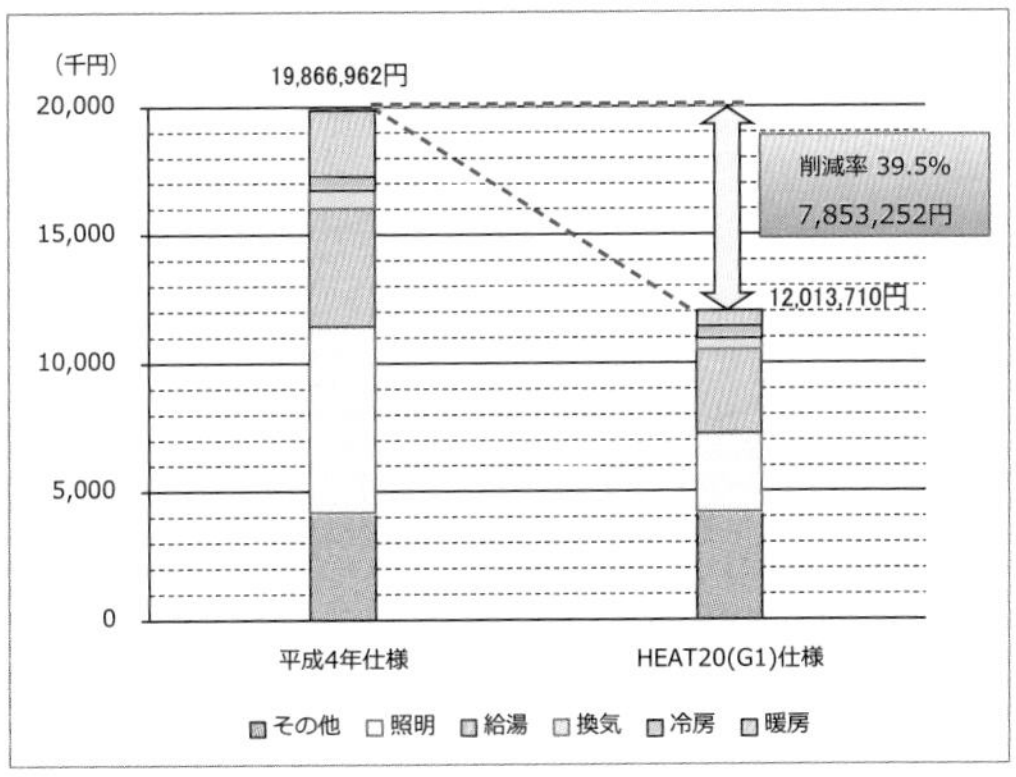

最近の設備機器は、省エネ性能が格段にアップしており、快適性が向上し、かつランニングコストも削減することが可能になります。まだ使えるのに取り替えるのは“もったいない”ではなく、これからは大幅な節約ができる低燃費設備にリフォームしないことが“もったいない”時代になっています。

共用部分のみの改修なら…
【住戸仕様】

約**66%**の冷暖房費を節約

マンションの大規模修繕工事で共用部分のみ（屋上断熱防水、外壁断熱、外部開口部）を改修した場合の比較です。

これはマンション1棟30戸全体の年間空調費用の比較です。

仕様	年間冷暖房料金			平成4年仕様と比較した削減率	
	暖房及び冷房の電気料金		合計		
平成4年仕様	暖房	2,570,298円	3,128,497円		
	冷房	558,199円			
HEAT20（G1）仕様	暖房	590,924円	1,055,222円	2,073,275円	66.3%
	冷房	464,298円			

※国土交通省特別評価認定プログラム『TRNSYS』（株式会社クアトロ）にて算出

断熱効果を上げることにより66.3%もの削減につながります。定期的に行う大規模修繕工事に合わせて省エネ工事を実施すると工事費の低減につながりますし、最近は行政による断熱工事の補助金制度も充実しています。また減税等のリフォームの公的支援もあります。

年間冷暖房費比較

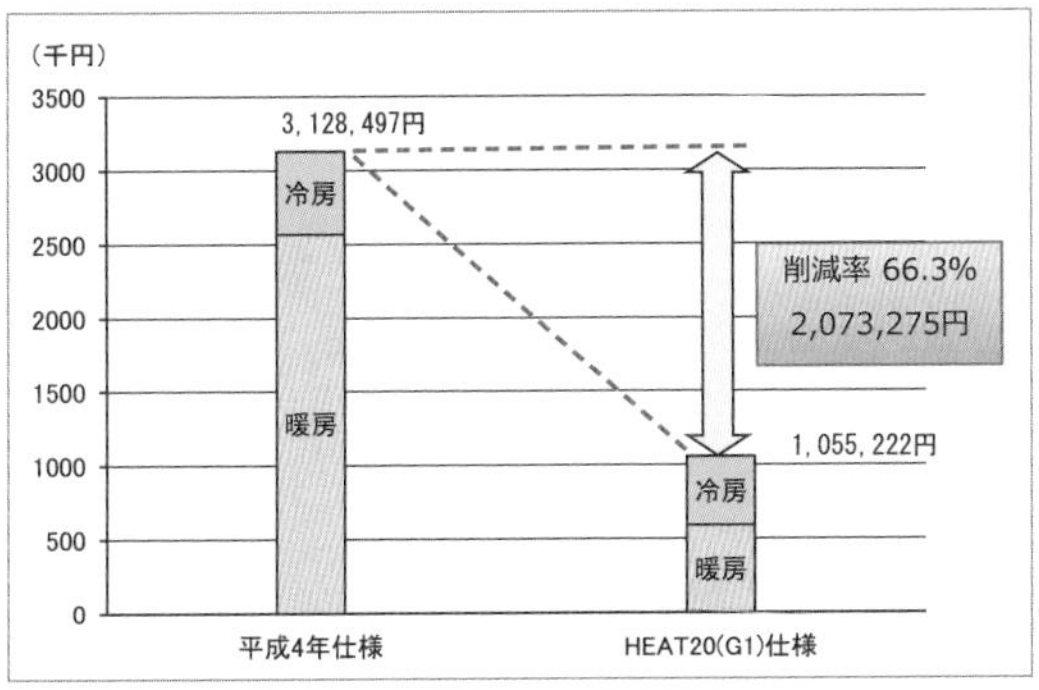

冬季3日間グラフ

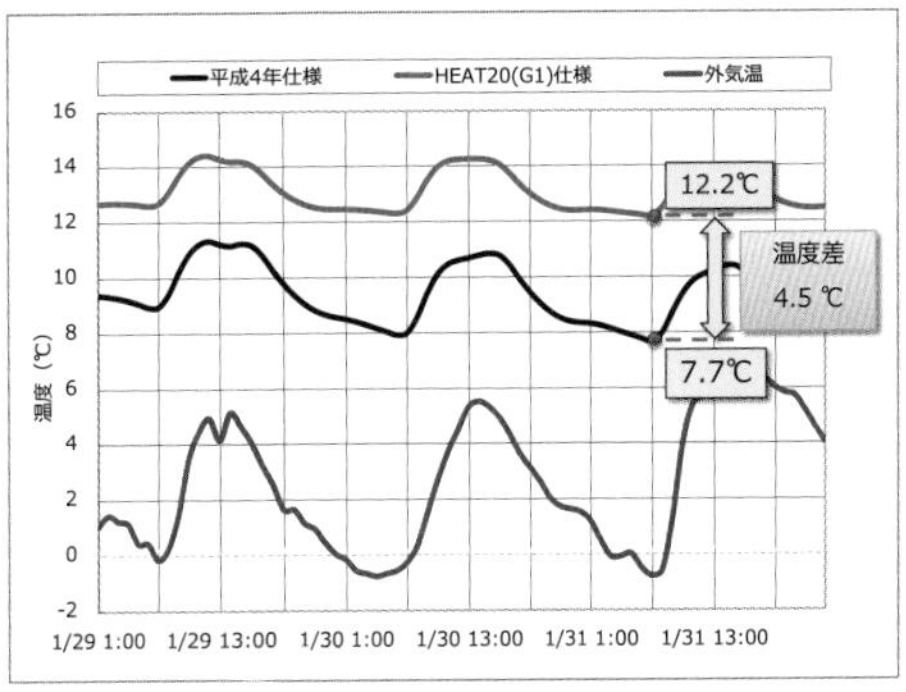

断熱強化をする事により、以前よりも冬季の部屋の温度が4.5℃も違います（住戸の階数、位置により異なります）。これにより、空調費の削減につながると共に、急激な温度差の発生によるヒートショックの防止にもつながります。

心・健康な生活を！

健康的な生活をおくるには、室内環境を管理することも重要な要素です。断熱リフォームの効果で、窓や壁などの室内にできる結露を抑えることによって、アレルギーの要因となるカビの発生、ダニなどから起こりうるハウスダストを抑える効果が高まります。

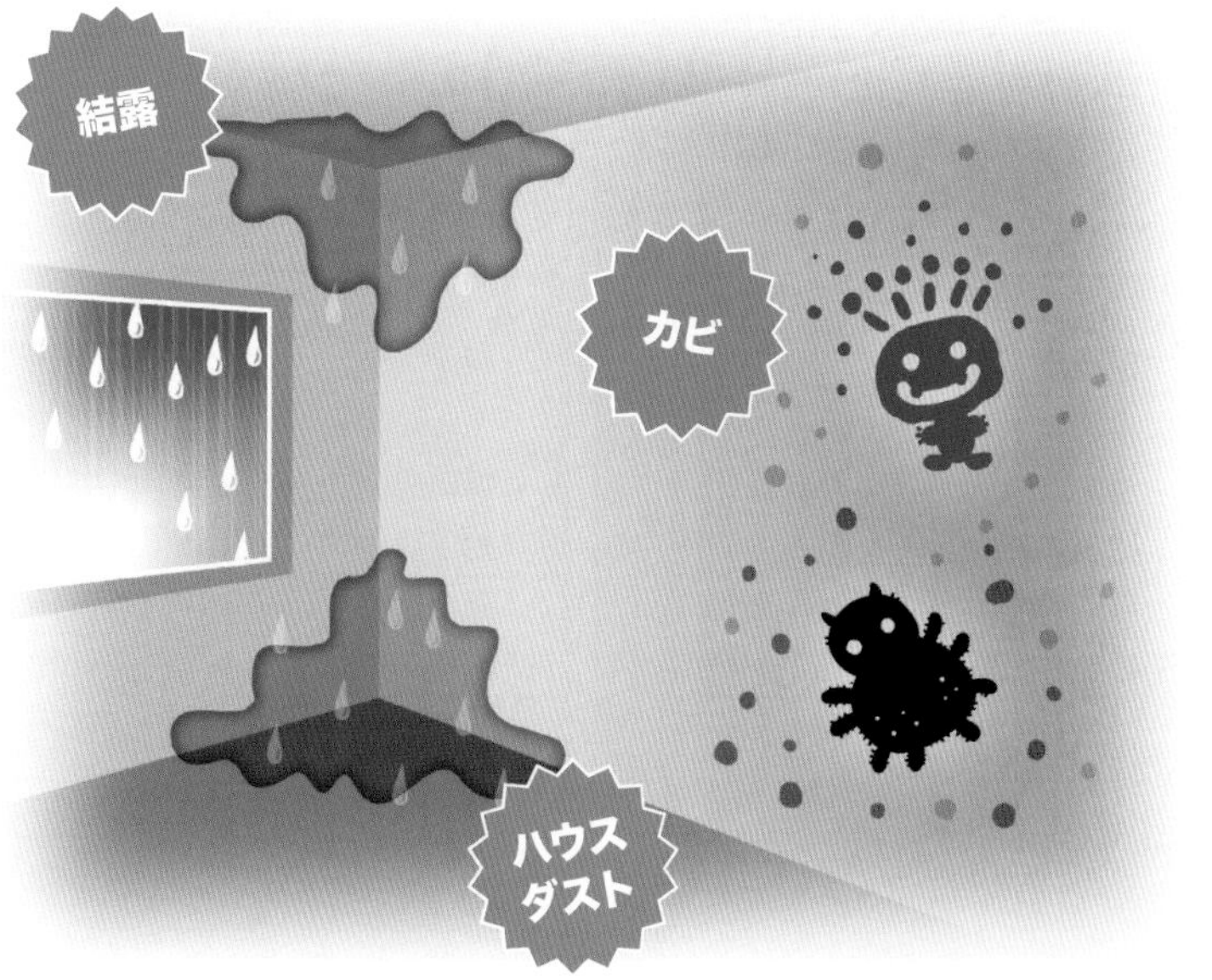

結露
カビ
ハウスダスト

改修後の声！

屋外と室内の温度差がある季節は常に窓に結露を起こしていましたが、断熱リフォーム後は、結露も減りサッシや窓を拭く手間がなくなりました。アレルギー体質で、花粉の季節など苦労が絶えなかったのですが、室内でマスクをしなくてもよくなりました！

内壁に断熱材を施工

各居室の侵入熱を抑え、室温を保つとともに、結露を軽減します。

Achilles
Achilles

換気装置を施工

窓や壁などの結露を防止するためには、断熱リフォームを行うだけでなく、適切な換気を行うとともに、水蒸気を多く発生させないなど生活の仕方にも注意が必要です。

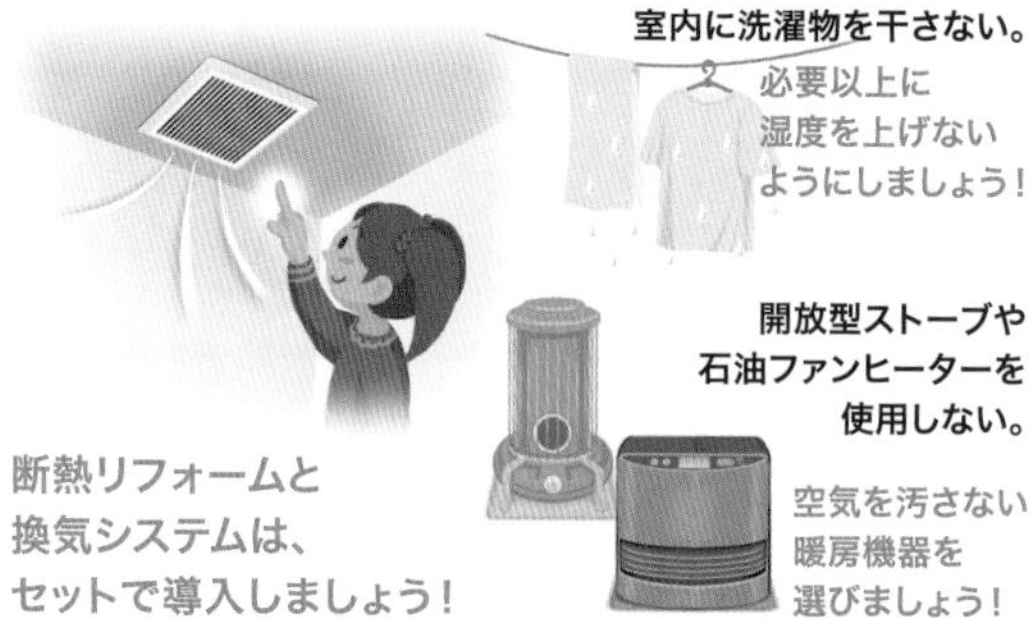

室内に洗濯物を干さない。
必要以上に
湿度を上げない
ようにしましょう！
開放型ストーブや
石油ファンヒーターを
使用しない。
空気を汚さない
暖房機器を
選びましょう！
断熱リフォームと
換気システムは、
セットで導入しましょう！

開口部改修

開口部は住居の中でも熱の出入りが一番多い場所で、その断熱性能によって冷暖房効率や、住居内の温熱環境に大きな違いが出ます。

1 カバー工法によるサッシごと新設

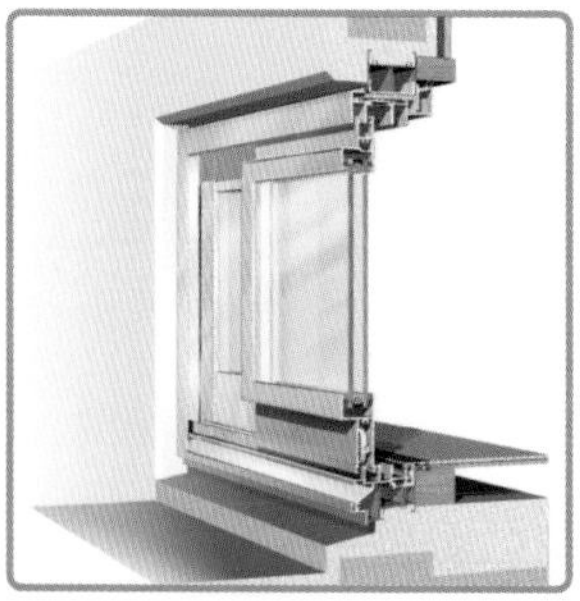

既存サッシ枠を残して、その上にカバー工法専用のサッシ枠を新たに取り付ける方法です。既存サッシの形状を事前に確認するので、ほとんどのサッシに採用できます。

2 内窓追加設置

既存サッシの内側に樹脂製の内窓専用のサッシを取り付けて二重サッシ化します。既存サッシに合わせた窓枠が選べます。また騒音や音漏れ対策にも有効です。

3 ガラス交換

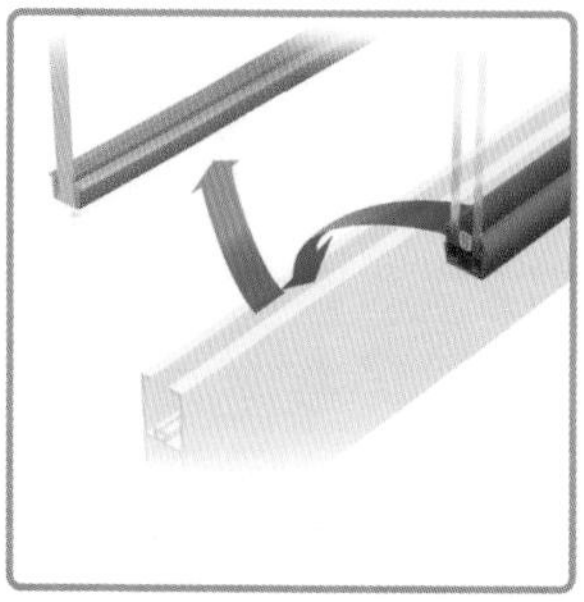

既存のサッシはそのままで、1枚ガラスからLow-Eペアガラスに交換する方法です。比較的短時間の改修工事で、費用も経済的な最も手軽に行える窓リフォームです。

4 玄関ドア交換

After
Before

最新の玄関ドアは省エネ効果ばかりでなく、意匠性や操作性の他、対震性、防犯性など安全性能も飛躍的に向上しており、住まいの快適性を入口から支えます。

断熱リフォームで安

熱中症

ヒートショック

断熱リフォームを行なうことで、室内の温度を保ち、快適な生活を手に入れることができます。冷暖房の効果が高まり、室内での熱中症を抑える効果だけでなく、部屋ごとの温度差軽減（ヒートショックの軽減）が期待できます。

冷暖房の効きが良くない

改修後の声！

冬、起きている間中、いつも暖房をつけっぱなしでしたが、断熱リフォーム後は、ほとんど暖房は必要ありませんでしたし、夜中にトイレに立っても廊下やトイレも寒く感じませんでしたよ。夏は一度もエアコンを使用する必要がありませんでした！

屋上断熱材を施工

屋上からの熱損失を低減し、室温を保つとともに、冷房の効きを良くします。

外壁に断熱材を施工

外壁からの熱損失を低減し、室温を保つとともに、結露を軽減します。

トイレや浴室に断熱材を施工

トイレや浴室周りを断熱し、室温を保ちます。

室内の温度差は、ヒートショックの危険があります！

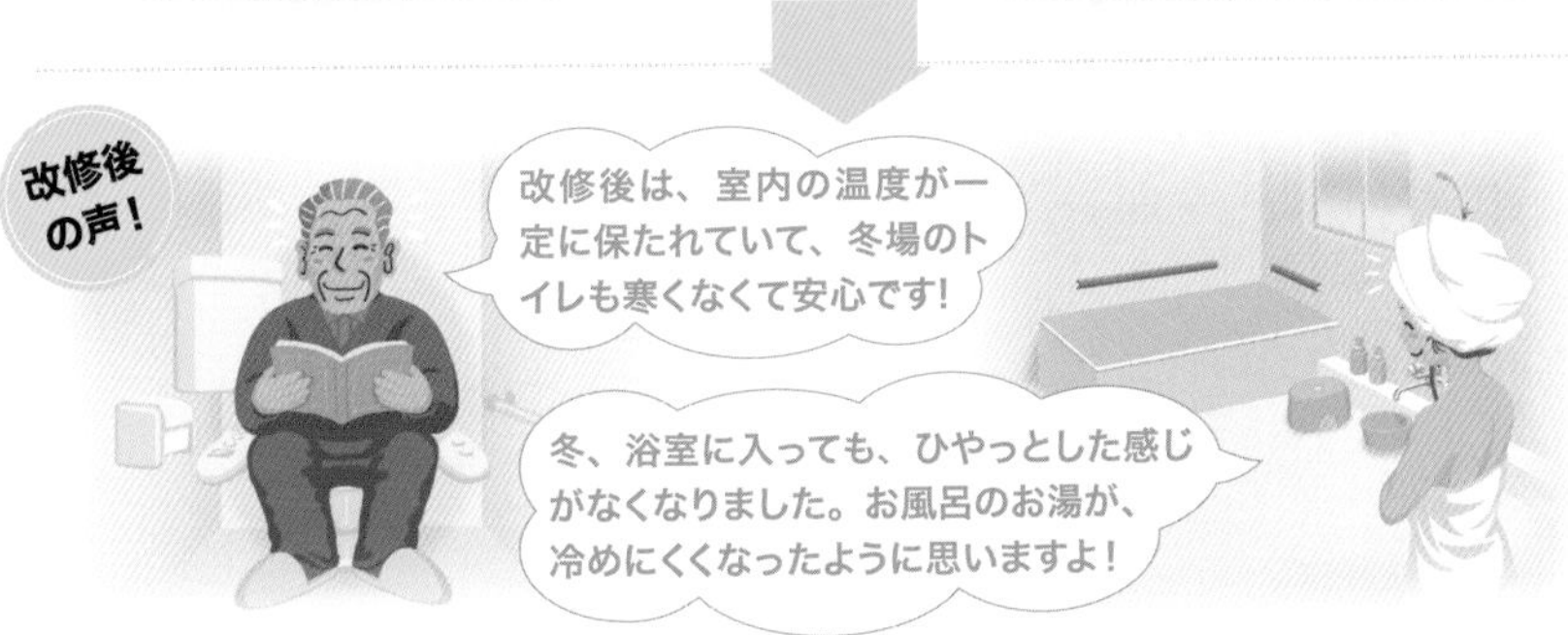
改修後の声！
改修後は、室内の温度が一定に保たれていて、冬場のトイレも寒くなくて安心です！
冬、浴室に入っても、ひやっとした感じがなくなりました。お風呂のお湯が、冷めにくくなったように思いますよ！

■断熱材付ユニットバスの例

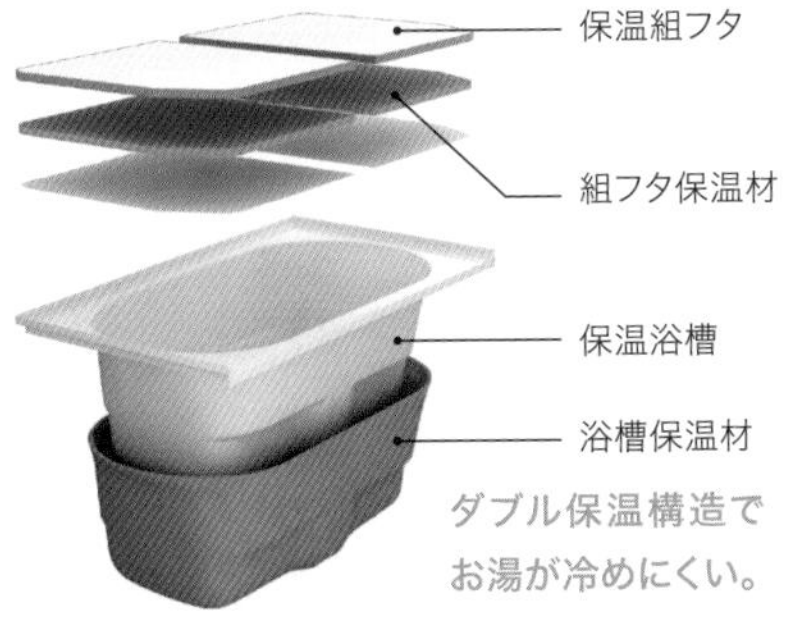
保温組フタ
組フタ保温材
保温浴槽
浴槽保温材

ダブル保温構造でお湯が冷めにくい。

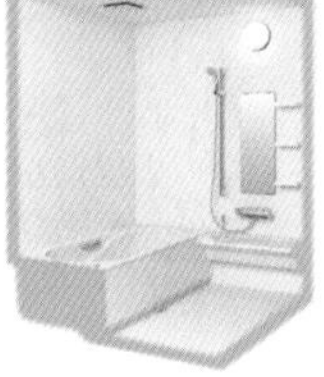

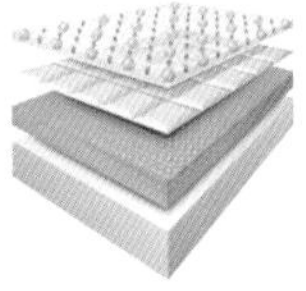

断熱床フロア断面図

浴室まるごと保温で、ぬくもりが続きます。

マンションの断熱基礎知識

住まう方々の笑顔が、快適の証です。

マンションをより快適に、より住まいやすくするためには、まず、壁や開口部に手を加え、建物全体の断熱性を高めることから。大きなところから改修して、気密性を高めていくのが効率的です。断熱性、気密性を高めたら、同時に換気計画を取り入れることが不可欠。健康で住みよいエコ・マンション改修で快適に暮らしましょう。

コラム　快適と健康！　断熱リフォームは健康な暮らしにも役立ちます

断熱リフォームは、省エネ効果も期待されるとともに、お住まいの方の健康面にも効果が期待されています。厚生労働省調べの人口動態統計によると、家庭内における主な不慮の事故による死亡者は、交通事故死者を上回り、その中でも、「心疾患」と「脳血管疾患」は、死亡原因の第2位と第3位を占めています。

特に入浴中の脳卒中など突然死数と外気温には、相関関係が見られるので住宅内ではヒートショック（急激な温度変化）を起こさない断熱リフォームは有効な対策になります。

夏の防暑対策として、断熱材で屋根や天井の断熱リフォームを行うことは、夏の日射の影響による室内の温度上昇を緩和することができ、熱中症の予防につながります。

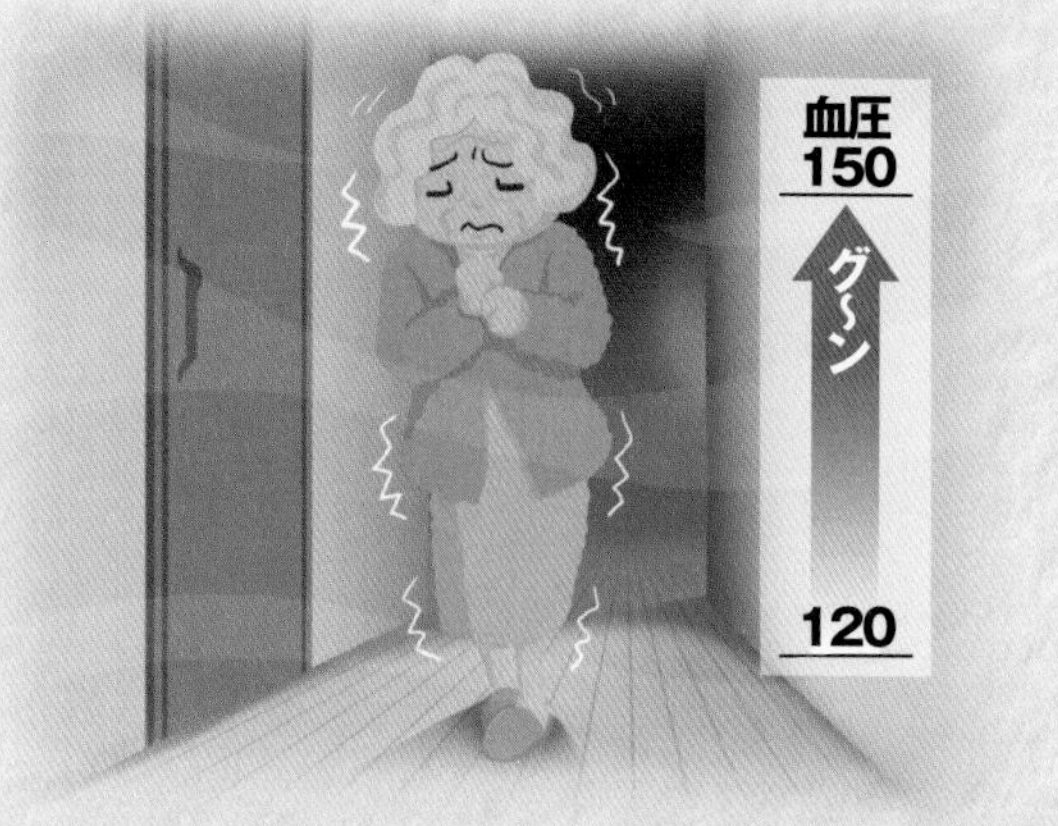

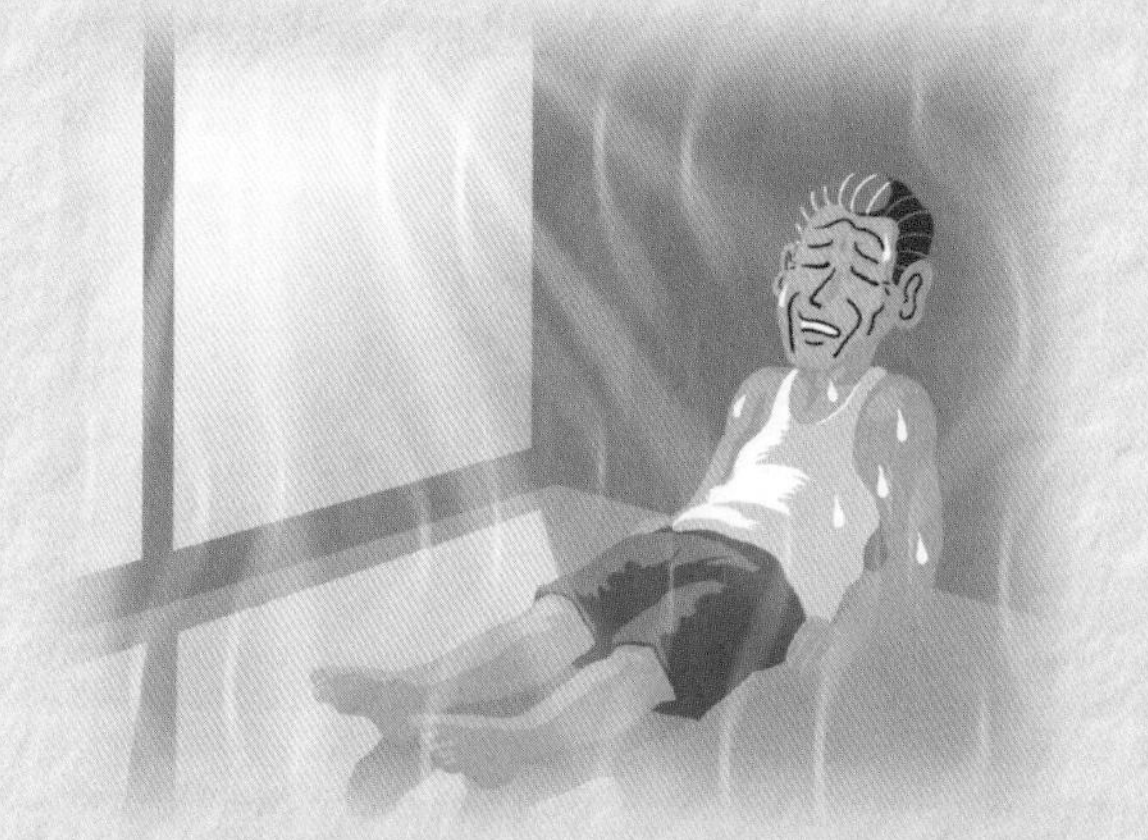

図1はいろいろな死亡原因の季節変化を表したものですが、このデータからも、いずれの死亡原因についても夏場に比べて冬場の割合が高くなっていることがわかります。

さらに、**図2**は事故による月別の死亡数を表すものですが、中でも溺死が冬場に増加しており、この中には入浴中の急死者数が多く含まれています。これは、気温が低くなる冬場に、住宅内の温度差が生じやすくなって、心疾患や脳疾患、いわゆる**ヒートショック**による死亡者数が増えることが原因と考えられています。

図1 死亡原因の季節間変動

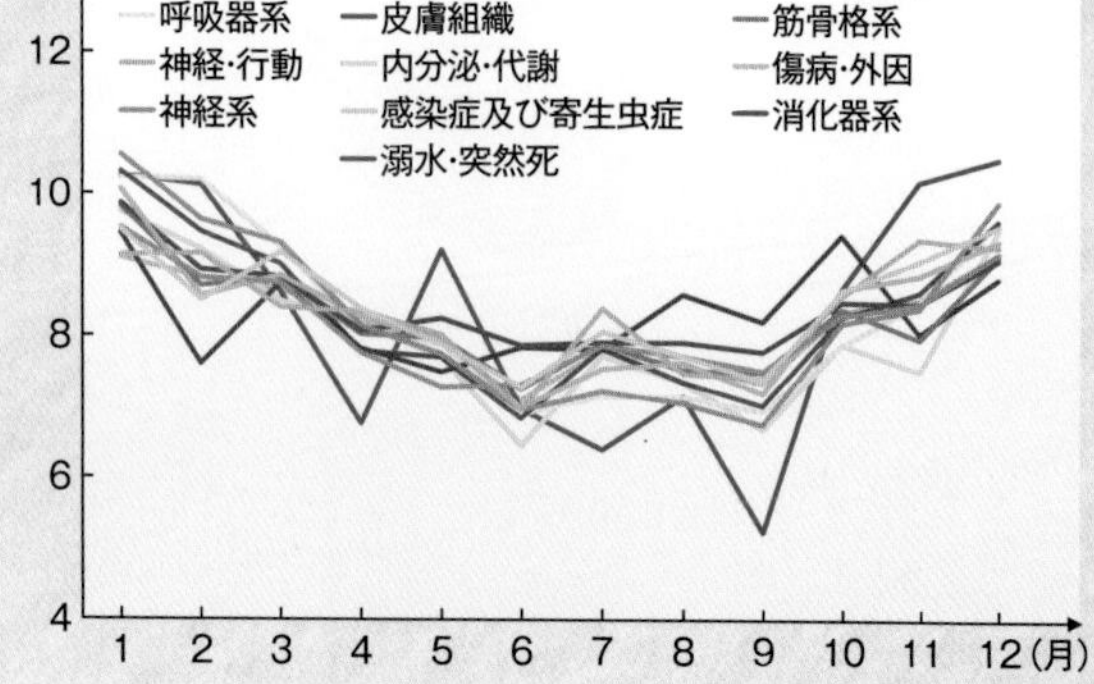

図2 事故に伴う月別死亡数

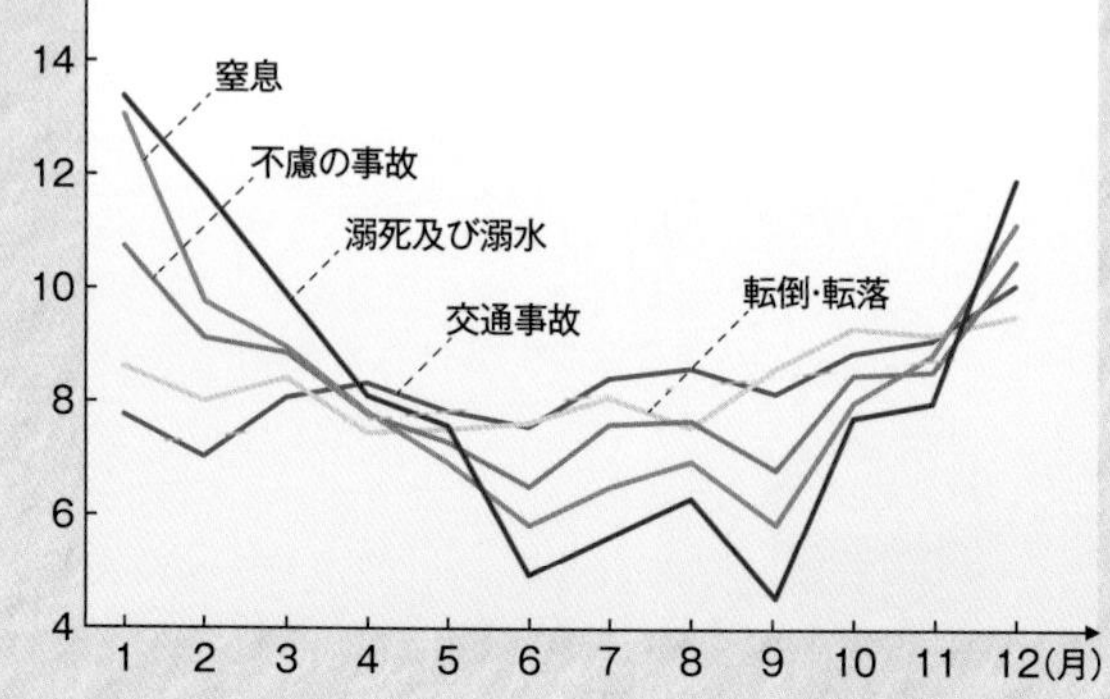

快適な居住性と、抜群の省エネ性を備えたエコマンションへ改修するには、熱の流出入を抑えることが不可欠です。
導入を検討される前に簡単な基礎知識を知って頂き利便性、快適性、経済性の高いプランを立てましょう。

外断熱、内断熱とは？

マンションの断熱手法は、「外断熱」と「内断熱」に大別できます。それぞれの特長は右の表のようになります。また、この言葉は、コンクリートという蓄熱部位がある場合に使われる断熱用語です。断熱材をコンクリートの外側に施工するものを外断熱（**図1**）。内側に施工するものを内断熱（**図2**）といいます。外断熱の施工方法は、工場で外壁建材に製品化された部材と通気層と断熱材を構成して金具やアンカーで組み立てられる「乾式（通気層工法）」と、施工性・デザイン性・コスト面で有利な、水を加えて練り混ぜた材料を塗りつけたりして断熱材を接着し、保護・仕上層を鏝などで仕上げる「湿式（密着工法）」に大別できます。

図1 RC造外断熱

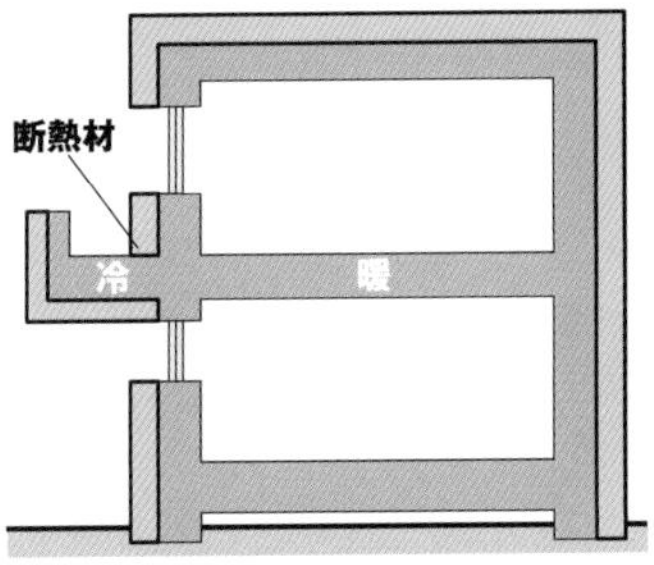
断熱材
冷
暖

図2 RC造内断熱

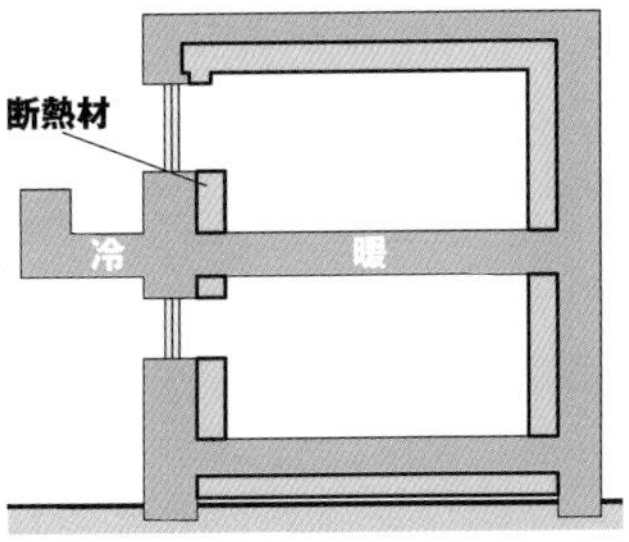
断熱材
冷
暖

断熱工法の種類と特長

外断熱工法	特長	●**コンクリート躯体を断熱材が外側から被うので･･･** ・断熱材が連続しない部分（熱橋）が生じにくく、内壁表面の結露が発生しにくくなります。 ・コンクリートの蓄熱効果である「温まりにくい、冷めにくい」が利用できるため、室内の温度変化を少なくし、冷暖房エネルギーを抑えることに貢献。 ・日射の熱から躯体を保護し、コンクリート躯体の耐久性が高まります。 ●**断熱改修の場合、お住まいになりながら施工対応ができます。**
内断熱工法	特長	●**躯体の内側に断熱材があるので･･･** ・室内だけを効果的に断熱し、冷暖房設備を運転し始めたときに効果 がすぐに現われます。 ・内装材と同じ位置にあり、リフォームの際に断熱改修が行ないやすくなります。 ●**一般的に普及しており、比較的安いコストで施工が可能です。また1 戸単位で断熱改修の施工ができます。**

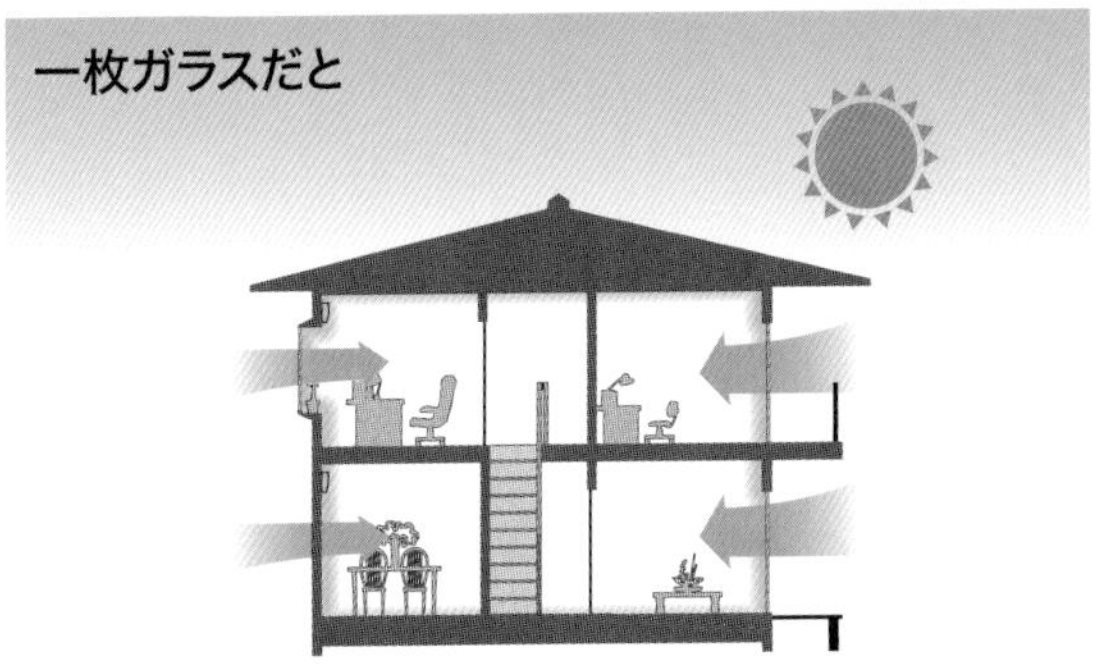
一枚ガラスだと

夏は**71%**熱が流入

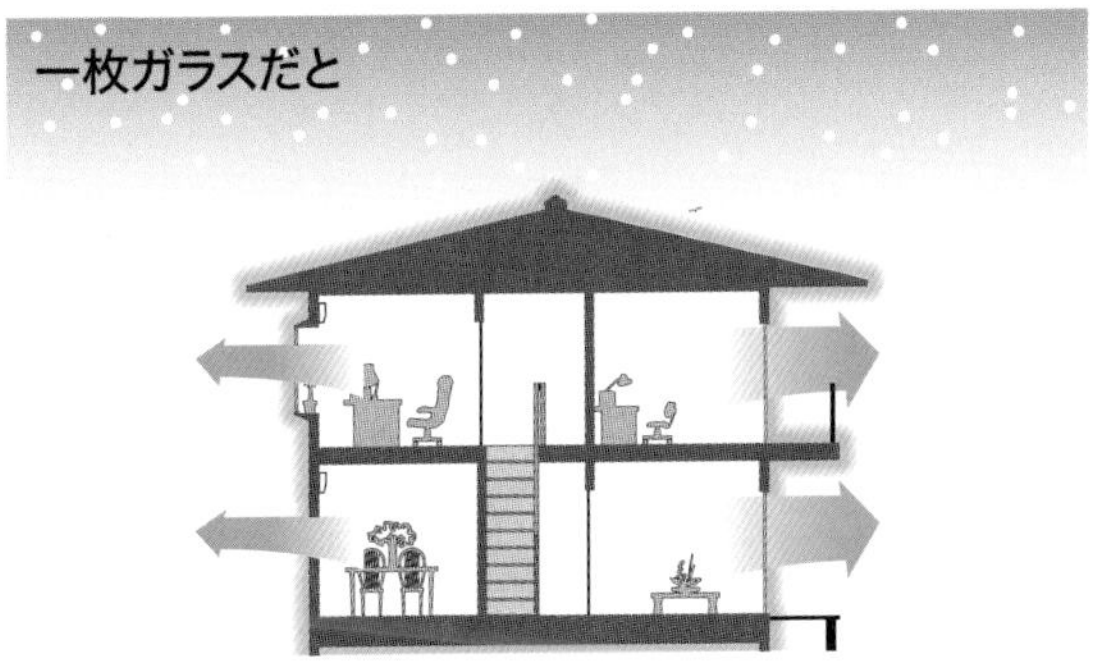
一枚ガラスだと

冬は**48%**熱が流出

窓とは？

一般的に窓とは、「サッシ」と「ガラス」の組み合わせで構成され、「耐風圧性」「気密性」「水密性」の基本3性能を持たせています。さらに、室内の快適性を高める上で断熱性、遮音性、防犯性も重要となります。しかし、窓は熱の流出入が大きい場所で、冬は48%もの熱が流出し、夏には71%も流入します。そこで、断熱性を向上させるために複層ガラスを採用すると、熱損失を大幅に低減できます。また、冬に起こりやすいガラス面の結露が減少します。近年、多様化・凶悪化する侵入手口に備え、防犯性も向上しています。お選びの際に、品質性能マークや性能表示も是非ご確認ください。

マンション管理規約第22条第1項により、共用部分の窓枠、窓ガラス、玄関扉、その他開口部の断熱工事は、管理組合がその責任と負担において、計画修繕として実施することができます。

換気とは？

昔の日本家屋のように、気密性が低いため風通しが良く、すき間風が換気の役割を果たし、家自体が呼吸をしていました。これを自然換気といいます。反対に断熱効果を高めた建物では、気密性が高く、よどんだ空気が貯まってしまうので、機械の力を使い、強制的に空気の入れ替えを行います。これを「機械換気」といいます。機械換気には、（**図3**）のように3つの方式があり、部屋の条件や用途によって換気方式を変えます。

図3 機械換気の方式

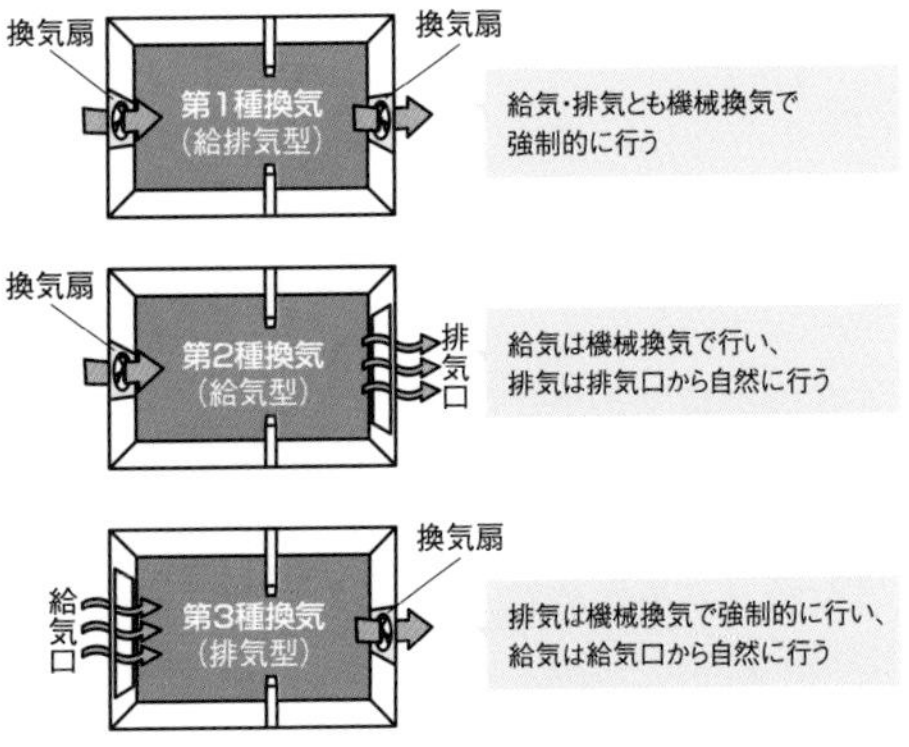
換気扇
換気扇
第1種換気
（給排気型）
給気・排気とも機械換気で
強制的に行う
換気扇
第2種換気
（給気型）
排気口
給気は機械換気で行い、
排気は排気口から自然に行う
換気扇
給気口
第3種換気
（排気型）
排気は機械換気で強制的に行い、
給気は給気口から自然に行う

ペアガラスイメージ図

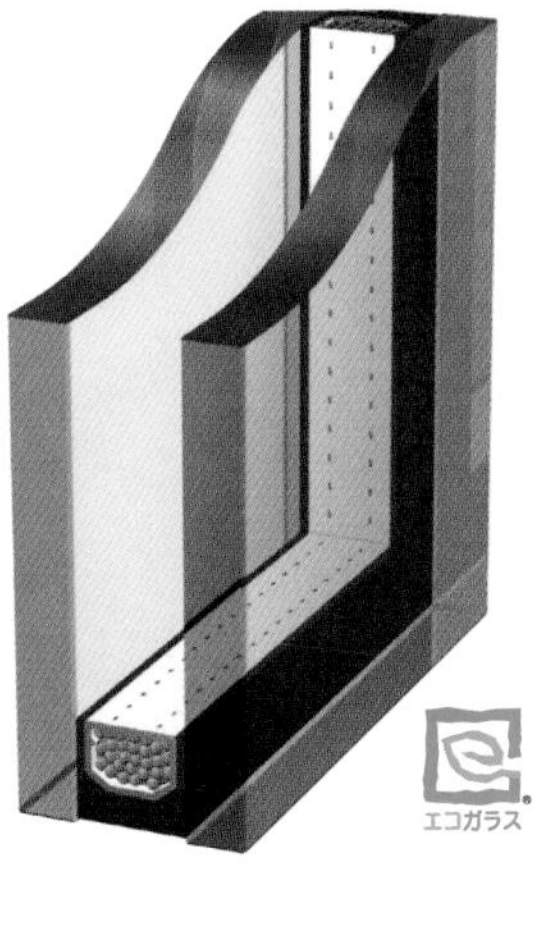
エコガラス

省エネ断熱建材・快適外断熱改修

外断熱（壁・屋上）改修

Q 『外断熱』ってなぁに？

建物の外壁、屋上に断熱材を施工することを外断熱といいます。
建物の外側を断熱材が包み込み、コンクリートの蓄熱効果を高めます。

建物の断熱性が向上し、冷暖房費を抑えます。マンション自体の資産価値も高くなります。

快適性

部屋の温度を快適に。

外断熱工法は、蓄熱体であるコンクリート全体を分厚い断熱材で包み込むので、マンション全体の温度を一定に保ち、快適で優れた断熱効果が得られます。また、室内側のRC壁の温度が冷えにくくなるので、室内の結露を抑えることができます。

経済性

資産価値の維持、向上。

外断熱工法は、建物全体で均一な蓄熱効果が現れ、各戸、各部屋の温度変化が少ない快適な空間が生まれます。このため、冷暖房の運転効率が向上し、冷暖房費を軽減することができます。また、外断熱工法は、躯体劣化の要因となる日射、冷却、凍結から建物を守り、長期大規模修繕費用も減少するなど、マンションの資産価値を高めます。

利便性

居ながら工事が可能。

外断熱の施工は、マンションで生活しながら実施が可能ですので、引っ越しなどの、ムダな費用がかかりません。居住者に優しい断熱工法です。

［壁断熱（湿式外断熱工法）］

複雑な現場での施工が容易で、建物の形状、意匠における高度な要求にも柔軟性の高い対応が可能

［壁断熱（乾式外断熱工法）］

分別解体が容易な非接着工法は、多様な外装材に対応し、気候に左右されない工事が可能

省エネになる原理

**屋上において、太陽光を反射して
室内側に侵入する熱量を低減します。**

高日射反射率塗料は、太陽光の中で、熱を発生として赤外線（特に近赤外線）波長領域の光を選択的に反射させ、屋上の表面温度の上昇を抑える塗料です。

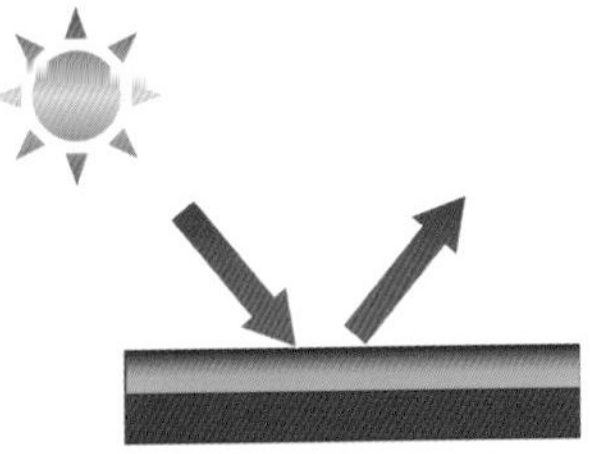

特殊顔料を配合した
塗膜表面で赤外線を反射

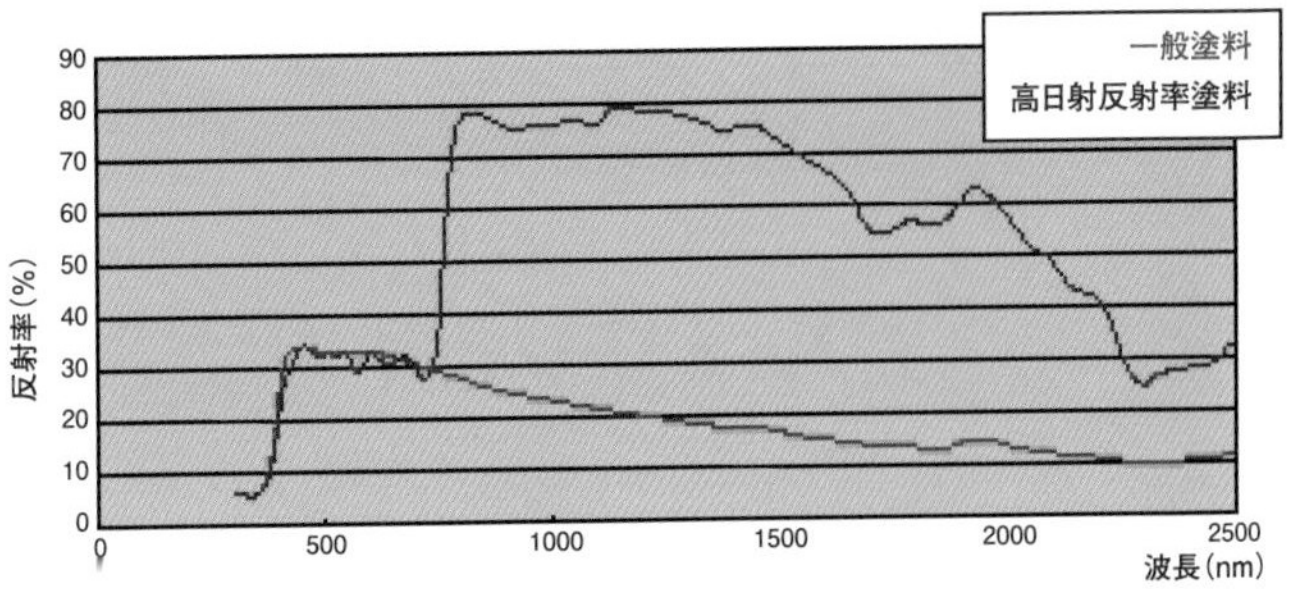

一般塗料
高日射反射率塗料
反射率（%）
90
80
70
60
50
40
30
20
10
0
0
500
1000
1500
2000
2500
波長（nm）

分光光度計による反射スペクトル測定結果（グレー色）

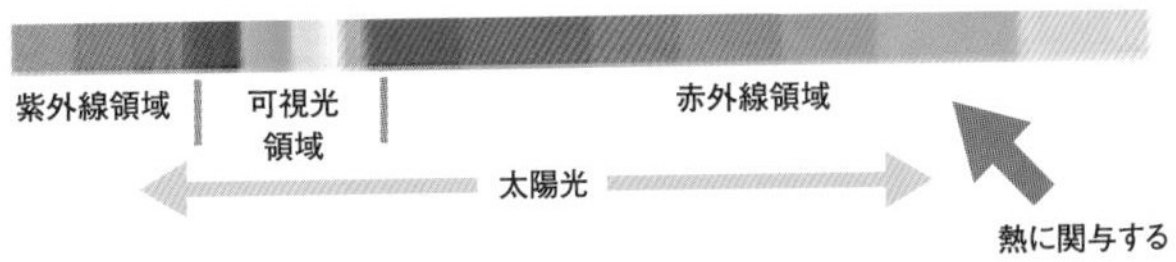

紫外線領域
可視光領域
赤外線領域
太陽光
熱に関与する

経済効果はどのくらい？

屋上を塗り替える場合、一般塗料に比較して、高日射反射率塗料で塗装すると年間消費エネルギーで5%の省エネができます。

H28年省エネ基準計算では、既定された2階建てモデル住宅における使用設備も含めた全体の省エネ計算となっています。そのため、屋上の効果だけでは、省エネ効果は少ないですが、2階南側居室や平屋住宅では、その効果は増大します。
例えば、平屋住宅の屋上塗替えで日射反射率５%の一般塗料を日射反射率４０%の高日射反射率塗料に変更すると夏場の省エネ効果が大きくなり、年間エネルギーで約５%低減できます。

■ ヒートアイランド対策にもなります。
熱中症発生や夜の寝苦しさを低減します。
■ 夏場開催の2020東京オリパラでは競技場の屋上や道路に採用されます。
競技選手や観客を暑さから守ります。

**屋上の塗料の塗替えで
快適生活が始まります。**

年間
（東京地区）
約**5%**
の冷暖房費を節約

「環境省平成２３年度環境実業ヒートアイランド対策技術分野　建築物外皮による空調負荷低減等技術実証実験」に用いた熱負荷計算プログラム「AE-Sim/Heat」より、省エネルギー性能向上率を算出しました。

◉ 導入時の注意点

**冬期が長い、寒冷地では、省エネ効果が小さい。
逆に、東京以西、特に沖縄地方では、省エネ効果が大きい。**

● 明度の低い色（暗い色）から、明度の高い色（白などの明るい色）に変えると更に省エネ効果が大きくなります。
● 北海道、東北、北陸地方では、省エネ効果が小さくなります。

■ 新しい遮熱効果表示を導入しました。

遮熱塗料
★★
一般社団法人 日本塗料工業会

日射反射率は省エネとして分かりにくい。日射に対して、内側に侵入する熱量の程度で遮熱基準を決めました。（日射侵入比）
★～★★★：★の多いほうが遮熱性能高い。
戸建住宅は、黒系色が多いので★、★★工場屋根は、白色で★★★を推奨します。

Q 『アルミサッシ+ガラス（外窓交換）』ってなぁに？

今、お使い頂いているサッシに、新しいサッシをカバーする改修工法です。アルミサッシと一緒にガラスも新しくなるので、新築同様のアルミサッシ性能に生まれ変わります。

Q アルミサッシを換えるとどうなるの？

気密性や水密性・遮音性・断熱性などが改善され、さらに操作性や安全性も向上します。

快適性

開け閉めしやすく、
気密性も高いサッシは、居住性能を高めます。

最新のサッシは開け閉めの操作性もよく、気密性能、水密性能、遮音性能も驚くほど向上。デザイン性にもすぐれています。トータルで住まいの居住性を高めるため、快適な毎日をお過ごしいただけます。

利便性

断熱性が向上。冬暖かく、夏は涼しく過ごせます。

今あるアルミサッシに、最新の性能を持ったアルミサッシをカバー改修することで気密性能が大きく向上。加えて、複層ガラスや機能ガラスを併用することで、冬場は開口部からの熱損失を抑え、効率の良い暖房を実現。夏場は外部からの熱を最小限に抑え、冷房効率を高めます。

安全性

防犯性能が向上。ガラスの飛散防止効果も高まりました。

防犯上、もっとも注意したいのが、窓です。犯罪者の侵入経路で最も多いのが窓からの侵入。防犯性能の高いガラス（防犯サッシ）と組み合わせることで、住まいのガードを強化することができます。

「防犯建物部品」はこのマークが目印です

官民合同会議では、共通呼称を「防犯建物部品」と定め、シンボルマークを設定しました。警察庁・関係省庁・関連民間団体による防犯性能の高い建物部品の開発・普及に関する官民合同会議です。

カバー工法とは

今、お使い頂いているサッシに、新しいアルミサッシを被せて取り付ける工法です。壁をこわさず施工できるため、騒音やほこりの発生が少なく、居ながらのリニューアルが可能です。また工事は１日で完了します。

新しいアルミサッシの開口寸法は、これまでのサッシ開口寸法よりも若干狭くなりますが、実測調査をして狭まり寸法が最小となる設計をいたします。

近年ではより高性能な、アルミ樹脂複合サッシも出てきております。（ただし、設置条件がありますので、ご注意ください）

経済効果はどのくらい？

新しいサッシで気密性が格段に改善されて、スキマ風もシャットアウトします。

高断熱型のガラスを採用することで、お部屋の『ひえびえゾーン』も小さくなり、年間約９％の冷暖房費削減効果が期待できます。

１枚ガラスを使ったアルミサッシは、窓からの冷輻射の影響が右の図のように非常に大きいことがわかります。複層ガラスを使ったアルミサッシは、ガラスとガラスの間に空気の層があり、冷気の侵入を防ぎます。さらに、Low-E複層ガラス（エコガラス）は断熱性に加え、遮熱性の高い性能を持っています。

お部屋の『ひえびえゾーン』の違い（イメージ）

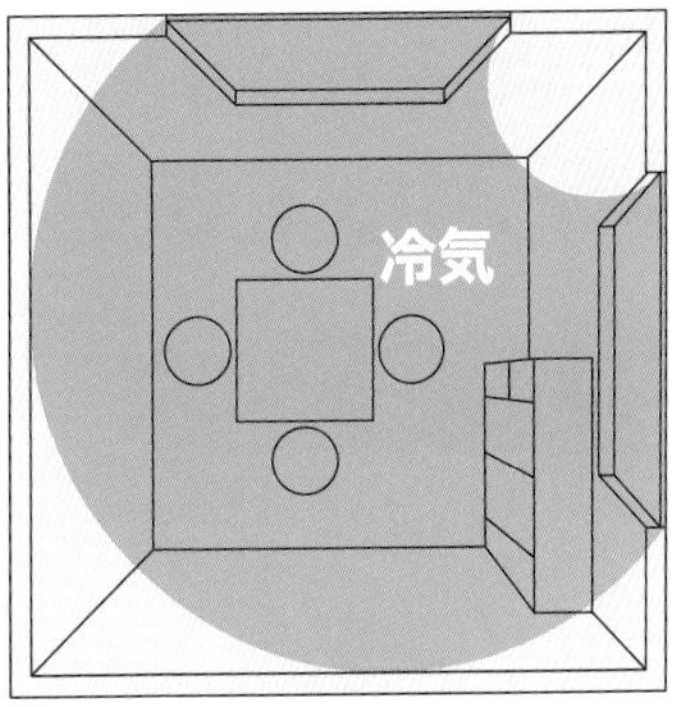

改修前の単板ガラス

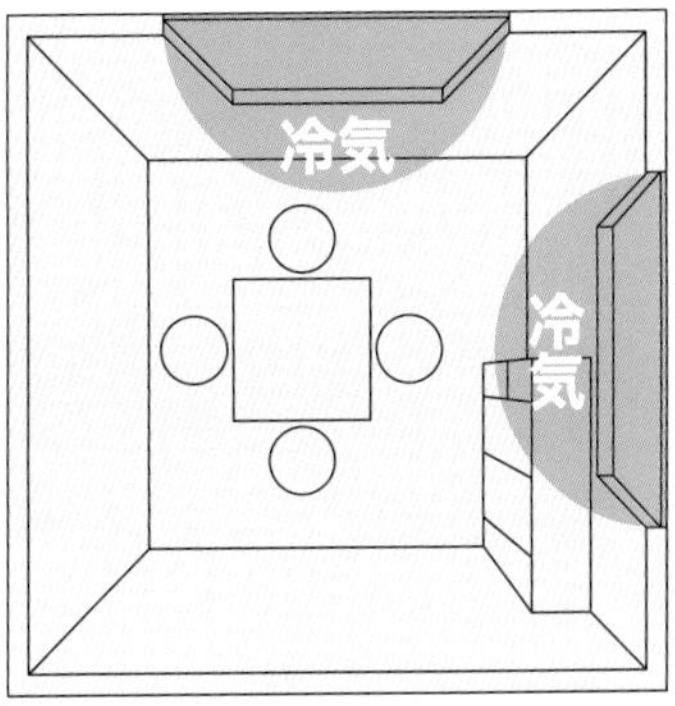

複層ガラス改修

アルミサッシ＋ガラス（外窓交換）で、快適生活が始まります。

サッシ・ガラス＋ドアで 年間

約**9%**の冷暖房費を**節約**

※図中の数値は、クアトロ社製国土交通省特別評価認定温熱解析ソフト『TRNSYS』による建材性能比較シミュレーションで一定条件を前提に算出しているもので各社カタログ等の数値と異なる場合があります。
実際のエネルギーコストや省エネルギー性は、機器の使い方や生活スタイル、お住まいの地域によって変化します。

◉ 導入時の注意点

開口部の断熱は、素材も構造もさまざまです。
「複層ガラス」と「断熱サッシ」は、さまざまな組み合わせが可能。
地域に応じて、必要な素材を選ぶことが大切です。

オプションパーツでさらに充実した機能を
- 防犯ガラス：防犯性を高めるとともにガラスの飛散防止にも役立ちます。
- ダブルロック：防犯性を高めます。
- アシスト引き手：少ない力で窓を開けることができます。
- 彫り込み引手：開け閉めする際に指を掛けやすくする為の部品。
- 樹脂製額縁：室内側のサッシ部の結露を最小限に抑えます。

中桟付きサッシから、視界の広い１枚ガラス戸タイプにも変更することができます。

境界部分【共用部分】

省エネガラス交換

Low-E複層ガラス

Q 『遮熱高断熱Low-E複層ガラス』ってなぁに？

室外側ガラスの内側に特殊金属膜をコーティングした複層ガラスです。
遮熱性能、断熱性能が高まり、冷暖房効果が高いエコガラスです。

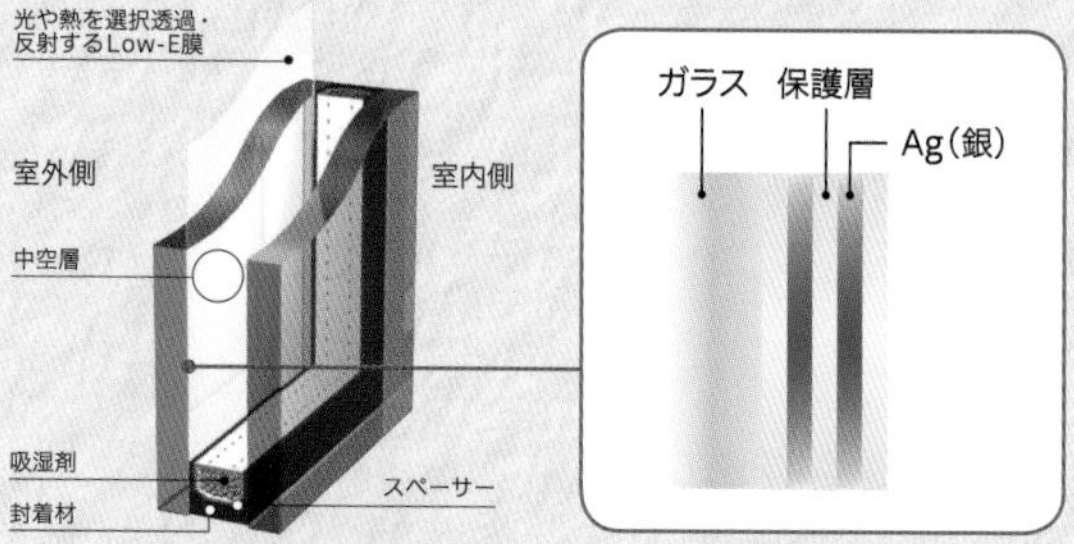

Q 窓のガラスを換えるとどうなるの？

省エネ効果だけでなく、一年を通して快適に生活できます。

快適性

窓辺の寒さ・暑さを軽減し、お部屋の快適性が向上します。

快適性と省エネは、熱の流出入が一番大きい『窓』の遮熱・断熱性を高めることがポイントです。Low-E複層ガラスは、冬場の冷気流入と、不快な結露も抑えます。また、夏場の日射熱、紫外線も大幅にカットしますので、１年を通して快適な住まいが期待できます。

利便性

今のサッシはそのままにガラスだけを交換する簡単リフォーム。

既存サッシはそのままで、ガラスだけを取り外し、遮熱・断熱性の高いLow-E複層ガラスへ交換します。比較的短時間の改修工事となりますので、住まいながら行うことが可能です。

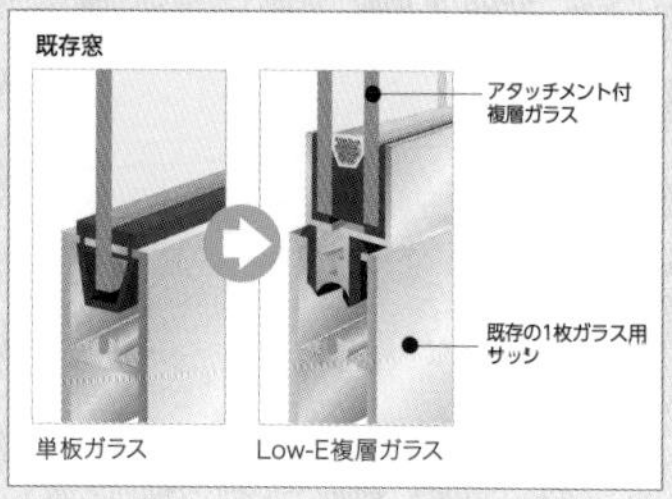

画像提供：板硝子協会

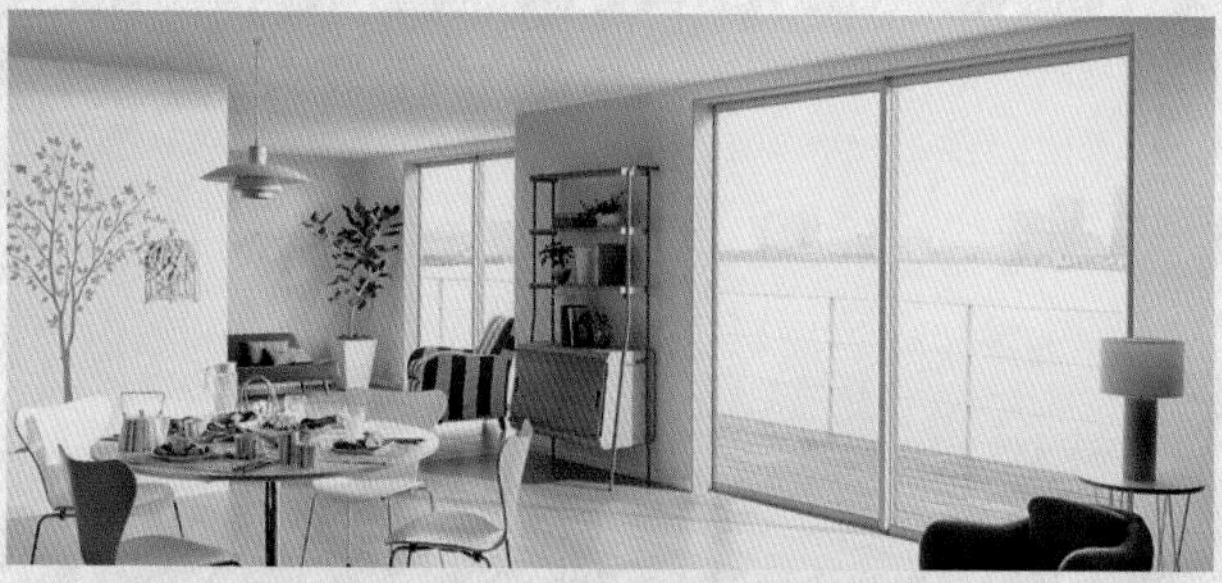

経済性

高い遮熱性、断熱性で、冷暖房費を抑えられます。

Low-E複層ガラスは、お部屋の快適な暖かさや涼しさを逃がさないので、冷暖房に使うエネルギー効率が高くなります。家計はもちろん、地球温暖化防止へ貢献することになります。

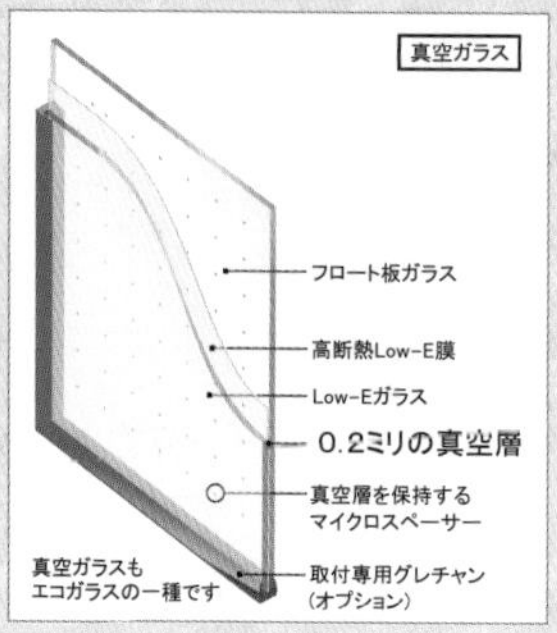

地球にやさしいエコガラス

国内の建築用板ガラス製造メーカー 3社(AGC、日本板硝子、セントラル硝子)が製造するLow-E複層ガラスの共通呼称で、環境保護と快適な暮らしの両立を推進する窓ガラスの目印にしてください。またエコガラスは、建材トップランナー制度に適合しています。

省エネになる原理

**窓ガラスからの夏場の日射熱、
冬場の熱損失を大幅に防ぎます。**

Low-E複層ガラスと、一般複層ガラスとの大きな違いは、二層ガラスの内側にある特殊金属膜です。この特殊金属膜が夏場の強い陽射しを反射してお部屋の温度の上昇を抑えます。冬場は暖気流出を逃がさず、1年を通して冷暖房効果が高まり省エネになります。

経済効果はどのくらい?

**冷暖房費を大幅に節約。
表面結露も軽減し、さらに紫外線も約82%カット。**

Low-E複層ガラスの遮熱性能は単板ガラスの約2倍。夏場は、外の暑い日射熱を約60%カットします。断熱性能は単板ガラスの約2.5倍、一般複層ガラスの約1.3倍。冬場は、室内の暖かい空気を逃がず、冷たい外気が伝わりにくいので、結露の防止に高い効果を発揮します。また、日焼け、色あせの原因となる紫外線も約82%カットし、省エネとともに健康にも大きく貢献します。

エコガラスの日射量

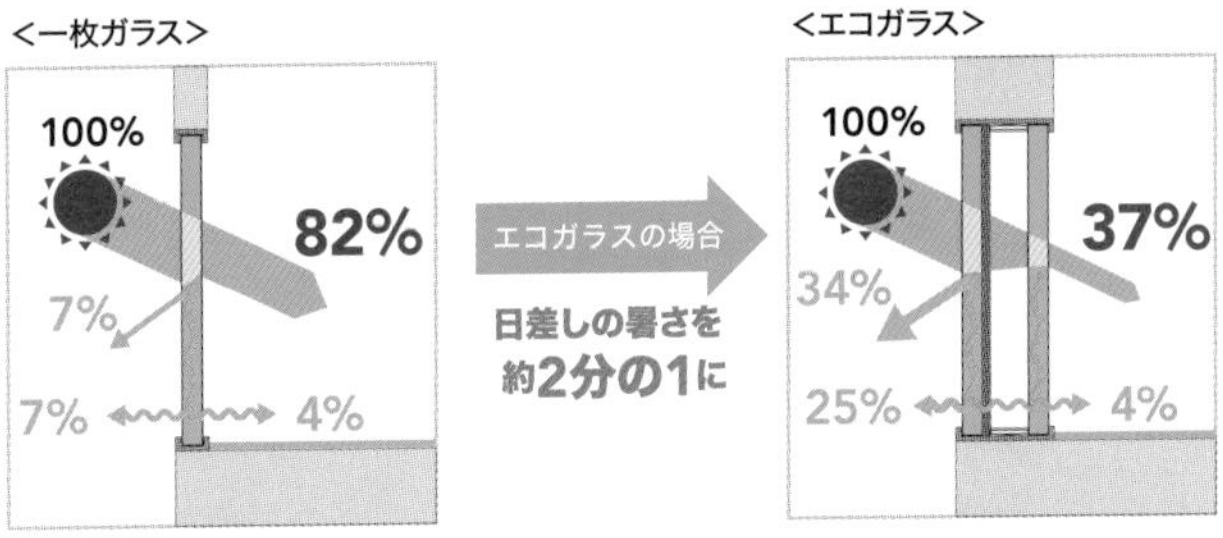

画像提供:板硝子協会

エコガラスの紫外線量

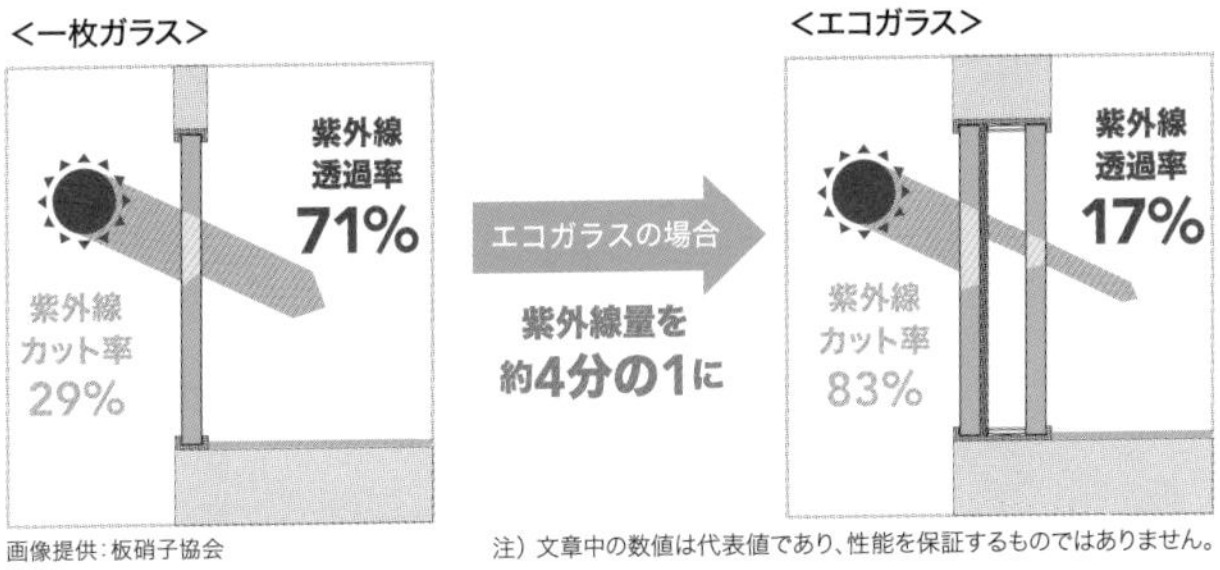

画像提供:板硝子協会

注)文章中の数値は代表値であり、性能を保証するものではありません。

エコガラスの断熱性能

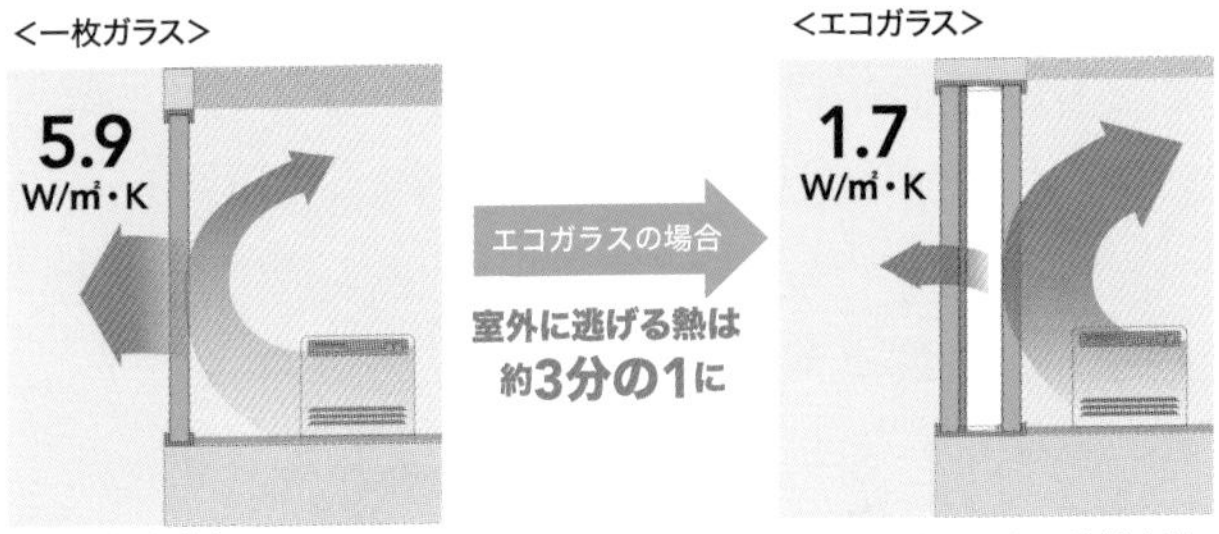

画像提供:板硝子協会

注)文章中の数値は代表値であり、性能を保証するものではありません。

遮熱高断熱Low-E複層ガラス改修で、快適生活が始まります。

◉ 導入時の注意点

**開口部の断熱性は、ガラスの性能UPが必須です。
窓全体の断熱には、複層ガラス用の断熱サッシとの組み合わせが必要になります。**

- ●施工前には、改修箇所のガラス寸法を実測作業をいたします。
- ●施工の際に、状況により窓周辺部の家具類を一時的に移動していただく場合があります。
- ●サッシの種類やガラスの構成により、網戸が付かない場合がございます。
- ●ガラスの重量が増える為、サッシの開閉が重く感じることがあります。
- ●結露の発生状況については、周囲の状況や場所などにより差が生じます。
- ●ガラス面は断熱できますが、既存のサッシとアタッチメント部はアルミのため、結露する場合があります。

サッシ・ガラス
+
ドアで

年間

約9%の冷暖房費を節約

※図中の数値は、クアトロ社製国土交通省特別評価認定温熱解析ソフト『TRNSYS』による建材性能比較シミュレーションで一定条件を前提に算出しているもので各社カタログ等の数値と異なる場合があります。
実際のエネルギーコストや省エネルギー性は、機器の使い方や生活スタイル、お住まいの地域によって変化します。

省エネ断熱建材・快適玄関ドア改修

改修用スチール玄関ドア

Q 『改修用スチール玄関ドア』ってなぁに？

断熱、遮音、気密性はもちろん、防犯性も向上できる
スチール製の改修専用玄関ドアのことです。

Q 改修用スチール玄関ドアを取り付けるとどうなるの？

気密・断熱性能が上がり、
防犯性もアップして安心に暮らせます。

快適性

気密性が高まり、断熱効果も。
室内の快適性が向上します。

玄関ドアも30年前の初期性能は防火くらいのものでした。現在の初期性能は耐風圧性、気密性、遮音性、防火性、断熱性、対震性、防犯性などが飛躍的に向上。住まいの快適性を入口から支えます。

利便性

開閉がスムーズで防犯性の高いドアを、
既存の枠を活かして取り付けられます。

古くなった玄関ドアは、たった半日程度の時間で取り替える『カバー工法』でリニューアルできます。既存の枠を取り外さずに新しい玄関ドアの取り付けが可能です。壁を壊さずに工事するため、騒音、粉塵の発生が少なく、短時間で工事が完了します。

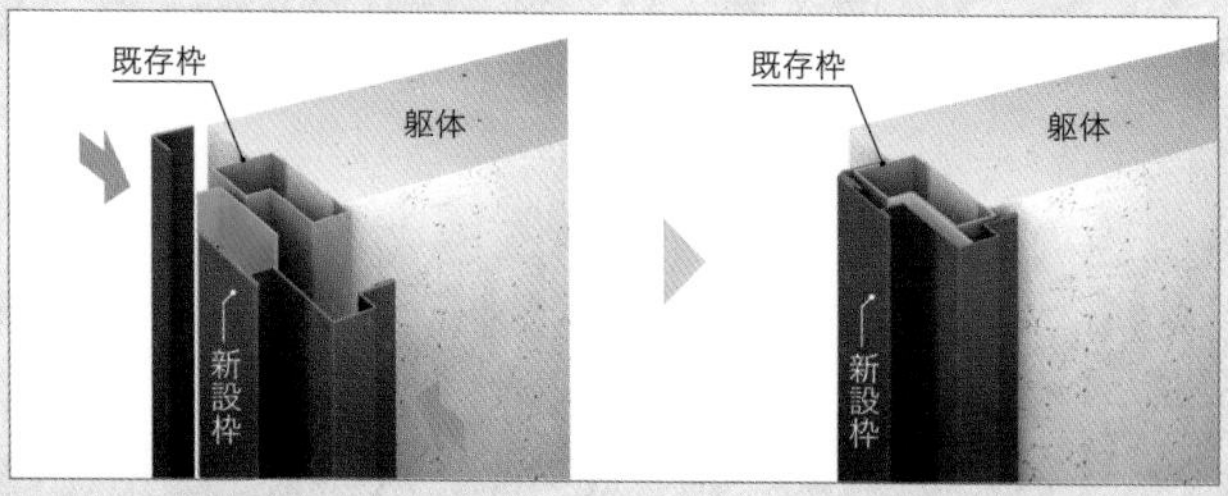

経済性

補修、部品交換よりも
玄関ドア改修の方が断然お得です！

省エネ効果も配慮したさまざまな玄関ドアは、デザイン性も高められています。美しい外観イメージを演出し、住まいの資産価値を高めます。また、塗装や部品交換などの補修では、あくまで"建築当時の初期性能を維持"するレベル。経年劣化により、部品交換するメンテナンス頻度が増し、思いのほか費用がかさむ可能性もあり、玄関ドアを改修した方がお得です。

[カバー工法]
既存の枠を取り外さずに新しい玄関ドアを取り付ける工法です。
既存の開口部より約2cm狭まるだけでリニューアルできます。

①下地取付　②新規玄関枠取付　③扉吊り込み金物取付　④枠回りシーリング

省エネになる原理

30年前の初期性能より
機能、意匠性は大きく向上。その差は歴然です。

改修用スチールドアは、両面フラッシュ構造の扉とエアタイト構造枠により、すぐれた断熱性能を発揮します。室外への熱損失を抑え、冷暖房負荷を軽減。省エネ効果を高めます。

玄関ドア【高経年マンションと最新との比較】

	30年前の初期性能	現在の初期性能(新築)
耐風圧性	S-6(2800Pa)	S-6(2800Pa)
気密性	−	A-3(8等級線)
遮音性	−	T-1(25等級線)
防火性	旧甲種防火戸	特定防火整備(旧甲種防火戸)
断熱性	−	H-2 (0.246・K/W以上)

経済効果はどのくらい?

断熱、気密、遮音、防火、防犯性。
その一つひとつを高レベルで実現。

※全ての組み合わせはできません。

玄関ドアは、毎日の開け閉め時だけでなく、隙間風や音漏れなども気になるところ。こうした点が経済性につながっていきます。気密性により、室内の温度を保ち、断熱性を高めることで結露を抑えます。これらの相乗効果で経済効果を生み出しています。

省エネ性	両面フラッシュ構造の扉とエアタイト構造により優れた断熱性能を確保。室外への熱損失を抑えて、冷暖房負荷を軽減し省エネに寄与します。
性能の向上	気密性・遮音性●優れた防音性能により、騒音や隙間風をシャットアウト。現在の新築同等の性能確保。
	防火性●平成12年建設省告示、第1369号該当の特定防火設備(旧甲型防火戸)。
	対震性●建物変形対応仕様は、地震でドア・枠が変形しても、扉がスムーズに開放でき、容易に脱出可能。
防犯性	耐ピッキングシリンダー 耐ピッキング性に優れたシリンダー。 
	サムターン回し対策錠 通常の使用方法以外ではサムターンによる解錠が困難です。 
	鎌デッド錠 扉戸先側の鎌型デッドボトルが外側からドアを守ります。 
	面材攻撃対策仕様 表面材は補強板を内張りした二重構造。

※それぞれ選択となります。

玄関ドアの改修で、快適生活が始まります。

サッシ・ガラス + ドアで 年間 約9%の冷暖房費を節約

※図中の数値は、クアトロ社製国土交通省特別評価認定温熱解析ソフト『TRNSYS』による建材性能比較シミュレーションで一定条件を前提に算出しているもので各社カタログ等の数値と異なる場合があります。
実際のエネルギーコストや省エネルギー性は、機器の使い方や生活スタイル、お住まいの地域によって変化します。

◉ 導入時の注意点

玄関ドアを改修すると気密性が高くなります。
玄関ドア改修の際には、換気計画も同時に検討してください。

【ご注意ポイント】
●換気扇などの換気装置を使用する場合でも給気経路がないと、十分に換気できない場合があります。このため給気経路の確保が必要になります。
●換気装置を作動させると玄関ドアに圧力がかかって勢いよく閉まったり、開くときに重くなったりする場合があります。

【おすすめポイント】
●玄関ドア改修により玄関周りの断熱性の向上が図れます。さらに外部に面している壁面の断熱化(内/外断熱改修)を行なうと効果が大幅に上がります。

樹脂サッシ（内窓設置）

『内窓』ってなぁに？

既存の窓はそのままで部屋側に窓を増設して、二重窓化するものです。
冷暖房効果が高まり、結露の防止効果を高めます。

内窓を取り付けるとどうなるの？

冷暖房効果に加えて、防音効果も発揮。
マンションにオススメです。

快適性

二重窓の内窓は、気密性を高め、
冷暖房効果をさらに高めます。

最新の窓は開け閉めの操作性もよく、気密性能、水密性能、遮音性能、断熱性能も向上。すきま風をなくし、冷暖房効果を高めてくれます。また、防音性能も高まりますから、騒音の侵入を防ぎ、内からの音漏れを抑えます。

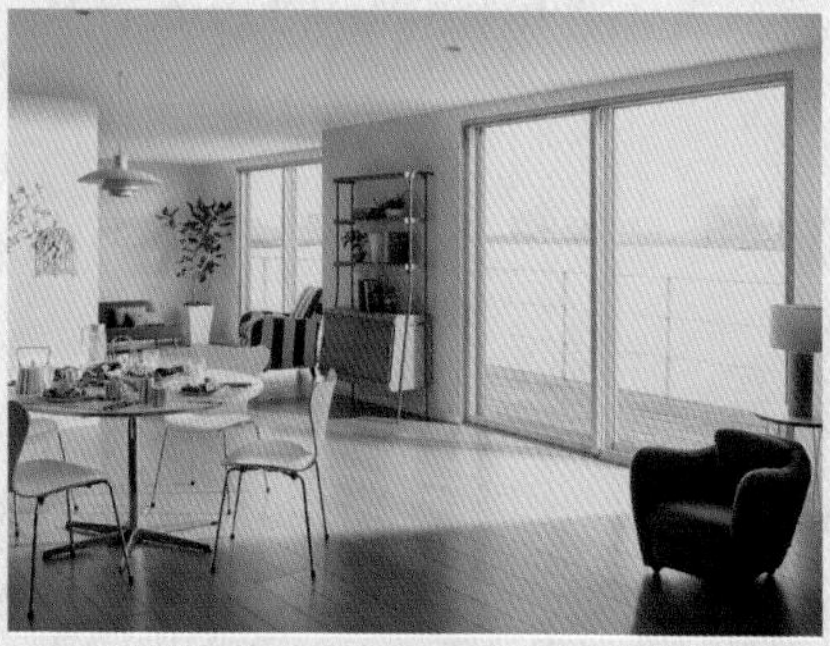

利便性

生活しながら、簡単に二重窓化。
防音性、防露性も高めます。

お住まいのまま、室内側から比較的短時間で施工できます。どんな窓にも取り付けられるタイプが多いため、融通性が高いのも特徴です。樹脂製の内窓には塗装の必要のないものも登場。お手入れも簡単です。

①枠の取付

②障子の建て込み

自在性

既存サッシの上にジャストフィット。
インテリアに合った窓枠が選べます。

豊富な窓種バリエーションが用意されています。イージーオーダータイプなので、現在、お住まいのほとんどの窓に、ぴったり合わせて取り付けられます。カラーも豊富ですから、お部屋に応じて選べます。

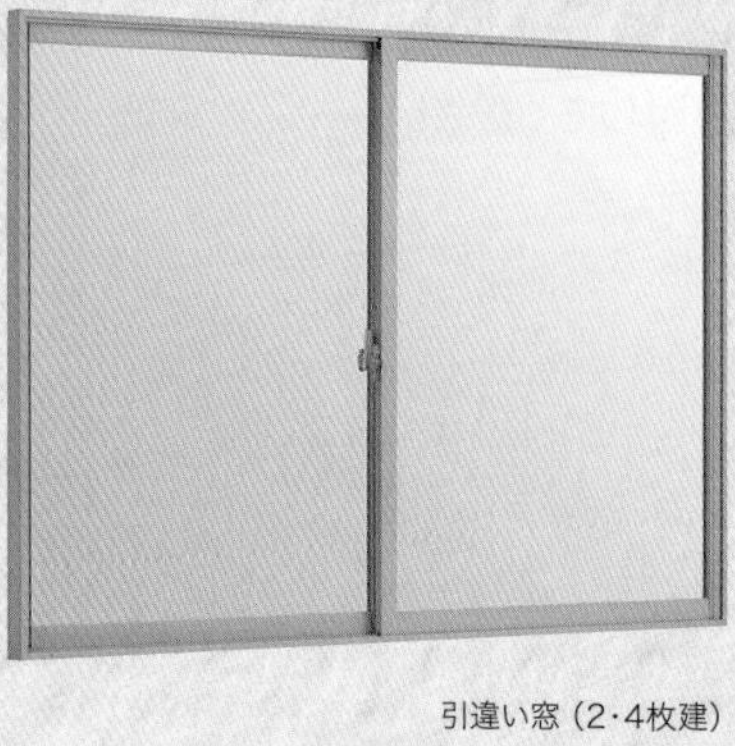
引違い窓（2・4枚建）

FIX窓

内開き窓

省エネになる原理

冬は開口部からの熱損失を、
夏は外部からの熱を防ぎます。

気密性が高まることで、冷暖房効果が大幅に向上。複層ガラスや機能ガラスを併用することで、冬は開口部からの熱損失、夏は外部からの熱を最小限に抑えます。これにより冷暖房効果が高まり省エネになるのです。

1枚ガラスを使ったアルミサッシは、窓からの冷輻射の影響が右の図のように非常に大きいことがわかります。複層ガラスを使ったアルミサッシは、ガラスとガラスの間に空気の層があり、冷気の侵入を防ぎます。さらに、Low-E複層ガラス（エコガラス）は断熱性に加え、遮熱性の高い性能を持っています。

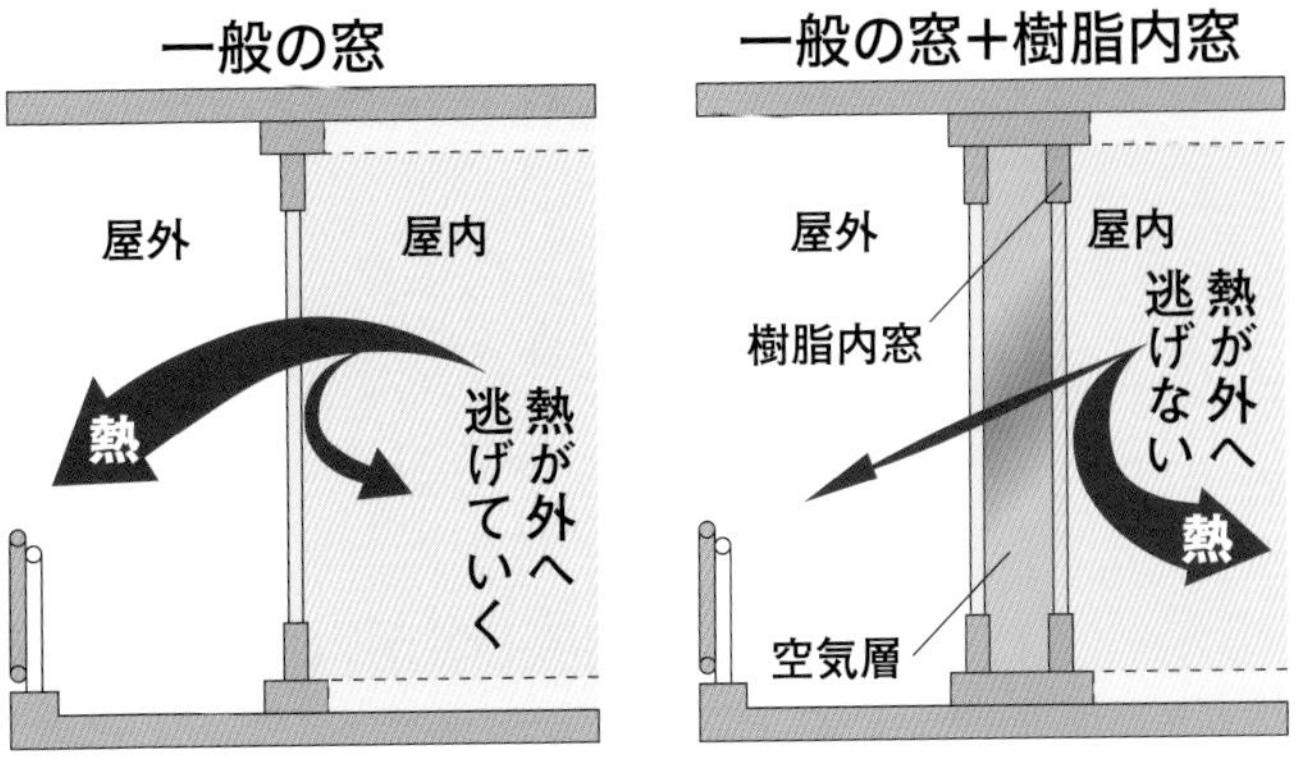
一般の窓
屋外
屋内
熱
熱が外へ逃げていく
一般の窓＋樹脂内窓
屋外
屋内
樹脂内窓
熱が外へ逃げない
熱
空気層

経済効果はどのくらい?

冷暖房費を大幅に節約。
さらに騒音や音漏れを約50%カット。

窓から逃げる熱を防ぐため、冷暖房費を年間約22%も節約。冬場の窓から逃げる熱量を灯油換算すると、アルミサッシ窓の約3分の1となります。樹脂製内窓の熱伝導率はアルミの1000分の1。結露の発生も抑えます。また、外からの気になる騒音や、室内からの音漏れを約50%もカットします。

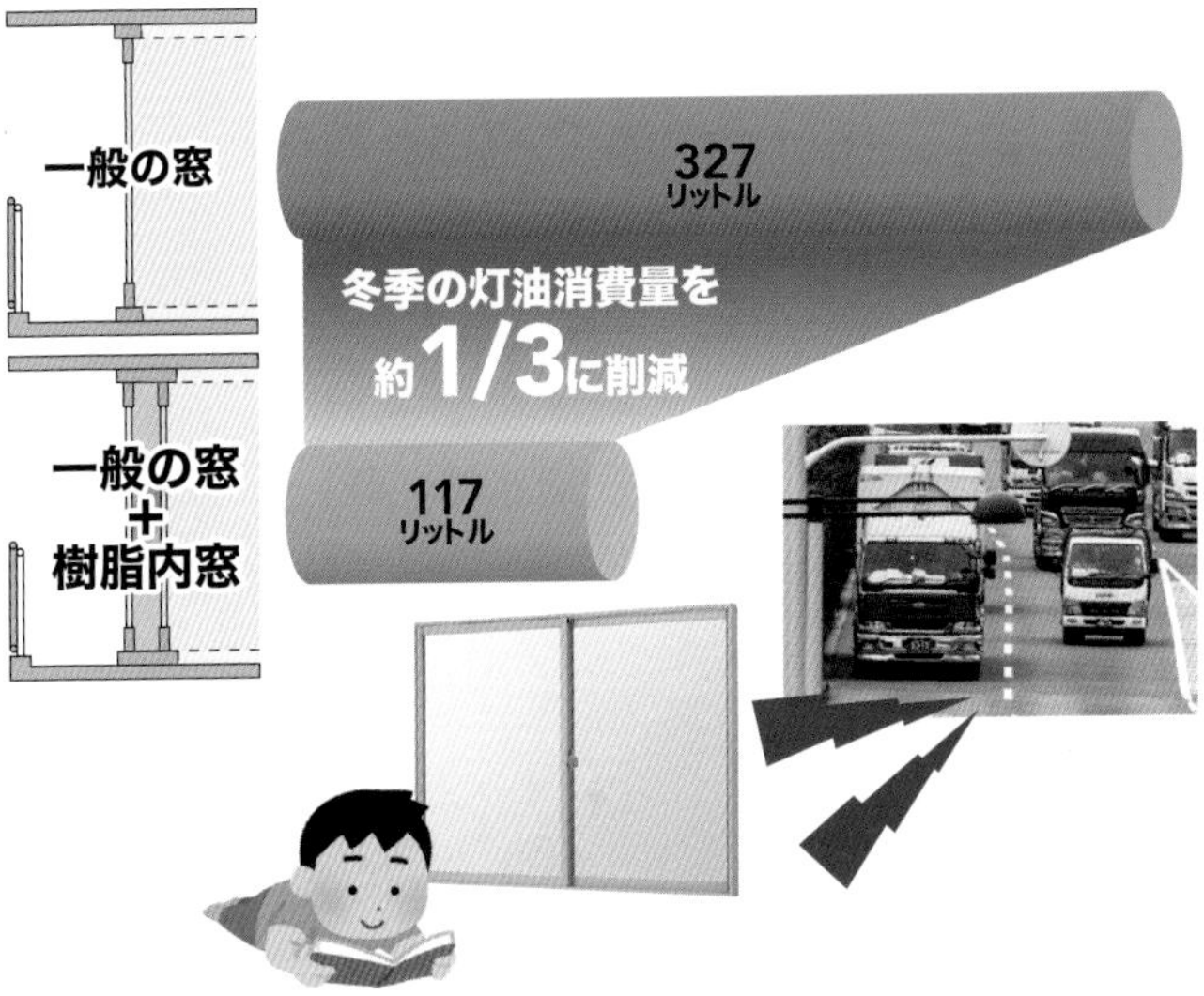
一般の窓
327
リットル
冬季の灯油消費量を
約1/3に削減
一般の窓
＋
樹脂内窓
117
リットル

内窓を取り付けて、
快適生活が始まります。

年間
約**22%**
の冷暖房費を**節約**

※図中の数値は「賃貸・分譲エコ・マンション研究会」で一定条件を前提に試算したもので各社カタログ等の数値と異なる場合があります。実際のエネルギーコストや省エネルギー性は、機器の使い方や生活スタイル、お住まいの地域によって変化します。

◉ 導入時の注意点

イージーオーダーだから、ほとんどの窓にぴったり。

- 窓改修の施工前には実測作業をいたします。室内側から行ないますので居住者様の立会いをお願いする場合があります。
- 施工時には、居住者様は退避していただく必要はありませんが、状況により窓周辺の家具類を一時的に移動していただく場合があります。
- 新しい窓にした場合、気密性が上がり、室内の自然換気量が減少することがあります。換気にご配慮いただくか、換気設備プランも併せてご検討ください。
- 開放型のストーブを使用しないでください。
- 複層ガラスに関するご注意はメーカーのカタログなどをご覧ください。

いま付いている窓

共用部分

省エネ住宅設備・照明改修

照明

Q 『照明(共用部分)の省エネ』ってなぁに？

LEDに替えることで省エネに。
さらにセンサーで電気の無駄遣いをなくします。

Q 照明を改修するとどうなるの？

エントランスや通路など、常時点灯している照明の大幅な電気代の削減が可能です。

快適性

人の動きを検知して、自動ON/OFFや自動調光で省エネ。

人感センサーにより人の動きを検知し、ムダな照明をカット。不在時の明るさを自由に設定可能、またフェード機能で緩やかに明るさを切替えるので人に不快感を与えません。時間帯によるシーン(明るさ)設定も自在に可能です。

暗くても人がいないと消灯 / 人が近づくと100%点灯

利便性

調光で一つの空間を表情豊かに。省エネも実現。

エントランスホールの常時点灯の照明などは、光センサー付照明制御コントローラとの組合せにより、日中の時間は照明の明るさを押さえるなど、自動的に電気代を抑えることも可能です。また、長寿命のLEDはランプ交換時期を大きく伸ばし、照明設備のメンテナンス・更新の手間を大きく削減します。

安全性

人を検知して、自動的に点灯。安全と明るさを確保します。

人感センサー付き器具は、深夜などの不在時には適度な明るさを確保し常夜灯としても最適。また自己点検機能付きの誘導灯の採用でバッテリー寿命を早期発見、運用・管理面でのサポートも可能です。

時間や人感センサーなどで、夜間の明るさをコントロール

省エネになる原理

1台でも大きな省エネ効果

コンパクト形蛍光灯 FDL27形ダウンライト	
消費電力	32W
年間電気料金	2,592円

➡ LEDに交換！

LEDダウンライト100形 FHT32形相当	
消費電力	10W
年間電気料金	810円

約69%省エネ

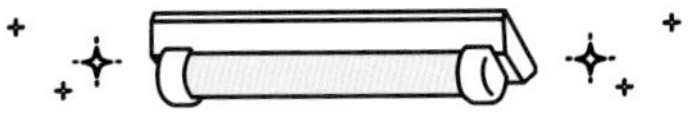

FLR40形2灯用 逆富士型器具	
消費電力	86W
年間電気料金	6,966円

➡ LEDに交換！

LED一体型器具	
消費電力	28W
年間電気料金	2,268円

約67%省エネ

【計算条件】年間点灯時間：3,000時間
電力料金目安単価 27円／kWh（税込）

※東京都環境局「マンション共用部分照明LED化ガイドブック」より

経済効果はどのくらい？

人感センサーの導入や LED器具への交換でさらに大きく省エネ。

従来器具（35W）から人感センサー（35W）を導入すれば、省エネ効果は約50%、一灯あたりの年間電気代が、3,373円から1,686円に節約できます。また、従来機器の蛍光灯（26W）からLED器具（13.4W）に更新するだけで、一灯あたりの年間電気代は、2,505円から1,291円に節約。

管球のみの交換の際、以下の点にご注意ください。
1. 器具の耐用年数を超えていませんか？一般的に使用年数が10年を過ぎると故障が多くなります。
2. 器具とランプの組み合わせは適切ですか？誤った組み合わせは火災事故につながる恐れがあります。
3. 明るさは十分確保していますか？取り付ける照明器具が汚れていると明るさがもとに戻りません。
4. トータルコストを計算しましたか？LED一体器具にすると、さらに省エネになる場合があります。

従来照明器具と人感センサー付との
1機器あたりの年間コストの比較

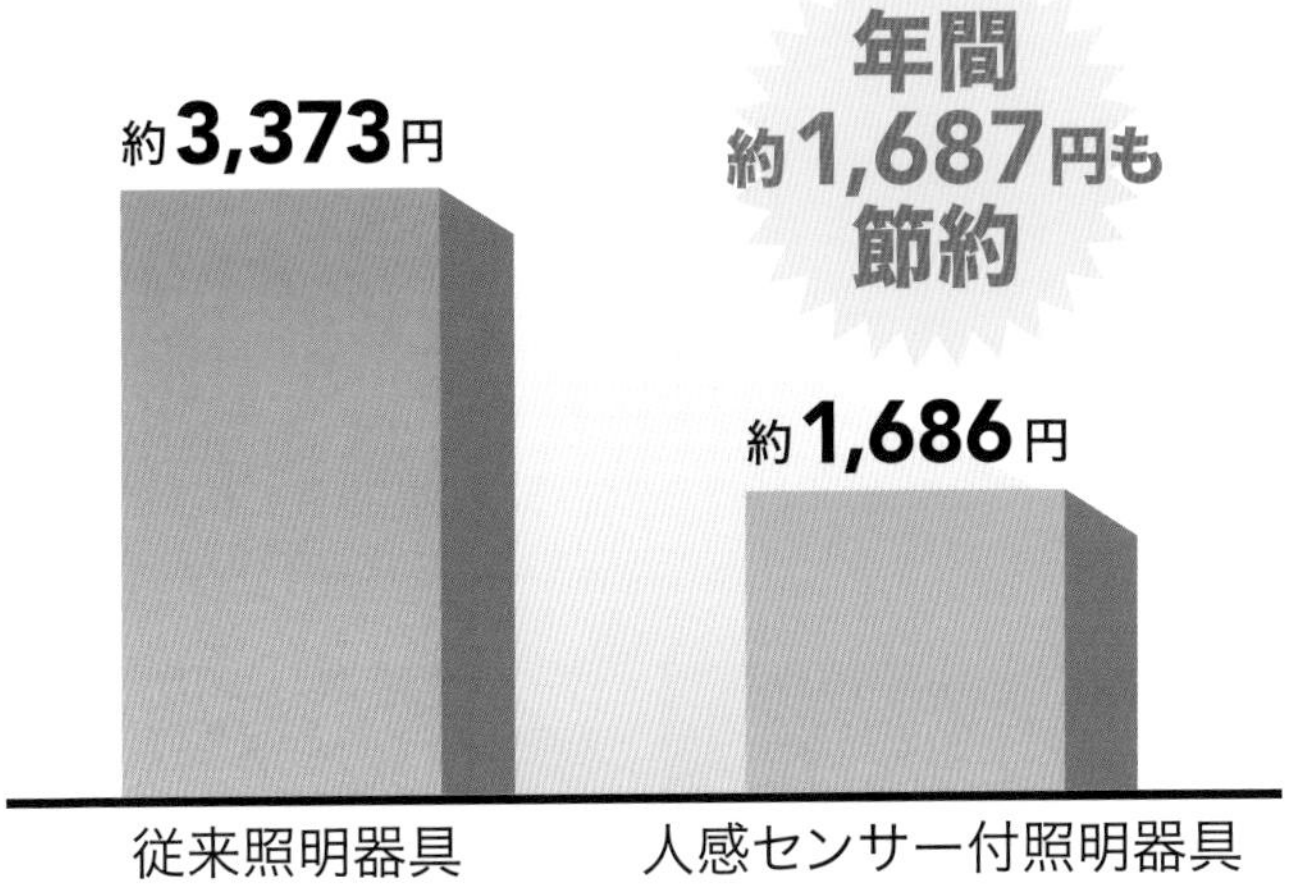
約3,373円
年間
約1,687円も
節約
約1,686円
従来照明器具
人感センサー付照明器具

照明（共用部分）の改修で、快適生活が始まります。

人感センサーで 年間 約50%の光熱費を節約

※図中の数値は「賃貸・分譲エコ・マンション研究会」で一定条件を前提に試算したもので各社カタログ等の数値と異なる場合があります。実際のエネルギーコストや省エネルギー性は、機器の使い方や生活スタイル、お住まいの地域によって変化します。

◉ 導入時の注意点

使用環境に関する項目

●使用環境に見合った器具をお選びいただき、取扱説明書に従ってください。誤った使用環境で使用しますと落下、感電、火災の原因になります。

設置場所・方法に関する項目

●埋込み照明器具は、断熱施工天井（マット敷工法、ブローイング工法）への取付はできません。そのまま施工されますと火災の原因となります。
●照明器具の取付は、その重量に耐える強度が必要です。不備があると落下、天井面や壁面のわん曲の原因になります。
●照明器具と被照射面の距離は、本体表示並びに取扱説明書に従ってください。近接限度以下の場合、照射面は高温となり、変質、変色、火災などの原因となります。

電源電圧・周波数に関する項目

●蛍光灯器具には、電源周波数50Hz（ヘルツ）・60Hz用の区別があるものもあります。必ず電源周波数にあった器具をご使用ください。また、照明器具の定格電圧と電源電圧は器具を取り付ける前に必ず確認してください。器具の損傷や、過熱による火災の原因となります。

省エネ設備機器・快適給水ポンプ改修

直結増圧給水ポンプ

Q 『直結増圧給水ポンプ』ってなぁに？

「直結増圧給水方式」は受水槽がいらない
衛生的・省スペース・省エネルギー・省コストの給水方式です。

Q 給水方式を改修するとどうなるの？

受水槽が不要なため、今までより衛生的かつ新鮮なおいしい水が供給されます。

快適性

配水管から蛇口まで密封されたシステムのため、外部から異物などの侵入がなく衛生的です。受水槽が不要となりますので、設置スペースを他の様々な用途に有効利用できます。

改修前
改修後

利便性

直結増圧給水方式は水道本管の圧力を有効利用した給水方式で、不足する圧力のみをポンプの稼働で補うものです。

また、インバータ制御でポンプの稼働を調整するので、省エネルギー運転になります。

安全性

直結増圧給水方式をおすすめします。

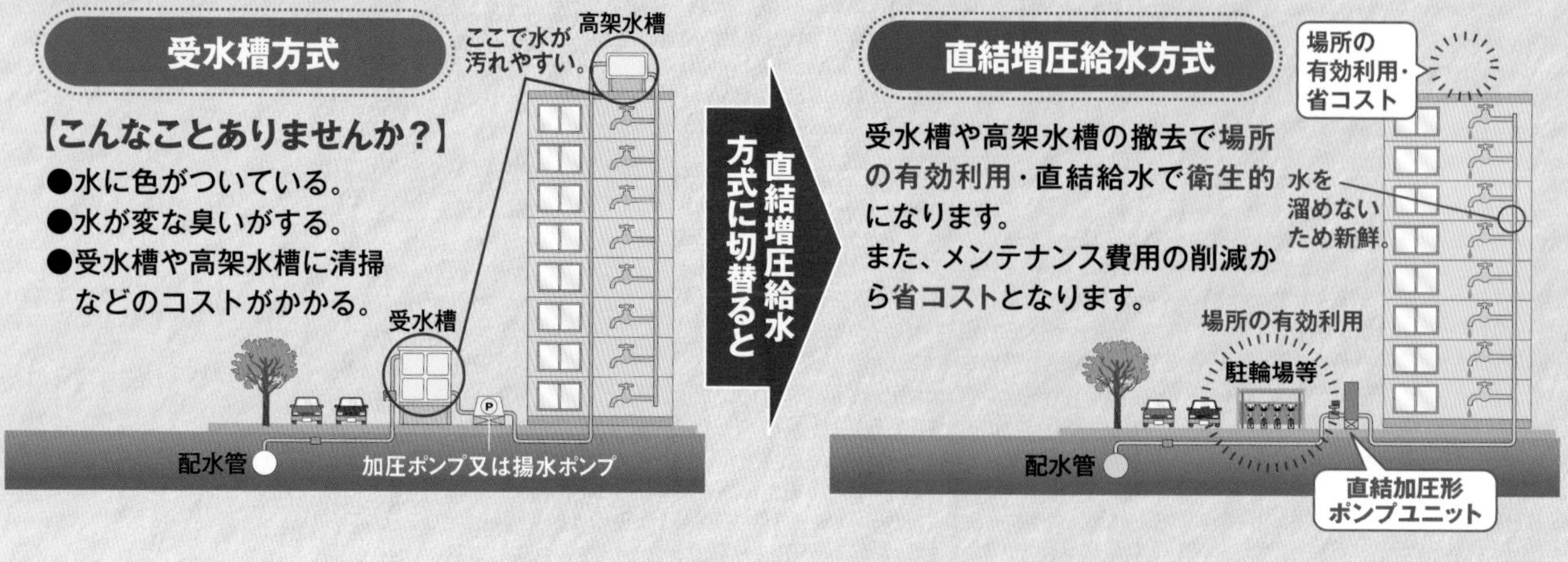
受水槽方式
【こんなことありませんか？】
●水に色がついている。
●水が変な臭いがする。
●受水槽や高架水槽に清掃などのコストがかかる。
ここで水が汚れやすい。
高架水槽
受水槽
配水管
加圧ポンプ又は揚水ポンプ
直結増圧給水方式に切替ると
直結増圧給水方式
受水槽や高架水槽の撤去で場所の有効利用・直結給水で衛生的になります。
また、メンテナンス費用の削減から省コストとなります。
場所の有効利用・省コスト
水を溜めないため新鮮。
場所の有効利用
駐輪場等
配水管
直結加圧形ポンプユニット

省エネになる原理

水道本管の圧力の利用が可能で
電気代も節約できます。

使用水量に応じてポンプの回転数を変化させ、また同時に変化する配管抵抗の圧力を加減して給水末端での圧力が一定となるように吐出圧力を制御しますので余分な圧力が発生する事がなく省エネルギーです。

年間電気料金比較例

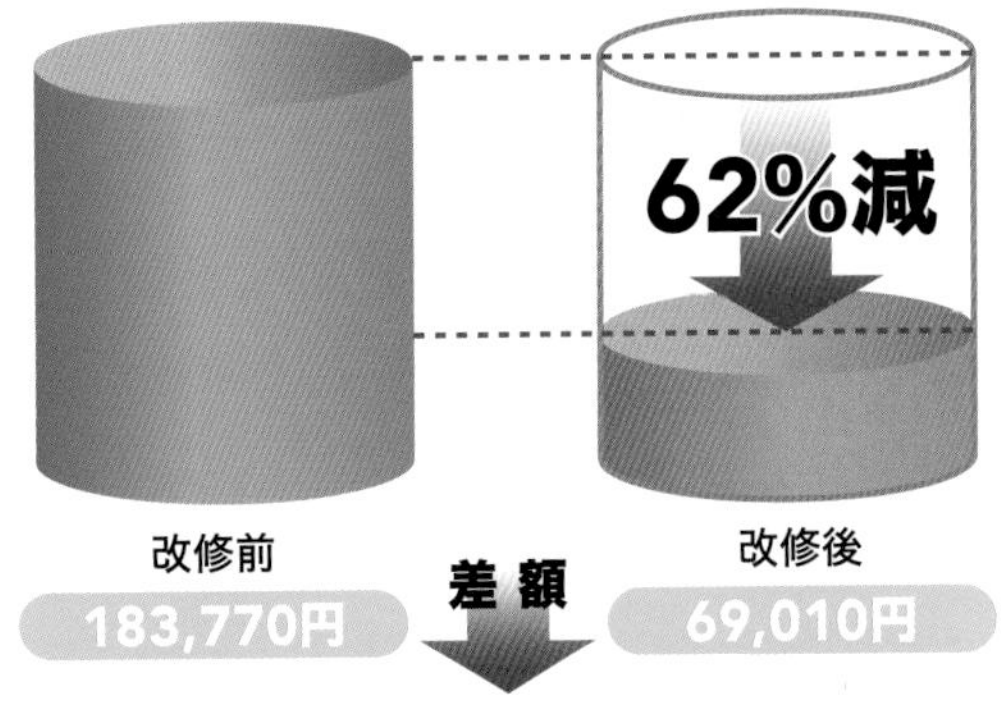

62%減
改修前
183,770円
差 額
改修後
69,010円

年間114,760円の電気代低減！

【事　例】都内某マンション／35世帯／7階建て／直結増圧給水ポンプに変更

経済効果はどのくらい？

年間のメンテナンス費用の低減も実現できます。

直結増圧給水方式に改修後、数年で利益を生み出します。

イニシャルコストの比較	
(ア)直結増圧給水式改修工事費	3,800,000円
(イ)既存方式給水ポンプ取替工事費	-1,000,000円
(ウ)3～5年後受水槽交換工事費	-2,000,000円
	800,000円 A

↑(ア)引込管工事、水道負担は含んでおりません。(イ)・(ウ)はこれまでの方式を更新した場合にかかる工事費。

ランニングコストの比較

[省エネルギー]電気代低減
(91,885-34,505)×2＝114,760円/年
[省コスト]メンテナンス費低減
220,000-100,000＝120,000円/年
114,760円+120,000円＝234,760円/年 B

償却年数
A ÷ B
＝3.40年

4年で利益を生み出します

[実施例] 都内某マンション
(35世帯・7階建て)

年間メンテナンス費用比較例

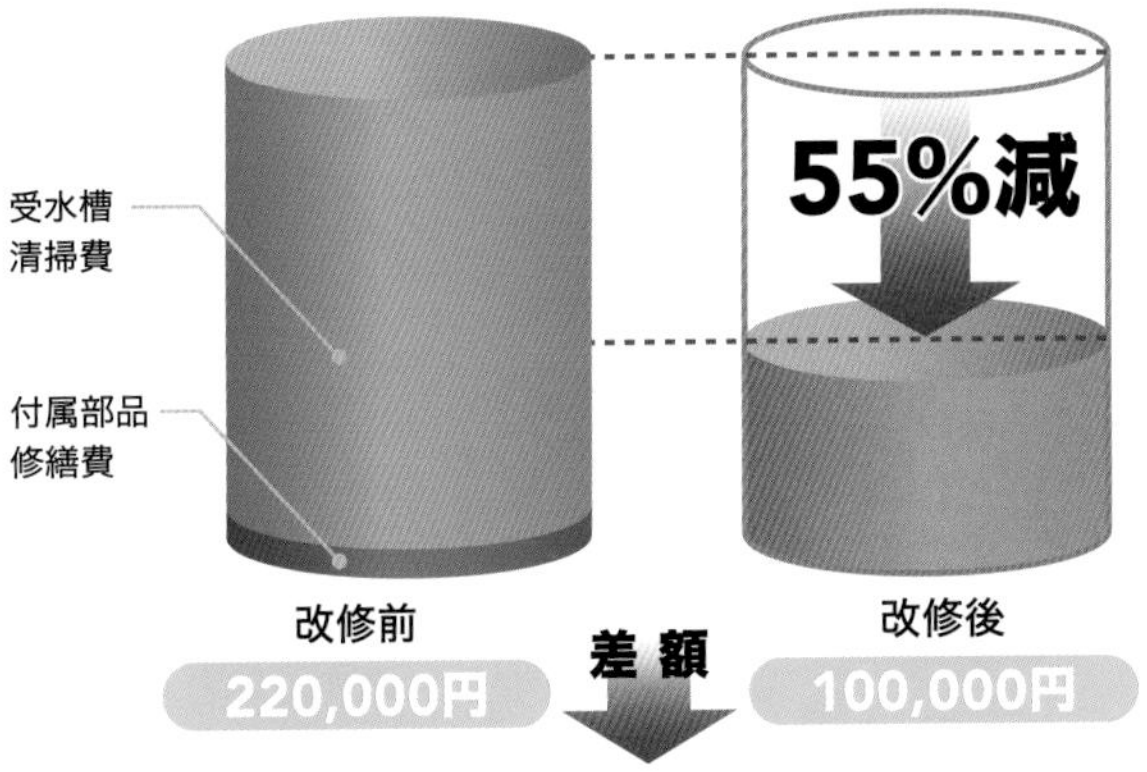

受水槽
清掃費
付属部品
修繕費
55%減
改修前
220,000円
差 額
改修後
100,000円

年間120,000円のメンテナンス費用低減！

【事　例】都内某マンション／35世帯／7階建て／直結増圧給水ポンプに変更

給水方式の改修で、快適生活が始まります。

◉ 導入時の注意点

直統給水方式への一般的な切り替え手続きの流れは以下のようになります。地域や工事のケースによっては順番が多少異なったり、省略される手続きや別の手続きが必要になることがあります。詳しくは、各市町村の水道局に確認が必要です。

1. 事前協議申請
2. 水道本管の圧力測定依頼
3. 測定結果に基づいて流量計算書の作成
4. 工事費用見積り
5. 水道法に定められている水質検査及び耐圧検査の依頼
6. 工事の申請申込み
7. 直結給水方式のための水道工事
8. 施行写真・竣工図・竣工関係図書とともに竣工届け
9. 水道局による竣工検査

約 年間 62%の光熱費を節約

※図中の数値は「賃貸・分譲エコ・マンション研究会」で一定条件を前提に試算したもので各社カタログ等の数値と異なる場合があります。実際のエネルギーコストや省エネルギー性は、機器の使い方や生活スタイル、お住まいの地域によって変化します。

専有部分【区分所有者負担部分】 高断熱・高気密化された省エネ住宅の必需品！

換気システム

高断熱・高気密リフォームは『換気システム』もセットで検討。

断熱性・気密性を向上させるリフォームとともに、適切な換気システムを導入することで、住まいの快適性を大きく向上させることができます。

リフォーム前の、こんな不満も解消します。

1. 水まわりやその近くの部屋の壁に結露やカビが発生していませんか。
2. すきま風や冷暖房をしていない部屋の温度差が気になりませんか。
3. 冷房や暖房の効きが悪く、電気代がかかりませんか。

換気システムの導入で、快適生活がはじまります。

窓・開口部のリフォームと、換気框の採用で、断熱性アップと換気経路が確保できます。

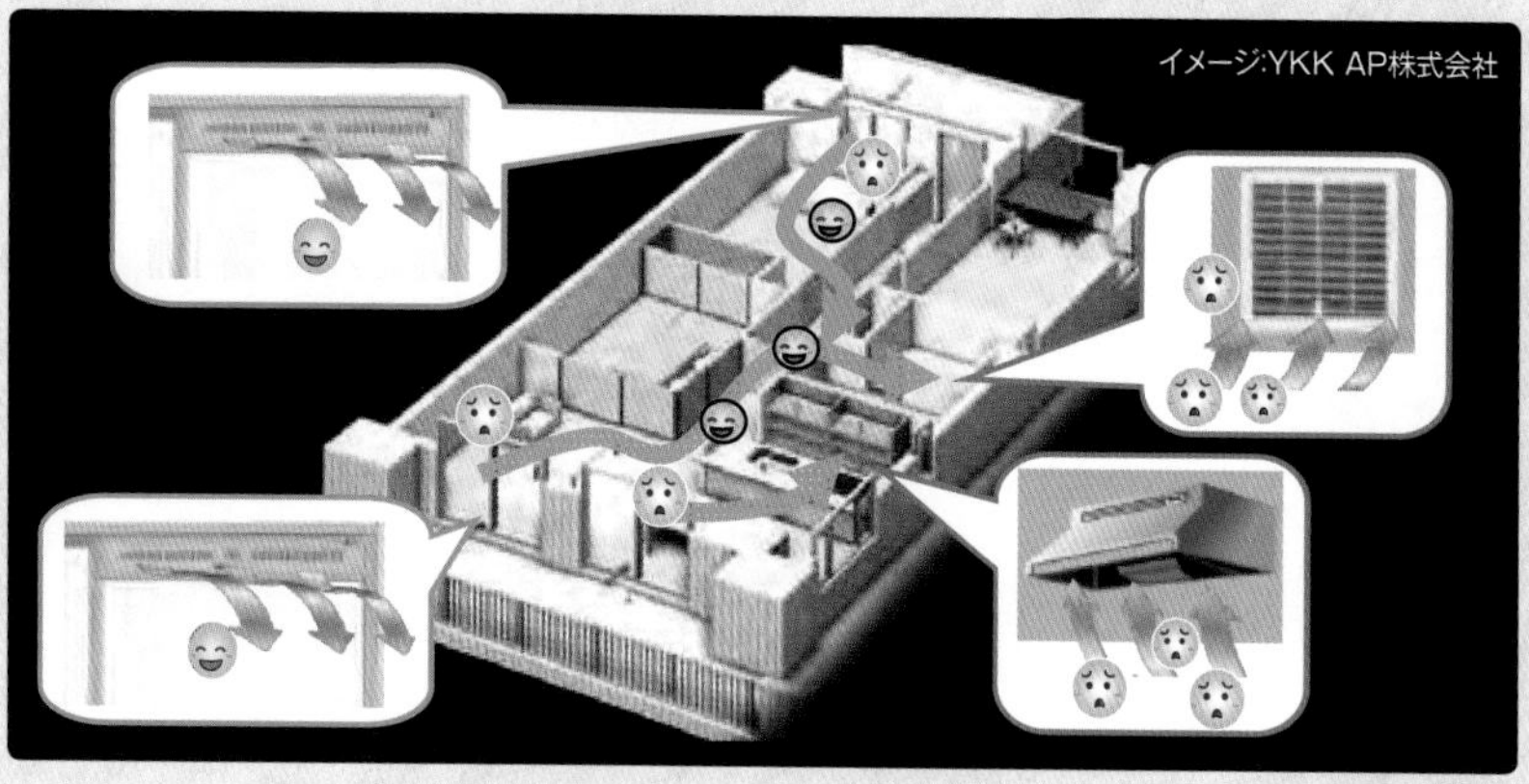

イメージ:YKK AP株式会社

換気改修で注意することは？

- 換気システムには、外気導入の有無の検討が必須です。居室と外壁との換気開口部の有無。壁面への開口工事の可能性。窓・サッシまわりの利用による換気用開口の確保。(左図を参照)等の確認とともに、建物や間取り・予算によって換気プランを検討しましょう。
- 改正建築基準法対応の換気はあくまでもシックハウス対策のための風量であり、開放型ストーブのような燃焼機器の排ガスを処理するような換気風量ではありません。断熱性・気密性を改修したマンションでは絶対に使用しないでください。
- 詳しくは、リフォーム工事業者、設計者、メーカーへご相談ください。

省エネに最適な換気プランをご紹介。冷暖房もいっしょに検討しましょう。換気設備は既存の換気扇・換気口を利用しても取り付けられます。

PLAN 1 セントラル冷暖房換気システム

第1種換気 / 熱交換型換気 / 冷暖房換気 / 全般換気

- 冷暖房換気ユニットはわずか0.5畳のスペースに設置が可能です。
- 冷暖房ユニット1台で各居室だけでなく、洗面所・廊下・台所も含めた1戸全体の全館冷暖房換気が可能です。

※断熱仕様は品確法の温熱環境等級4以上でお使いください。

- 壁掛けエアコンと同じように部屋ごとで温度調節が可能です。

システムの目安金額：150万円

※目安金額は定価をベースに算出しています。
※工事費は含みません。
※工事店により価格は変わります。

PLAN 2 セントラル換気システム(熱交換型)

第1種換気 / 熱交換型換気 / 全般換気

- 熱交換換気扇で空調された空気の熱を効率良く再利用しながら24時間新鮮な空気に入れ替えます。
- 浴室暖房換気乾燥機があれば、入浴中の暖房はもちろん、雨の日は浴室が衣類乾燥室に早変わり。
- ミスト機能が付いた浴室暖房換気乾燥機もあります。

システムの目安金額：50万円+エアコン代

※目安金額は定価をベースに算出しています。
※エアコン代は選定した機器や購入先により金額が異なります。
※工事費は含みません。
※工事店により価格は変わります。

PLAN 3 排気型ダクト換気システム(浴室暖房換気乾燥タイプ)

第3種換気 / 一般換気 / 全般換気

- 既存の浴室換気扇を利用できます。
- 洗面所・トイレに排気グリルを追加し、1台でサニタリーゾーンの排気をすることも可能です。
- 浴室暖房換気乾燥機付ならサニタリーゾーンの排気はもちろん、多くの機能でバスタイムを快適にします。

システムの目安金額：40万円

※目安金額は定価をベースに算出しています。
※工事費は含みません。
※工事店により価格は変わります。

PLAN 4 パイプファンシステム

第3種換気 / 一般換気 / 全般換気

- 既存の換気口を利用した、最もお手軽な換気システムです。
- 壁に穴を開けるだけのかんたん施工なので、工事が短期間で終わります。
- もちろん24時間換気で、おうちの空気を強制的に入れ替えます。

システムの目安金額：30万円

※目安金額は定価をベースに算出しています。
※工事費は含みません。
※工事店により価格は変わります。

住宅設備

導入効果は抜群。快適と節約が同時に。

まだ使えるから取り替えるのは、“もったいない”と言われていました。これからは、大幅な節約ができる省エネ設備に取り替えないことが“もったいない”として、真剣に考えなければならない時代になりました。それは、次の世代の子どもたちへ、大切な贈り物になるのです。

省エネ機器に買い替えましょう！

マンションにお住まいの家庭で、最もエネルギー消費が大きいものは冷暖房で28.9%。つぎに、給湯で約28.3%という内訳になっています。つまり、お湯を沸かしたり、お部屋を快適な温度に保つときに使う熱源で、約77%もの大きなエネルギーを消費しているのです。快適な生活を過ごすためには不可欠な機器。まずは、省エネ効率が高くなっている最新の省エネ住宅設備機器を知っていただき、導入あるいは、買い替えによって、快適と節約が同時に実現できること理解してください

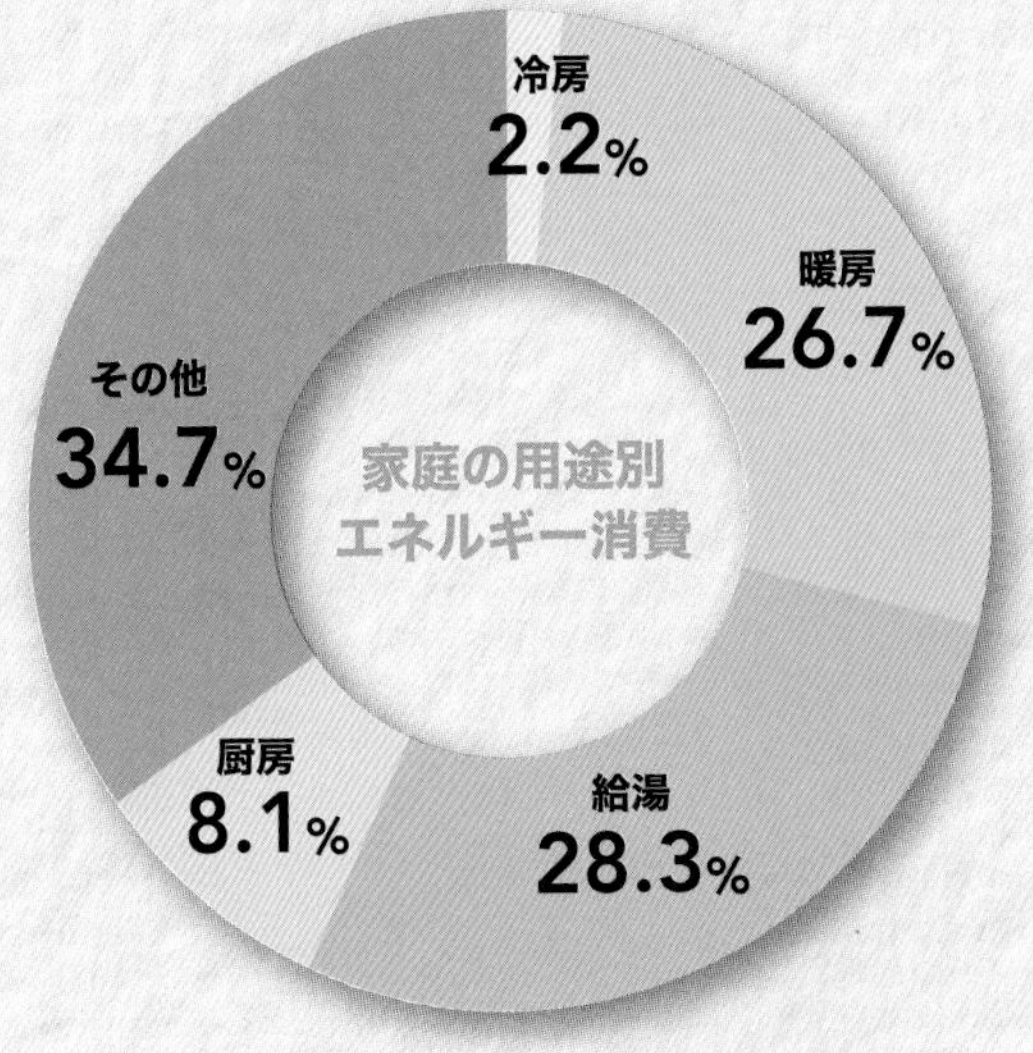

冷房
2.2%
暖房
26.7%
給湯
28.3%
厨房
8.1%
その他
34.7%
家庭の用途別
エネルギー消費

※資源エネルギー庁「エネルギー白書2013」より

節水便器、食器洗い乾燥機で節水を！

節水することも省エネです。節水・省エネはかつてほど手間ではありません。たとえば最新の節水便器や食器洗い乾燥機には、節水・省エネ技術を採用、機器を更新するだけで、大幅な節水・省エネが達成できます。各家庭で、節水が行なわれると、上下水道で水を浄化する際や、送水の際に必要な大きなエネルギーの削減に直結するのです。

省エネ性能の見分け方

省エネ家電製品には、国の省エネ基準（目標基準値）を満たしているか一目で分かるように、ラベル（省エネラベリング制度）表示しています。これには、〈省エネ性マーク〉〈省エネ基準達成率〉〈エネルギー消費効率〉〈目標年度〉の4つが表示され、製品ごとの省エネ性能を簡単に比較できます。エネルギー消費効率（年間消費電力量等）も分かりやすく表示するために、年間の目安電気料金を表示しています。また、ガス機器、石油機器については目安燃料使用量が表示されています。統一省エネラベルは、2006年10月から、エアコン、冷蔵庫、テレビの3つの家電を対象に、省エネ性能を5段階の星で表す多段階評価制度と、年間の目安電気料金を組み合わせて表示しています。製品を選ぶ際は、これらを必ず確認しましょう。

図2 省エネラベルの例

省エネ基準達成率
108%
年間賞費電力量
175 kwh/年
目標年度 2006
〈省エネ性マーク〉

〈統一省エネラベルの例〉

2018年度版
この商品の
省エネ性能は？
省エネ基準達成率
110%
年間消費電力量
283 kWh/年
パナソニック
NR-F604WPX-X
7,640 円

〈省エネ性マーク〉
省エネ基準を達成した製品には緑色、未達成の製品にはオレンジ色のマークが表示されます。緑色のマークが省エネ効果の高い製品を選ぶ目安となります。

〈省エネ基準達成率〉
その製品が省エネ基準（製品ごとに決められた目標基準値）をどれくらい達成しているかを「%」で示したものです。

〈製品ごとのエネルギー消費効率の名称（表示語）と単位〉

製品	エネルギー消費効率の名称（表示語）	単位
エアコン	通年エネルギー消費効率（目標年度が2010年度もの）、冷暖房平均エネルギー消費効率（目標年度が2007冷凍年度*もの）	—
冷蔵庫、冷凍庫、電気便座、テレビ	年間消費電力	kWh/年
蛍光灯器具	エネルギー消費効率	lm/W
ストーブ、ガス調理機器（こんろ部）、ガス温水機器、石油温水機器	エネルギー消費効率	%
ガス調理機器（グリル部、オーブン部）	エネルギー消費効率	Wh
変圧器	エネルギー消費効率	W

※冷凍年度:10月から始まり9月で終わる年度

使い方にも工夫を！

最新の機種を導入しても、使い方に問題があれば高い省エネ性機能もムダになります。例えば、エアコンの設定温度を冬は低めに、夏は高めに。1℃の違いで消費電力を約10%削減。冷房設定温度を1℃上げると約700円/年、暖房設定温度を1℃下げると約1,200円/年の節約※になります。また、必要なとき以外は止めましょう。1日1時間、短くすると、冷房で約400円/年、暖房で約900円/年節約※できます。他の家電も同様ですが、主電源を切っていても、プラグをコンセントにつないでいるだけで、電力を消費しているものがあります。これを待機電力（待機時消費電力）といいます。長期間使用しない場合は、コンセントからプラグを抜いておくことをおすすめします。

※（財）省エネルギーセンター「新ライフスタイルチェック25」より

省エネ住宅設備・潜熱回収型省エネガス給湯器・給湯暖房機

エコジョーズ

Q 『エコジョーズ』ってなぁに？

燃焼ガスの熱を再利用して高い熱効率を実現。
潜熱回収型省エネガス給湯器のことです。

Q エコジョーズを取り付けるとどうなるの？

**“上手”にお湯を使って、家中のいろんな快適を実現。
お得に省エネするなら、「エコジョーズ」です。**

利便性

**コンパクトな設計で設置場所にも困りません。
しかもパワフル。**

「エコジョーズ」はベランダやパイプスペースにもコンパクトに収まる設計。マンションの限られたスペースにピッタリ収まり、設置場所に困りません。しかも、高効率でパワフルなガス給湯器。だから、必要なお湯をいつでも使いたいときにすぐ使え、しかも湯切れの心配がありません。

24号の能力があれば同時に使えます。（冬場でも2ヵ所同時使用が可能です）

シャワー

＋

キッチン

＋

サニタリー

経済性

**機器の省エネ効果で、
月々のガス代がお得に。
地球温暖化防止にも役立つ
給湯器です。**

※くわしくは左ページをご覧ください。

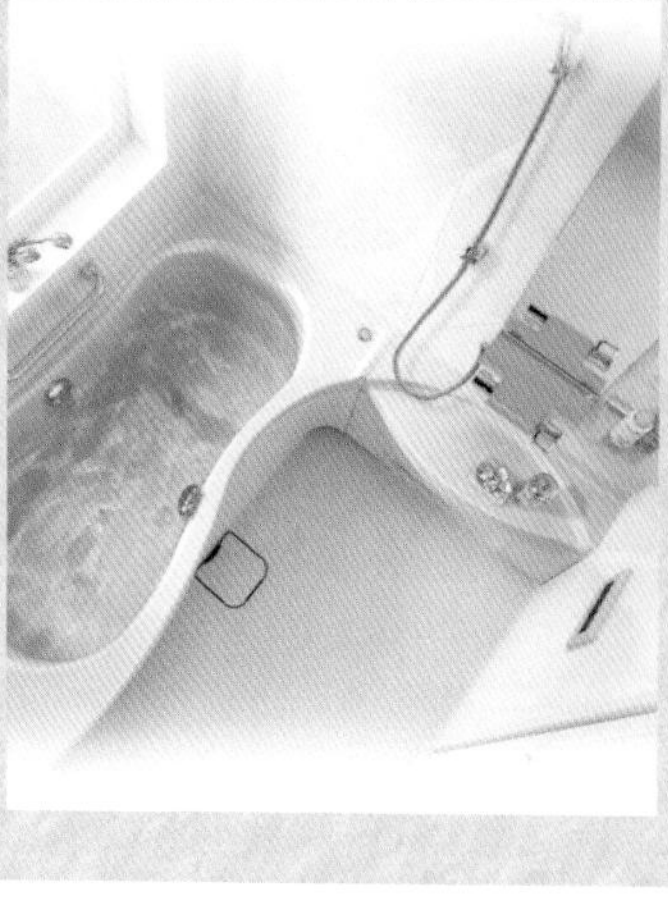

快適性

**お風呂や床暖、ミストサウナまで。
あれこれお湯が使えて快適実現。**

「エコジョーズ」1台で、お風呂の給湯はもちろん、ガス温水床暖房やミストサウナまで、さまざまな用途にお湯が使えます。いつでもすぐにお湯が使えるから、お風呂好きのご家族におすすめです。

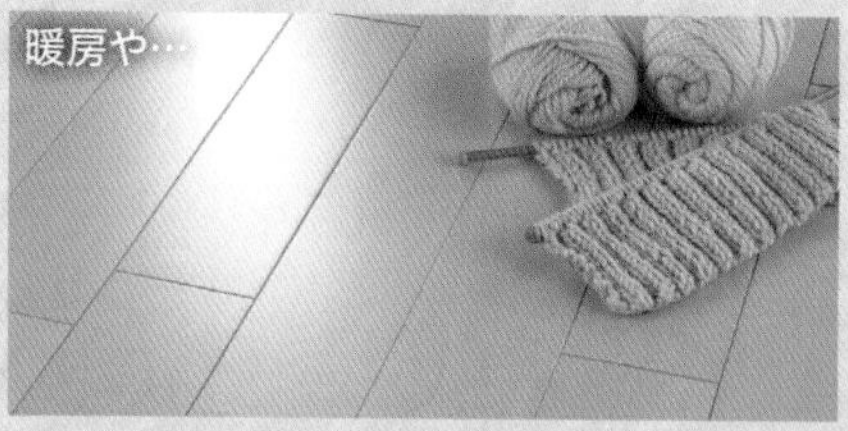

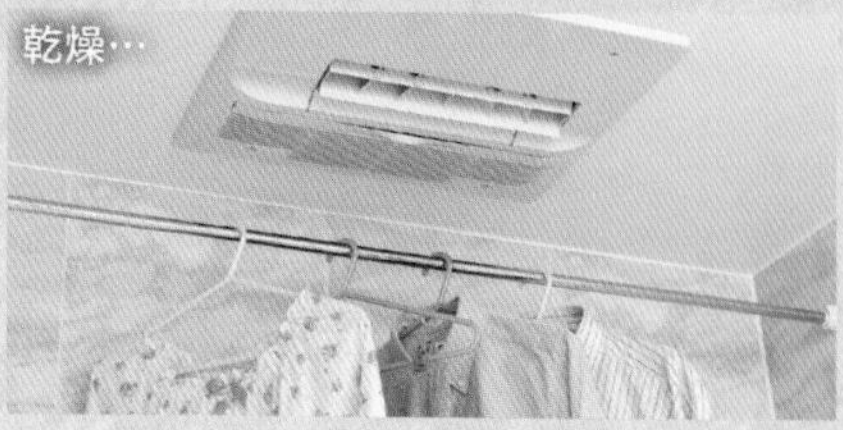

省エネになる原理

燃焼ガスの熱をムダなく利用し、
高効率を実現。

省エネ給湯器エコジョーズは、給湯と暖房に潜熱回収型の熱交換器を用い、従来は捨てていた燃焼ガスの熱までお湯づくりに再利用。給湯効率95%[※1]、暖房効率89%[※2]という高効率を実現しました。省エネルギーだから、光熱費がグンとおトク。CO_2削減、地球温暖化防止にも貢献します。

※1 給湯暖房機24号プリオール･エコジョーズ／ 24号能力時の数値を示します。
※2 給湯暖房機24号プリオール･エコジョーズ／暖房低温時の数値を示します。

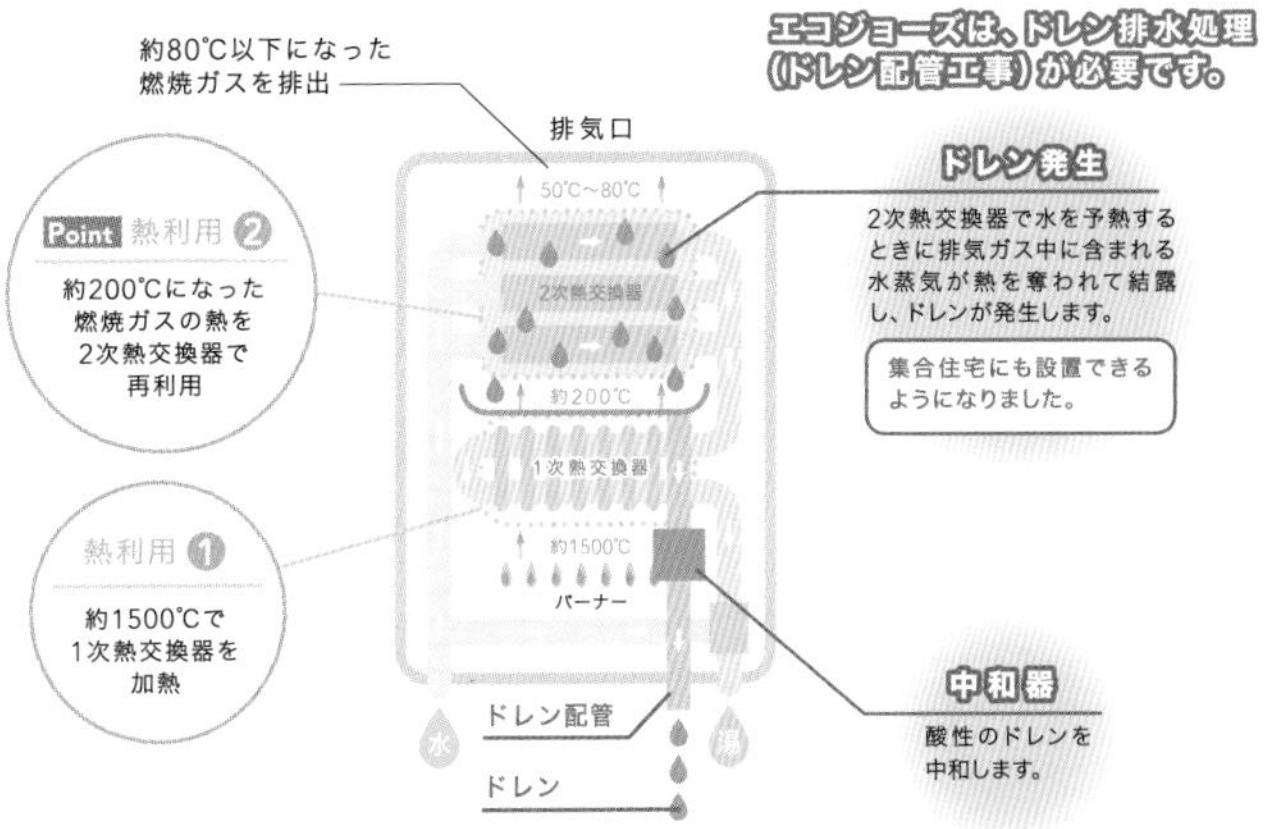

経済効果はどのくらい？

光熱費（ガス代）がお得に。

1. ガス代がお得！

機器の省エネ効果で、給湯の年間ガス量が約16%も減るので、ガス代がお得です。

2.地球温暖化防止に役立つ！

エコジョーズは、出荷台数に合わせて植樹活動を支援する「ブルー &グリーンプロジェクト」の対象商品でもあります。CO_2が「削減でき、地球温暖化防止にも役立ちます。

(http://www.gasdemori.jp)

※BL-bs部品として認定された機種が対象です。

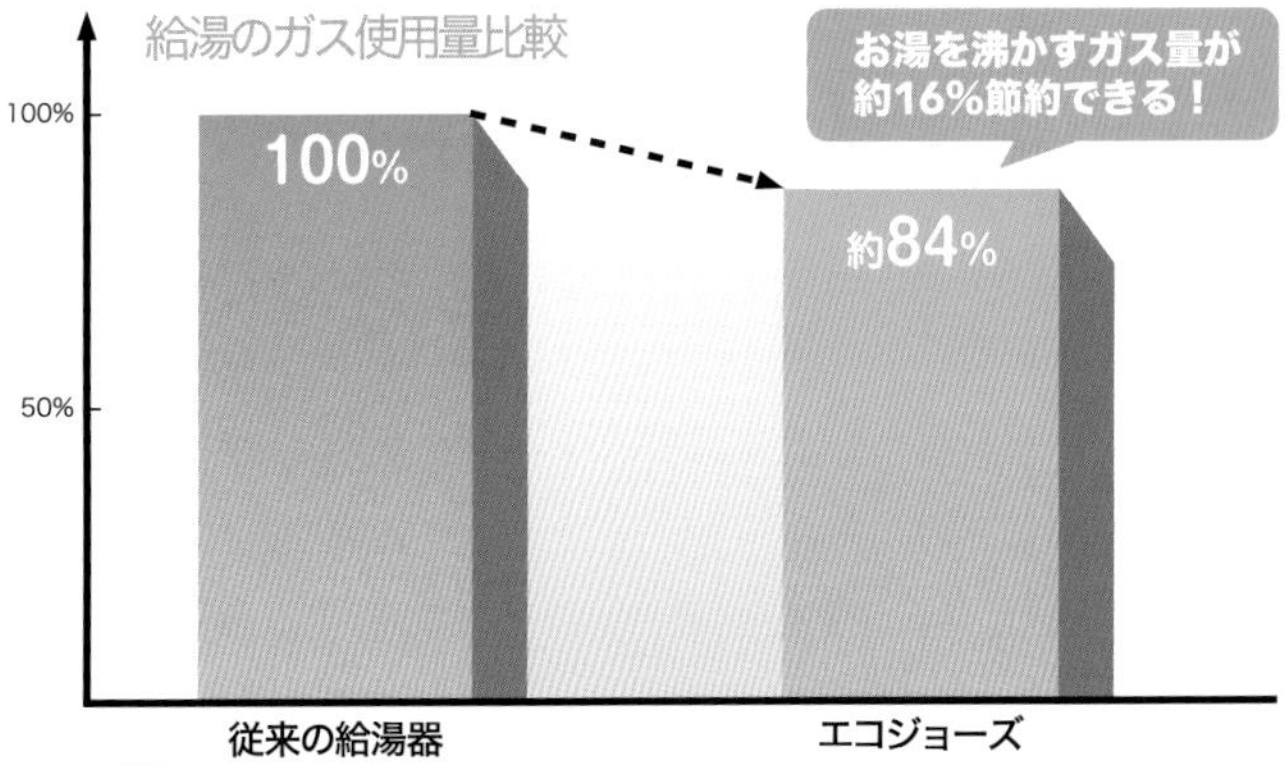

さらに！！ガス料金が安くなる！
ガス会社によっては、エコジョーズにすることで、さらにお得になる料金プランがあります。ご利用のガス会社にお問い合わせください。

「エコジョーズ」を取り付けて、快適生活が始まります。

◉ 導入時の留意点

- 省エネ給湯器「エコジョーズ」は、構造上、2次熱交換機で顕熱および潜熱を回収するため、燃焼時にドレン水が排出されます。そのため、機器からドレン水を排出するための配管が必要となります。(配管方法などについては、施工会社と施工現場に合わせてご検討願います。)
- その他、「エコジョーズ」の排気吹出口周辺条件、排気筒の取り扱い、ガス管の容量など、設置の制約がある場合がありますので、施工現場に合わせて施工会社と十分にご検討願います。

年間 約16%のガス光熱費を節約

※図中の数値は「賃貸･分譲エコ･マンション研究会」で一定条件を前提に試算したもので各社カタログ等の数値と異なる場合があります。実際のエネルギーコストや省エネルギー性は、機器の使い方や生活スタイル、お住まいの地域によって変化します。

省エネ住宅設備・自然冷媒(CO_2)ヒートポンプ給湯機

エコキュート

Q 『エコキュート』ってなぁに?

エコキュートは「空気の熱」を利用してお湯を沸かす、
高効率なヒートポンプ式給湯器です。

Q エコキュートを取り付けるとどうなるの?

**かしこく沸かし、省エネする給湯機です。
お湯切れの心配もありません。**

快適性

給湯圧力を高めたハイパワータイプの機種も増えています。勢いの強い快適シャワー、湯はりの時間短縮はもちろん、手元ストップ機能のシャワーに対応する機種もあります。

節水シャワー

手元止水機能付シャワーヘッド

利便性

エコキュートは、お湯の使用状況を学習し、自動で無駄のない沸き上げ・沸き増しをします。ヒートポンプで運転効率が高く、昼間の沸き増しも省エネです。貯湯タンクに貯めたお湯は、非常時の生活用水としても活用できます。停電時も、給水が確保され、貯湯タンクに残っていれば蛇口やシャワーからお湯を使えます。

経済性

ヒーター式電気温水器の約1/3でお湯が沸く!

エコキュートは湯沸しの光熱費(電気代)を節約することができます。
高効率なヒートポンプによる給湯運転と夜間の割安な電気料金でお湯をわかし、貯湯タンクに貯めたお湯を使用するため、ランニングコストはヒーター式電気温水器の約1/3と大変省エネです。

[薄型タイプ]

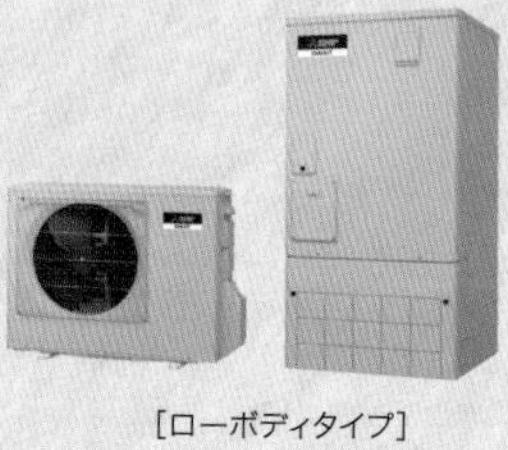
[ローボディタイプ]

[コンパクトタイプ]

省エネになる原理

**空気の熱をかしこく活用し、
省エネと環境性を両立します。**

自然冷媒（CO_2）ヒートポンプ給湯機「エコキュート」は、先進のヒートポンプ技術を利用し、大気中の空気から熱エネルギーをとりだし、お湯のわき上げに利用します。ヒートポンプは、空気の熱を熱交換機で集め、圧縮機で圧縮しさらに高温にして、水に伝えてお湯にするものです。同じ量のお湯を沸かす場合、必要な電気エネルギーは、従来のヒータ式電気温水器の約1/3と高効率。使用する電気エネルギーの約3倍以上の熱エネルギーを得ることができます。

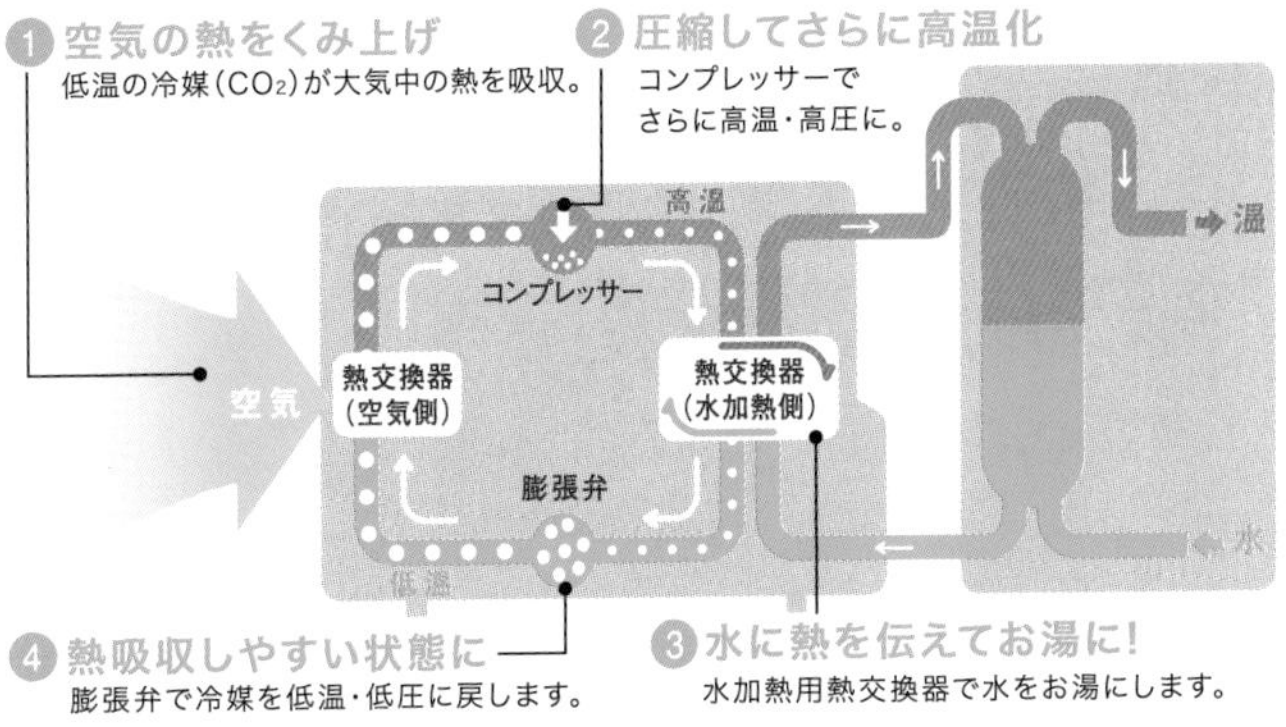

1 空気の熱をくみ上げ
低温の冷媒（CO_2）が大気中の熱を吸収。
2 圧縮してさらに高温化
コンプレッサーで
さらに高温・高圧に。
高温
湯
コンプレッサー
空気
熱交換器
（空気側）
熱交換器
（水加熱側）
膨張弁
低温
水
4 熱吸収しやすい状態に
膨張弁で冷媒を低温・低圧に戻します。
3 水に熱を伝えてお湯に!
水加熱用熱交換器で水をお湯にします。

経済効果はどのくらい?

**光熱費（電気代）がお得。
「エコキュート」なら、ヒーター式の約1/3。**

従来のヒータ式電気温水器からエコキュートへのリニューアルで、給湯に必要な電気代は約1/3となります。

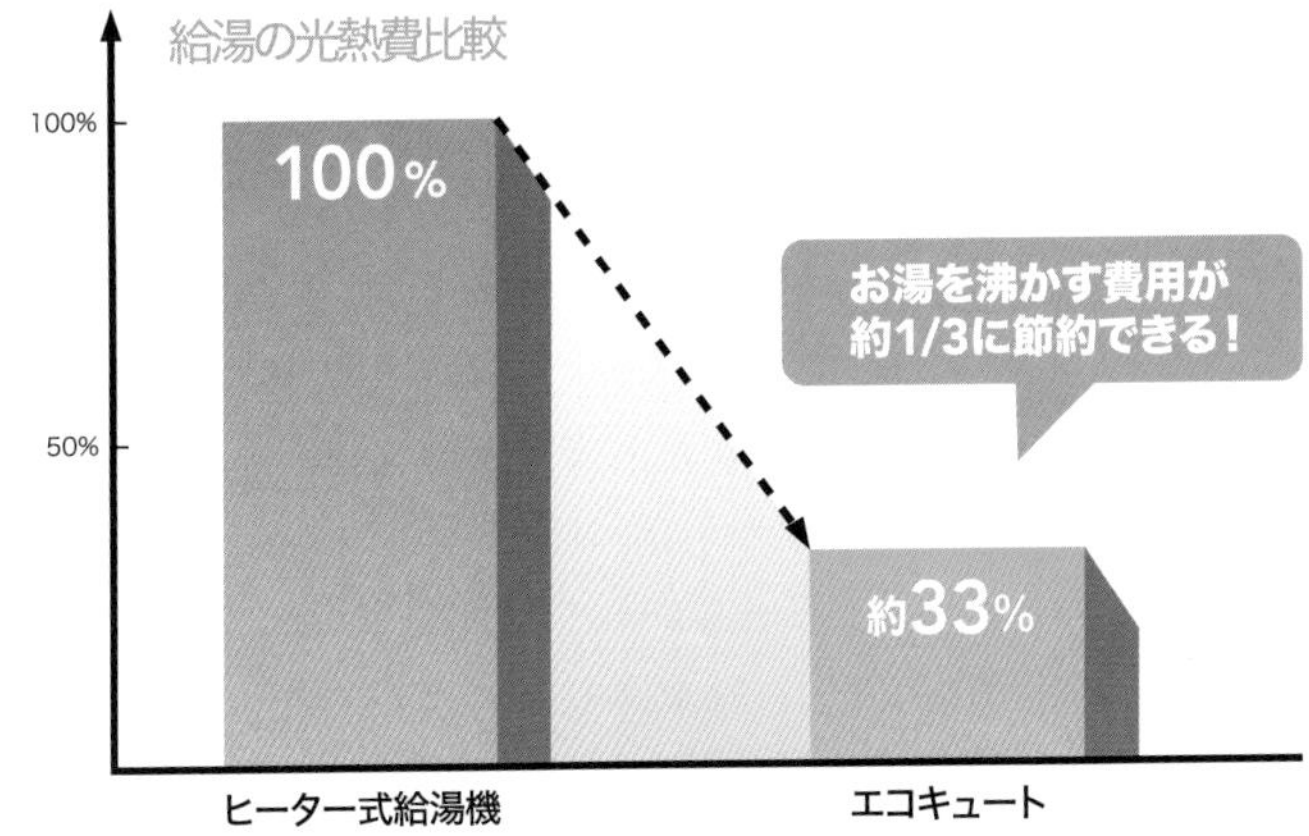

給湯の光熱費比較
100%
50%
100%
お湯を沸かす費用が
約1/3に節約できる!
約33%
ヒーター式給湯機
エコキュート

**「エコキュート」の設置で、
快適生活が始まります。**

約 年間 66% の 電気 光熱費 を節約

※図中の数値は「賃貸・分譲エコ・マンション研究会」で一定条件を前提に試算したもので各社カタログ等の数値と異なる場合があります。実際のエネルギーコストや省エネルギー性は、機器の使い方や生活スタイル、お住まいの地域によって変化します。

◉ 導入時の注意点

**「エコキュート」は、貯湯タンクの設置スペース、
重量を考慮した建築設計計画が必要です。**

- 貯湯タンクの設置面積、および満タン貯湯時の重量（370Lタイプで約450kg）に耐える建築構造強度が必要です。（建築設計側との確認が必要です）
- 貯湯タンクおよびヒートポンプユニットの設置にはメンテナンススペースが必要です。
- その他、貯湯タンクユニットとヒートポンプユニットの間の距離、お風呂など給湯先との距離などに施工上の制約がありますので、施工現場に合わせて施工会社と計画段階からの十分な検討が必要です。
- ヒートポンプユニットは熱交換器の通風を妨げないよう、障害物を避け設置制約に従って設置してください。

省エネ住宅設備・高効率エアコン改修

エアコン

Q『高効率エアコン』ってなぁに？

最新のエアコンは機器性能が大幅アップ。
少ない消費電力で大きな冷暖房能力を発揮します。

Q 高効率エアコンを取り付けるとどうなるの？

部屋のさまざまな部分をセンサーでキャッチして
ムダな暖めすぎ・冷えすぎを抑えて大幅に省エネ。

快適性

更なる快適性と省エネのためにエアコンは進化しています。風で涼む・風だけ爽風運転、天井にたまった熱のサーキュレーション運転など、省エネ・快適運転が充実しています。リモコン操作も快適をセレクトするボタン、省エネ設定できるボタンなど、快適と省エネを両立するコントロールを楽らく実現します。

利便性

最新のエアコンは、床、壁、天井など、お部屋全体をセンサーで見はって、最適な運転コントロールをする機種が増えてきました。さらに、お部屋の温度だけでなく、部屋の間取り、窓からの日射、生活している人の状態までセンサーがキャッチ。運転の無駄を最終減に、省エネ運転を実現します。

経済性

最新エアコンは10年前に比べて消費電力を約7%削減。

リニューアル対象となる10年程前の旧型エアコンに比較し、最新の高効率エアコンは運転効率が大きく向上。センサーや気流制御を用いて体感温度を維持しながら、設定温度を調整したり、必要なエリアのみ冷暖房することで、省エネ効果を高める機能を持つ機種が増えています。フィルターが汚れると運転効率が下がり電気代がかかります。自動フィルター清掃で、手間なく省エネできる機種もあります。

省エネになる原理

大気の熱をかしこく活用し、
運転効率が約2倍。

すばやく冷暖房したい運転開始時には最大能力、部屋が快適温度になったら小さな運転で最適運転を実現するインバーター制御。圧縮機を動かすモーターの効率アップ。冷暖房した温度を部屋に放出する熱交換器の拡大化など、さまざまな技術で運転効率を高めて省エネを図っています。

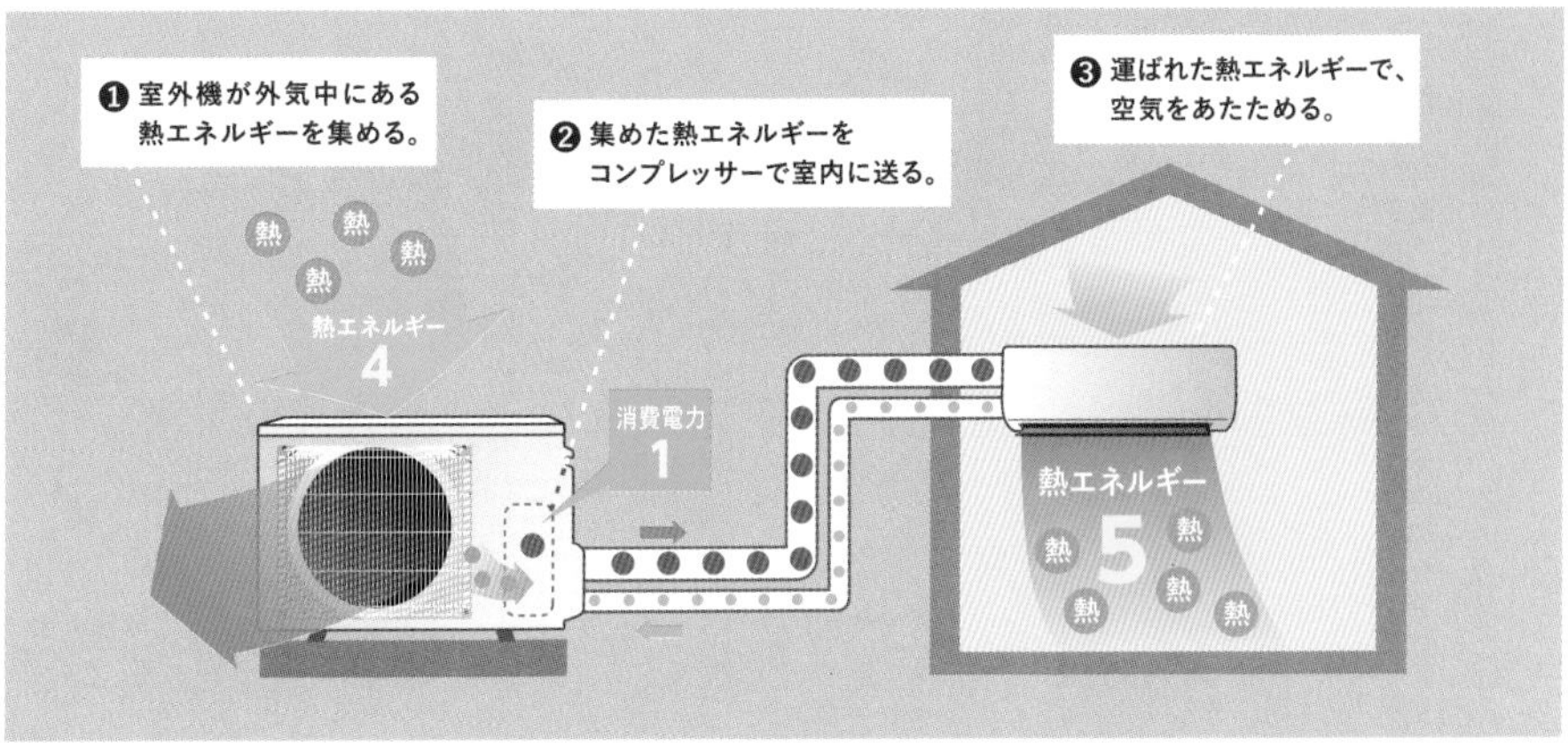

❶室外機が外気中にある熱エネルギーを集める。
❷集めた熱エネルギーをコンプレッサーで室内に送る。
❸運ばれた熱エネルギーで、空気をあたためる。
熱
熱エネルギー
4
消費電力
1
熱エネルギー
5

経済効果はどのくらい?

電気代も約7%削減。
設定温度の工夫などでさらに省エネ効果が。

古いエアコンのリニューアルで、期間消費電力量が約7%削減。この削減分を電気代に換算すると約1,780円の節約になります。(資源エネルギー庁「省エネ性能カタログ2017年夏版」より、冷房能力2.8kWエアコンの期間消費電力量の平均値を比較。)

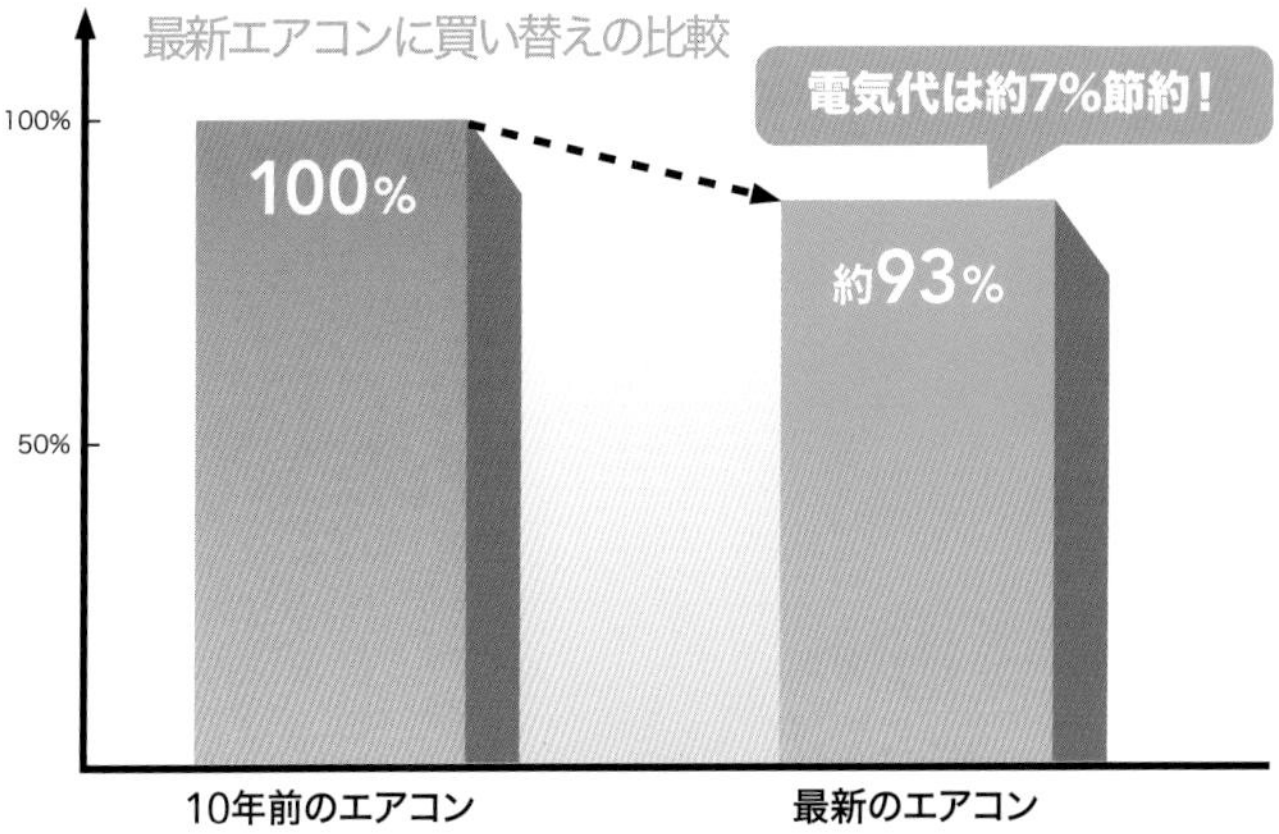

最新エアコンに買い替えの比較
電気代は約7%節約!
100%
50%
100%
約93%
10年前のエアコン
最新のエアコン

エアコンの買い換えで、省エネ、
さらに快適生活が始まります。

◉ 導入時の注意点

- 最新エアコンは大型化しています。(機種により)設置スペースを必ず確認してください。
- 省エネには設置する部屋に合った能力の機種を選ぶことがポイント。部屋の広さや窓の大きさ・方角など、購入時に相談するとよいでしょう。
- 寒冷地域では暖房能力が不足することがありますので、低温時（2℃）の暖房能力にも注意が必要。寒冷地での使用に適した機種もあります。

年間 約7%の電気 光熱費を節約

※図中の数値は資源エネルギー庁「省エネ性能カタログ」を参考に算出したもので各社カタログ等の数値と異なる場合があります。実際のエネルギーコストや省エネルギー性は、機器の使い方や生活スタイル、お住まいの地域によって変化します。

専有部分【区分所有者負担部分】

省エネ住宅設備・快適ガス温水床暖房改修

ガス温水床暖房

Q 『ガス温水床暖房』ってなぁに？

ガスによって暖められた温水の熱を使う床暖房のことです。
温風暖房より低い温度で、高い快適性を得ることができます。

Q ガス温水床暖房を取り付けるとどうなるの？

**“上手”にお湯を使って、
家中のいろんな快適を実現。**

利便性

マンションの床暖房「温水マット」なら、釘打ち不要なので、フローリングの板目方向を気にしないフリーなプランが実現します。また、走り回る足音など、階下へ響く音がほとんど気にならない防音性を持つタイプもあります。

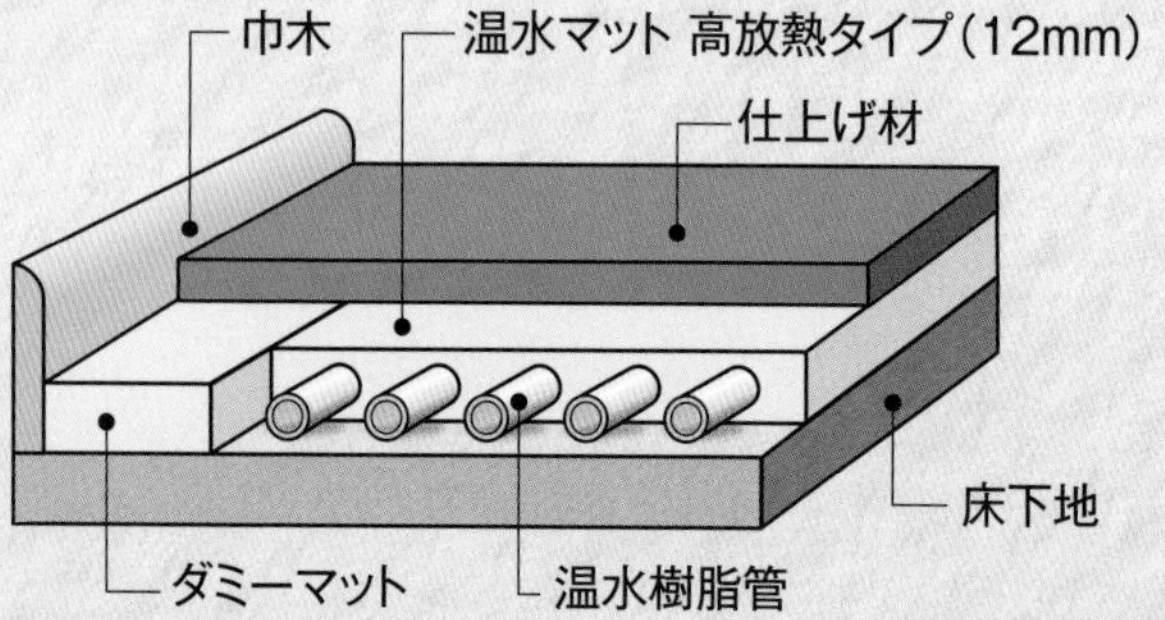

巾木
温水マット 高放熱タイプ（12mm）
仕上げ材
床下地
ダミーマット
温水樹脂管

経済性

**エコジョーズとの組み合わせで
ガス代がお得。**

床暖房は均一な室内温度と輻射熱により身体を暖めるため、低めの室温でも満足感が得られます。暖房熱効率の高いエコジョーズの省エネ効果と組み合わせると、暖房の年間ガス量が約26％減るので、ガス代がお得です！

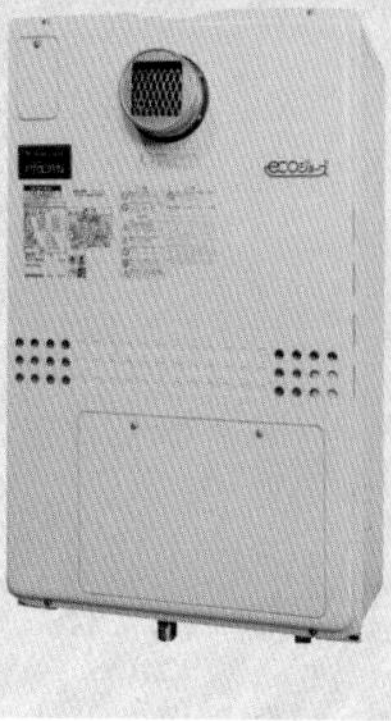

快適性

**床面からのふくしゃ熱で
体の芯から暖まります。**

床暖房は、足もとから暖める輻射効果によって、温風暖房より低い温度で、つまり、少ないエネルギーで高い快適性が得られます。頭寒足熱で不快な風もなく、ホコリも巻き上げません。ハウスダストを抑え、お掃除もらくらくです。

■室内での温度分布

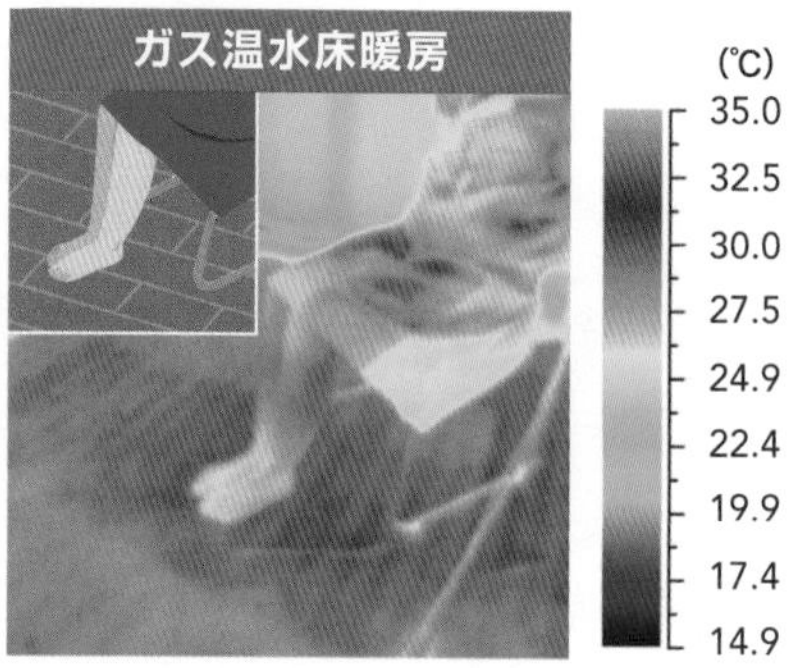

ガス温水床暖房
（℃）
35.0
32.5
30.0
27.5
24.9
22.4
19.9
17.4
14.9

1時間後のサーモグラフィ

《条件》
- ●人体表面をサーモビューアで測定
- ●室温が定常状態で入室　※室温22℃相当
  入室1時間後の状態を測定
  （大阪ガス実測値）

省エネになる原理

エコジョーズとの組み合わせでさらに省エネ。

瞬間式の潜熱回収型省エネガス給湯暖房機エコジョーズは、燃焼ガスの熱までムダなくお湯作りに利用。ガスを上手に使い、省エネルギーなので、光熱費がグンとおトクになります。さらに、床暖房はファンコンベクターより低温度。つまりより少ないエネルギーで足もとが快適に。断熱性の高い部屋でご使用いただくことで高い省エネ効果が得られます。

■ムラなく暖まるひみつ

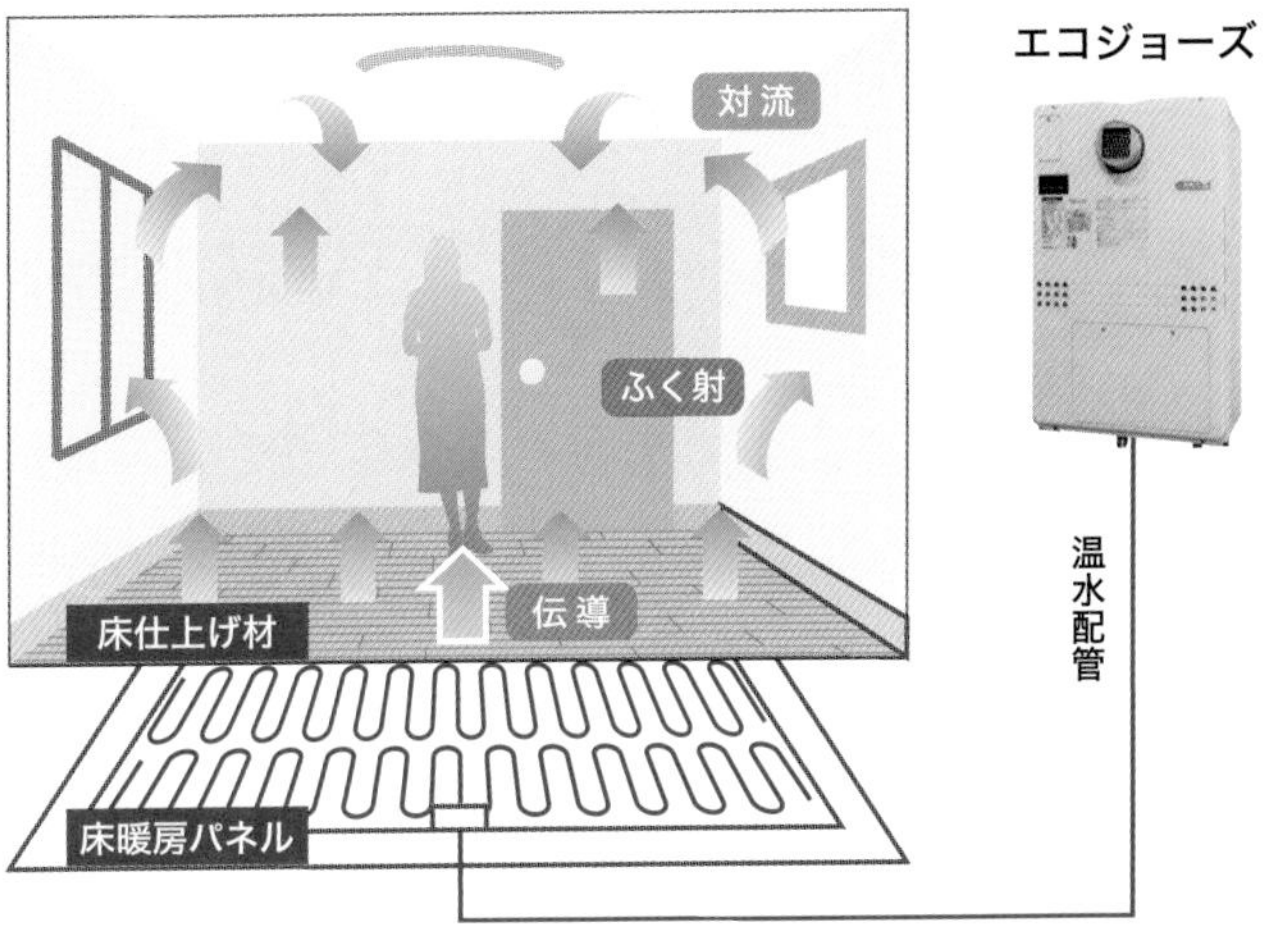
エコジョーズ
対流
ふく射
伝導
床仕上げ材
床暖房パネル
温水配管

経済効果はどのくらい？

光熱費（ガス代）がお得に。

1．ガス代がお得！

機器の省エネ効果で、暖房の年間ガス量が約26%も減るので、ガス代がお得です。

※上記の試算は、エコジョーズによる熱効率のアップ分に加え、床暖房はファンコンベクターより低い温度設定でも同じ体感温度を得られる可能性があり、温度設定を4℃下げられるとして計算しています。なお温度設定を下げられる効果については1℃であるという意見もあり、その場合の試算は約10%減となります。

2．地球温暖化防止に役立つ！

省エネガス給湯器エコジョーズとの組み合わせで、CO_2も削減でき、地球温暖化防止にも役立ちます。

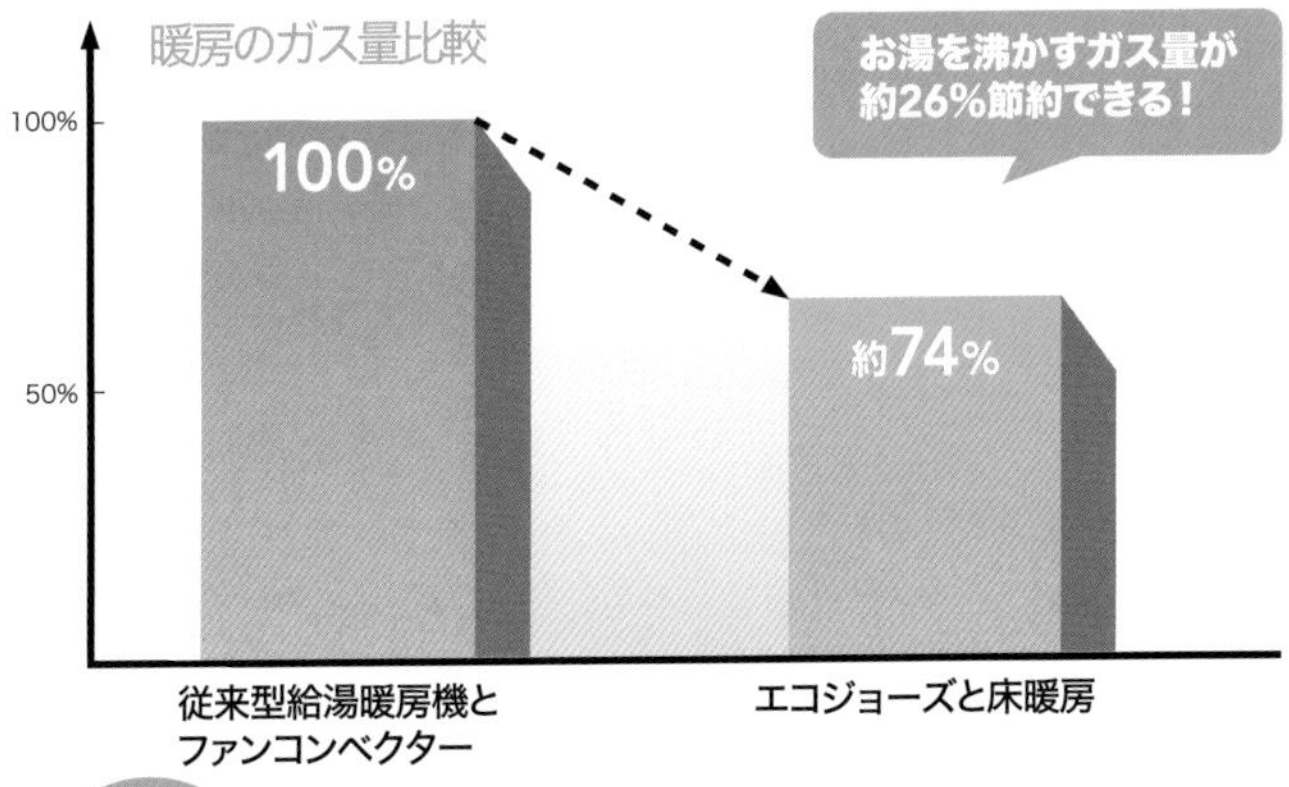
暖房のガス量比較
お湯を沸かすガス量が
約26%節約できる！
100%
50%
100%
約74%
従来型給湯暖房機と
ファンコンベクター
エコジョーズと床暖房

さらに!! ガス料金が安くなる！　ガス会社によっては、エコジョーズとガス温水床暖房と組み合わせることにより、さらにお得になる料金プランがあります。ご利用のガス会社にお問い合わせください。

ガス温水床暖房で空気も汚れず、快適生活が始まります。

年間 約26%の ガス光熱費を節約

※図中の数値は「賃貸・分譲エコ・マンション研究会」で一定条件を前提に試算したもので各社カタログ等の数値と異なる場合があります。実際のエネルギーコストや省エネルギー性は、機器の使い方や生活スタイル、お住まいの地域によって変化します。

◉ 導入時の留意点

- 省エネ給湯器「エコジョーズ」は、構造上、2次熱交換機で顕熱および潜熱を回収するため、燃焼時に最大80ml/分～100ml/分程度のドレン水が排出されます。そのため、機器からドレン水を排出するための配管が必要となります。（配管方法などについては、施工現場に合わせて施工会社と十分にご検討願います。）
- その他、「エコジョーズ」の排気吹出口周辺条件、排気筒の取り扱い、ガス管の容量など、施工上の制約がある場合がありますので、施工現場に合わせて施工会社と十分にご検討願います。
- マンション用のフローリングの場合、防音性能を確保するため、戸建住宅用と比較して柔らかめの足触りとなります。ショールームなどで足触り感をご確認の上お求めください。
- その他、床暖房へ接続する温水配管の施工に制約がある場合がありますので、施工現場に合わせて施工会社と十分にご検討願います。

省エネ住宅設備・ヒートポンプ式温水暖房システム

ヒートポンプ式温水床暖房

Q 『ヒートポンプ式温水床暖房』ってなぁに？

大気熱を効率よく利用して温水をつくり床暖房に利用。
マイルドな温水で、お部屋まるごと気持ち良い温かさです。

Q ヒートポンプ式温水床暖房を取り付けるとどうなるの？

お部屋まるごと、気持ち良いあたたかさ。
空気を汚さず、乾燥も少なく、とってもお得！

快適性

床からの輻射熱と熱伝導で足元を暖め、のぼせも少ない暖房です。室内の温度ムラが少なく、室内を均一に暖めます。ヒートポンプでつくる温水は50 ～ 60度で、床温度の変化が少ないワンランク上の気持ちよさ。燃焼や排気、温風もないので、室内の空気を汚さず、ホコリを舞い上げることもなく清潔です。

経済性

空気の熱を利用するので
ランニングコストがとってもお得！

暖房用の温水を作るエネルギーのうち、1/2 ～ 2/3を大気の熱でまかなうヒートポンプ式熱源機を採用しているので、省エネに運転できます。室外機ユニットもコンパクトなので、スペースが限られたマンションベランダにも設置が可能です。

利便性

60畳の広さにも対応する機種もあり、放熱部が床に敷込みで室内に機器が露出せず、インテリア性を損ないません。燃料切れもなく、リモコンで生活パターンにあわせた運転設定が可能です。床暖房パネル以外に、パネルヒーターなども設定ができます。
※放熱性能が不足する場合は不可。

床暖房でお得に
省エネするなら、
「ヒートポンプ式」です

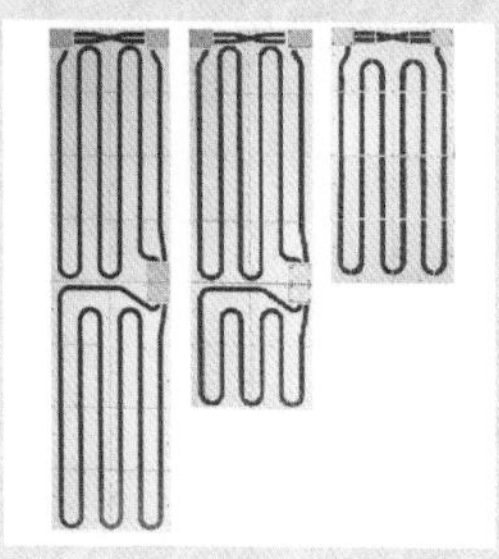

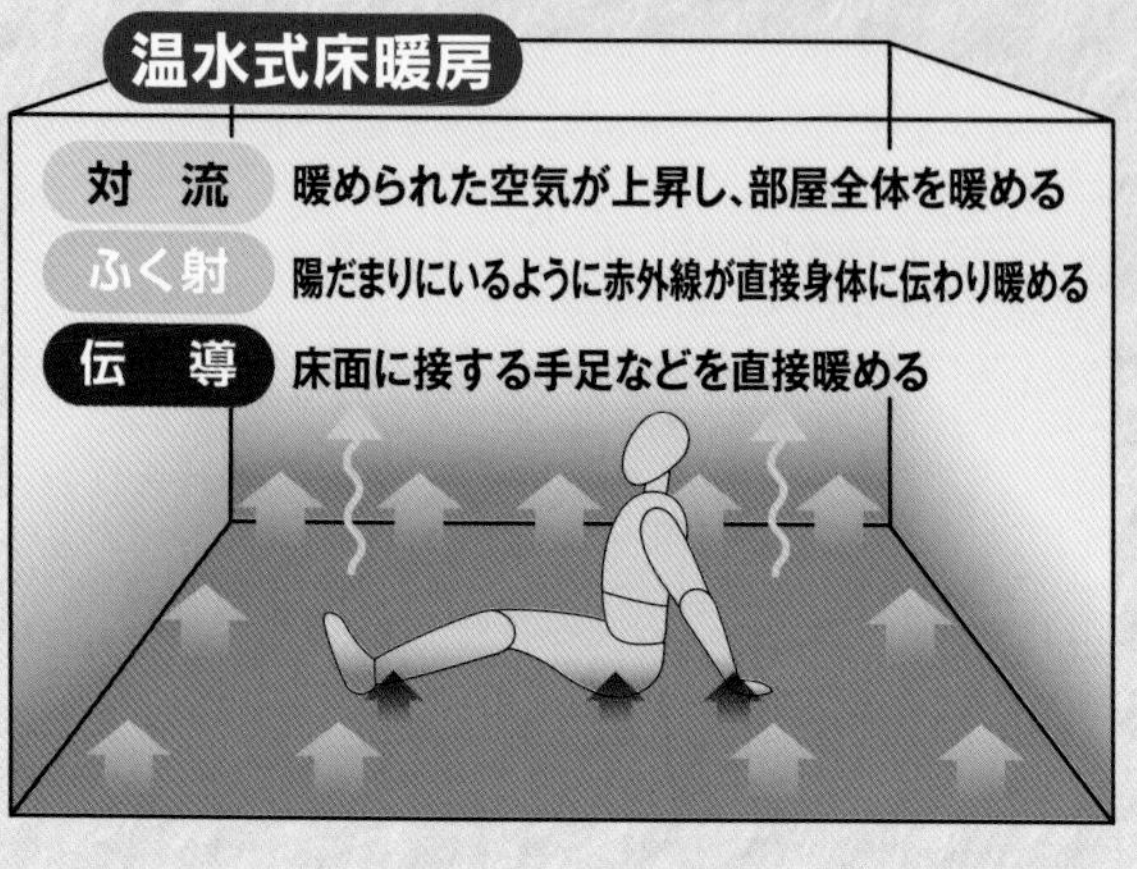
温水式床暖房
対流
暖められた空気が上昇し、部屋全体を暖める
ふく射
陽だまりにいるように赤外線が直接身体に伝わり暖める
伝導
床面に接する手足などを直接暖める

省エネになる原理

光熱費が安くなる仕組みは、
大気の熱を集めて使うヒートポンプ方式だから。

ヒートポンプ方式は大気の熱エネルギーを集めて圧縮して高温をつくります。使用する電気エネルギーの2～3倍の熱エネルギーを使用できます。大気の熱でつくった高温の熱をお湯に移して、部屋に設置した床暖房パネルで、部屋中をあたためます。温水暖房はお部屋の温度をおさえめにしても十分な快適さが得られる効率のよい暖房方式です。ヒートポンプ方式の効率の良さとあわせて、光熱費削減にも効果があります。

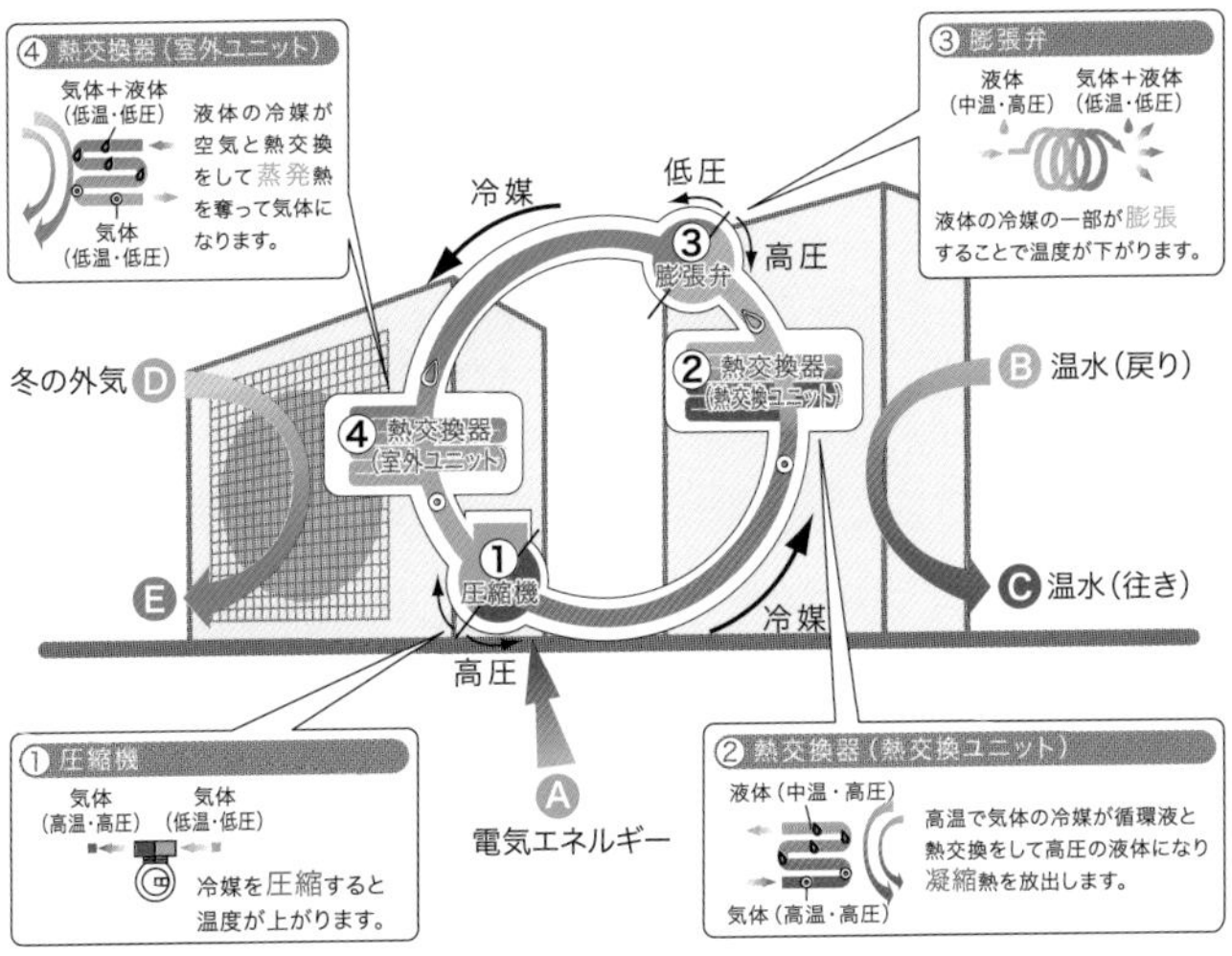

④ 熱交換器（室外ユニット）
気体＋液体（低温・低圧）
気体（低温・低圧）
液体の冷媒が空気と熱交換をして蒸発熱を奪って気体になります。
③ 膨張弁
液体（中温・高圧）
気体＋液体（低温・低圧）
液体の冷媒の一部が膨張することで温度が下がります。
冷媒
低圧
高圧
③ 膨張弁
② 熱交換器（熱交換ユニット）
④ 熱交換器（室外ユニット）
① 圧縮機
冬の外気 D
B 温水（戻り）
C 温水（往き）
E
冷媒
高圧
A 電気エネルギー
① 圧縮機
気体（高温・高圧）
気体（低温・低圧）
冷媒を圧縮すると温度が上がります。
② 熱交換器（熱交換ユニット）
液体（中温・高圧）
気体（高温・高圧）
高温で気体の冷媒が循環液と熱交換をして高圧の液体になり凝縮熱を放出します。

経済効果はどのくらい？

ランニングコスト削減額は
1/3以下の経済性。

電気ストーブなどのヒーター型の暖房機器に比較して、ヒートポンプ方式は1/2 ～ 1/3の電気エネルギーで暖房することができる高効率なシステムで、ランニングコストの低減に役立ちます。温水床暖房は電気ストーブなどと比較して低い室温設定でも同等の体感温度を得られる可能性があり、さらに効率のよい暖房運転ができます

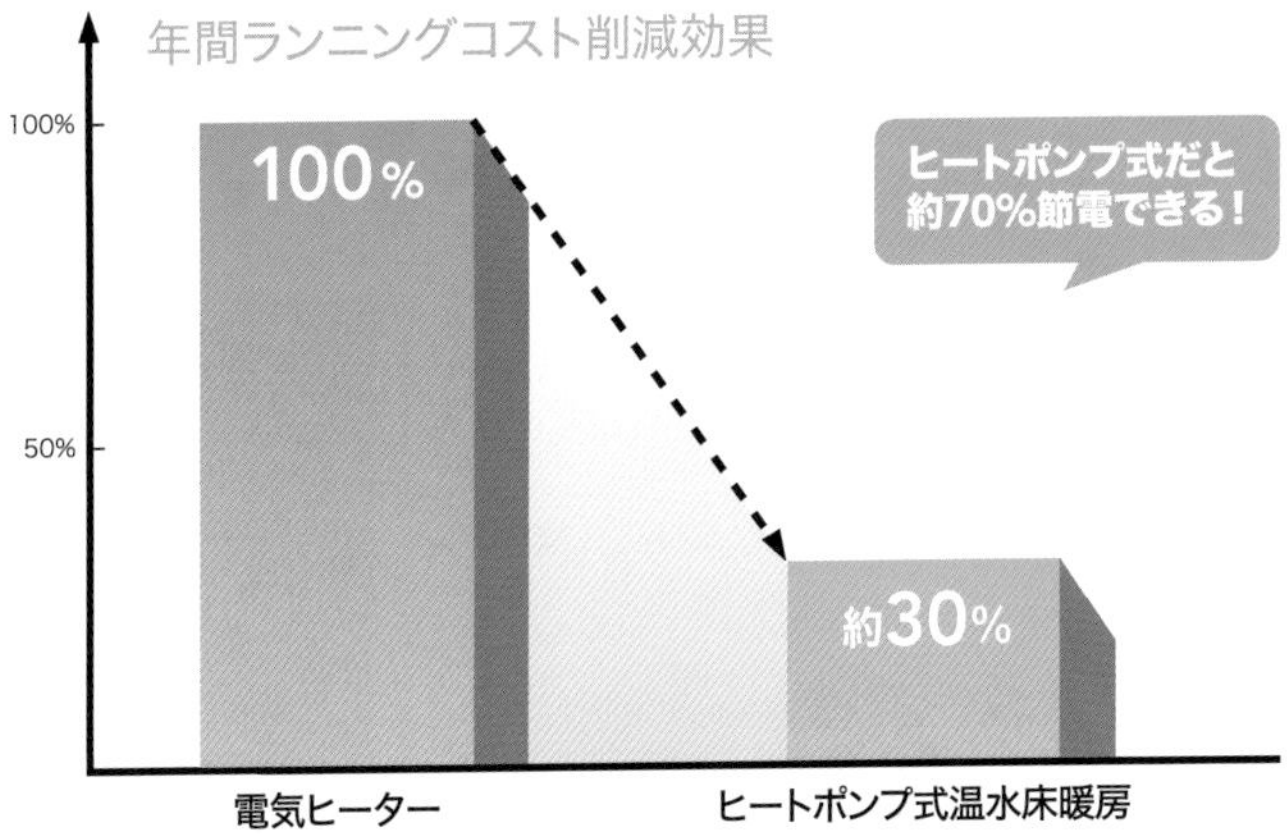

年間ランニングコスト削減効果
100%
50%
100%
約30%
ヒートポンプ式だと約70%節電できる！
電気ヒーター
ヒートポンプ式温水床暖房

ヒートポンプ式温水床暖房機改修で、快適生活が始まります。

年間 約70%の電気光熱費を節約

※図中の数値は電気ストーブから更新したものです。「省エネ・防犯住宅推進アプローチブック」で一定条件（設定温度24℃）を前提に試算したもので各社カタログ等の数値と異なる場合があります。実際のエネルギーコストや省エネルギー性は、機器の使い方や生活スタイル、お住まいの地域によって変化します。

◉ 導入時の注意点

快適・省エネのバランスが良い「ヒートポンプ式温水床暖房」を設置するには、居住地域（外気温の寒暖）、住宅の性能、お客様の要望に適合したシステム設計が必要です。

- 設置する地域の確認。ヒートポンプ性能発揮のため、平年の外気温度が規定より下がらないこと。
- 対象住宅性能の確認。次世代省エネルギー基準レベルの断熱性能、機密性能を持つ住宅が推奨。住宅の設損失係数:Q値(W/m2・K)などを確認。
- 温水配管や床暖房パネルの設置のための「間取り、梁、床下」など、建物状況を確認。
- 設計・導入にあたっては、施工現場の状況により、設置の可否も含め、メーカー、施工会社との十分な検討が必要となります。

食器洗い乾燥機

Q 『食器洗い乾燥機』ってなぁに？

高温のお湯、強い噴射力で、洗浄・乾燥します。
セットしておけば外出中でもOK。除菌効果も高まります。

Q 食器洗い乾燥機を取り付けるとどうなるの？

手洗いより、手間なし、きれい、節水・節約。
食器洗いから乾燥まで、おまかせで省エネです。

快適性

食後の後片付けは時間がかかります。食器かごに食器をセットするだけで、洗浄から乾燥までお任せ、手間がかかりません。食後にゆっくり家族で団欒・ゆとりを楽しむことができます。気になる包丁やまな板、料理道具なども手洗いより高温のお湯で洗え、ふきんを使わず乾燥するので清潔です。

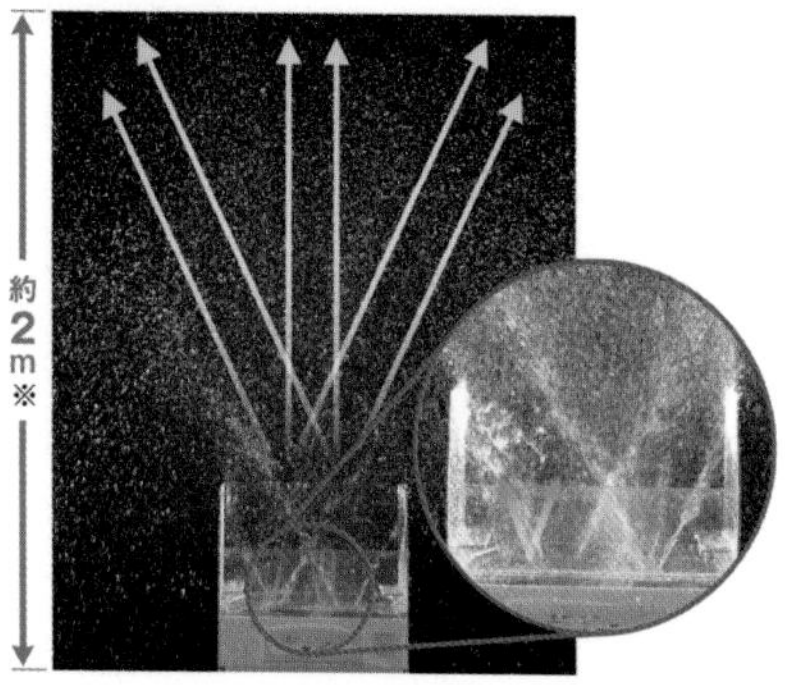

※60Hz時

写真は実験用モデルによるイメージです。

利便性

食器洗い乾燥機は、手洗いより高温のお湯で洗えますから、落ちにくい油汚れなどもすっきり洗うことができます。お湯を吹き付ける噴射洗浄ですので、下ろし金、すり鉢、金ざるなど今まで手で洗いにくかった調理器具にも便利です。そのうえ、手洗いよりも経済的でお得です。

経済性

手洗いの約1/5。まとめ洗い、前処理などで、さらに省エネに。

一般家庭の水道蛇口は、1分間で約12リットルの水が流れます。洗いとすすぎで約5分間水を流すと、65L（2リットルのペットボトル約30本）程度。資源エネルギー庁の試算では、食器40点の手洗いで約81リットルの水を使用することになりますが、食器洗い乾燥機は同程度の食器を約14.8リットルで洗浄。わずか1/5程度の水しか使いません。さらに、まとめ洗い（決められた食器点数以下なら一度に洗う量が多いほど節水・節約）や、前処理（つけ置きや下洗いで、残渣、こびり付きを事前に落とす）も効果的。

省エネになる原理

わずかな水を循環させて洗うので節水に。

ほとんどの食器洗い乾燥機は、庫内に貯めた水（湯）を循環させて洗う方式ですので、手洗いより少量の水で「洗い」から「すすぎ」まででき、1回の運転は約10リットルの水で可能です。※使用する水は手洗いと比べ約1/5程度です。
その分、下水に流す水も削減でき環境負荷が減らせます。

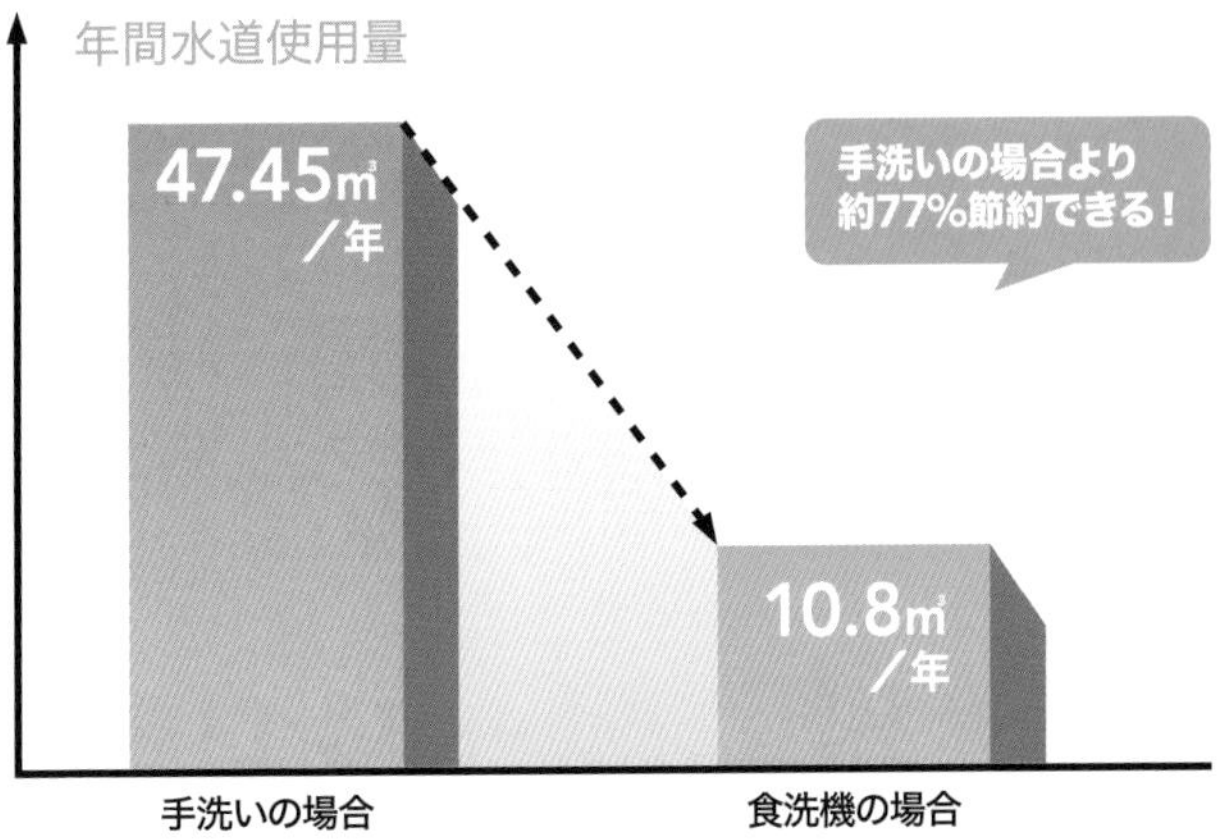

年間水道使用量
47.45㎥／年
手洗いの場合より約77%節約できる！
10.8㎥／年
手洗いの場合
食洗機の場合

経済効果はどのくらい？

1回あたり約20円。年間約8,870円も節約。

食器洗い乾燥機は、使用する水の量が削減されるため水道料金も大きく削減できます。加熱したお湯を無駄にしない「ため洗浄、ためすすぎ」方式なので、加熱する水も3リットル程度と少なく、お湯を無駄にせず、電気料金も抑えます。

※一般財団法人省エネルギーセンターの実測値より

まとめ洗いと温度調節がポイント。

●手洗いの場合

年間でガス	81.62 ㎥使用	年間で約25,510円
年間で水道	47.45 ㎥使用	

●食器洗い乾燥機の場合

年間で電気	525.20 kWh使用	年間で約16,640円
年間で水道	10.80 ㎥使用	

食器洗い乾燥機の設置で、快適生活が始まります。

年間 約35%の水道光熱費を節約

※図中の数値は「省エネ・防犯住宅推進アプローチブック」で一定条件を前提に試算したもので各社カタログ等の数値と異なる場合があります。
実際のエネルギーコストや省エネルギー性は、機器の使い方や生活スタイル、お住まいの地域によって変化します。

◉ 導入時の注意点

長期使用製品安全点検制度・長期使用製品安全表示制度について

- ●長期間使用による経年劣化での重大事故の未然防止のため、点検その他の保守を最適に支援する制度。
- ●経年劣化のリスクを注意喚起する表示で、使う方に適切な行動を促す制度が、平成21年4月1日より施行されています。
- ●食器洗い乾燥機のうち「ビルトイン式電気食器洗機」は当制度に該当します。
- ●設置にあたっては、お客様への制度説明や、お客様からの情報提供など、ご対応いただく要件がございます。
- ●詳細は、据付説明書の「特定諸種製品に関するお願い」をご覧いただくか、メーカーへお問合せください。

省エネ住宅設備・安心・便利センサー付高効率ガスコンロ改修

Siセンサーコンロ

Q 『Siセンサーコンロ』ってなぁに？

全てのバーナーに安心・便利なセンサーを搭載した新基準のガスコンロです。
炙る、焼く、炒める、煮るはもちろん、省エネ性も高く、お手入れも簡単。

Q Siセンサーコンロを取り付けるとどうなるの？

安全性の向上とともにタイマーや温度キープなど便利な機能が充実。お台所のリフォームをお考えの方に断然オススメです。

快適性

炎の調節は自由自在。お手入れも簡単です。

Siセンサーコンロは、強火から超トロ火まで料理に合わせて炎を自在にコントロールできます。五徳を外すとトッププレートがフラットになり、お手入れのしやすさがアップ。グリルも分解して水洗いできるので、丸ごと水洗いOK。

お手入れカンタン

強火

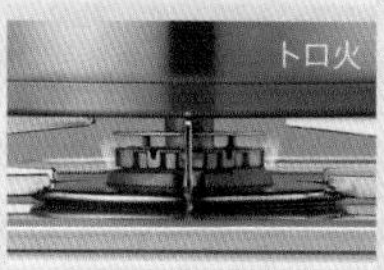
トロ火

グリル分解

利便性

パワフルな炎でおいしさUP。たくさんの料理も一気に仕上げます。

全てのバーナーに搭載されたかしこいセンサーが、安心・安全はもちろん、炎を無駄なく自動的にコントロール。便利機能も充実し、火力加減がむずかしい焼きものや、ふっくらおいしいごはんの火加減や加熱時間も、スイッチひとつで、手間なく美味しく仕上げます。

安全性

全バーナーにセンサーを標準装備

炎の立消えや、鍋底の温度、炎の燃焼時間を検知する頼れるセンサーが全てのバーナーに標準装備。安全性を高めています。

［全機種搭載の安心安全機能］

立消え安全装置	天ぷら油過熱防止
炎の立消えを検知して、ガスを止めます。	油温を検知し、火力を調節して発火を防ぎます。
消し忘れ消火	**焦げつき自動消火**
万一、消し忘れたときは、自動的に消火します。	料理の焦げつきを初期段階で検知し、消火します。

温度センサー
鍋底に直接触れて鍋の温度をタイムリーに検知します。
立消え防止センサー
炎の立消えを検知するとガスをストップさせます。

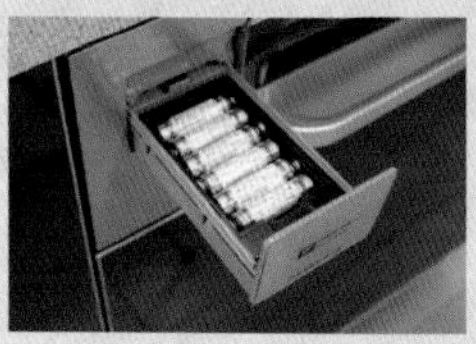

■停電時でも使用できます

Siセンサーコンロはほとんどが電池式。100V電源が必要な機種も「停電時バックアップ機能」搭載で停電の時も安心して使用できます。

※機種により異なりますが、約10時間の使用が可能です。

省エネになる原理

高効率バーナーでガス代がお得に。

バーナーなどの改良により更なる高効率化を実現しています。高効率の最新バーナーは、鍋底に炎をムラなく、ムダなく当て、鍋肌まで一気に加熱できるためエネルギー消費効率が高まり、省エネ性がアップしています。

グリルも最初から
高温で一気に加熱。

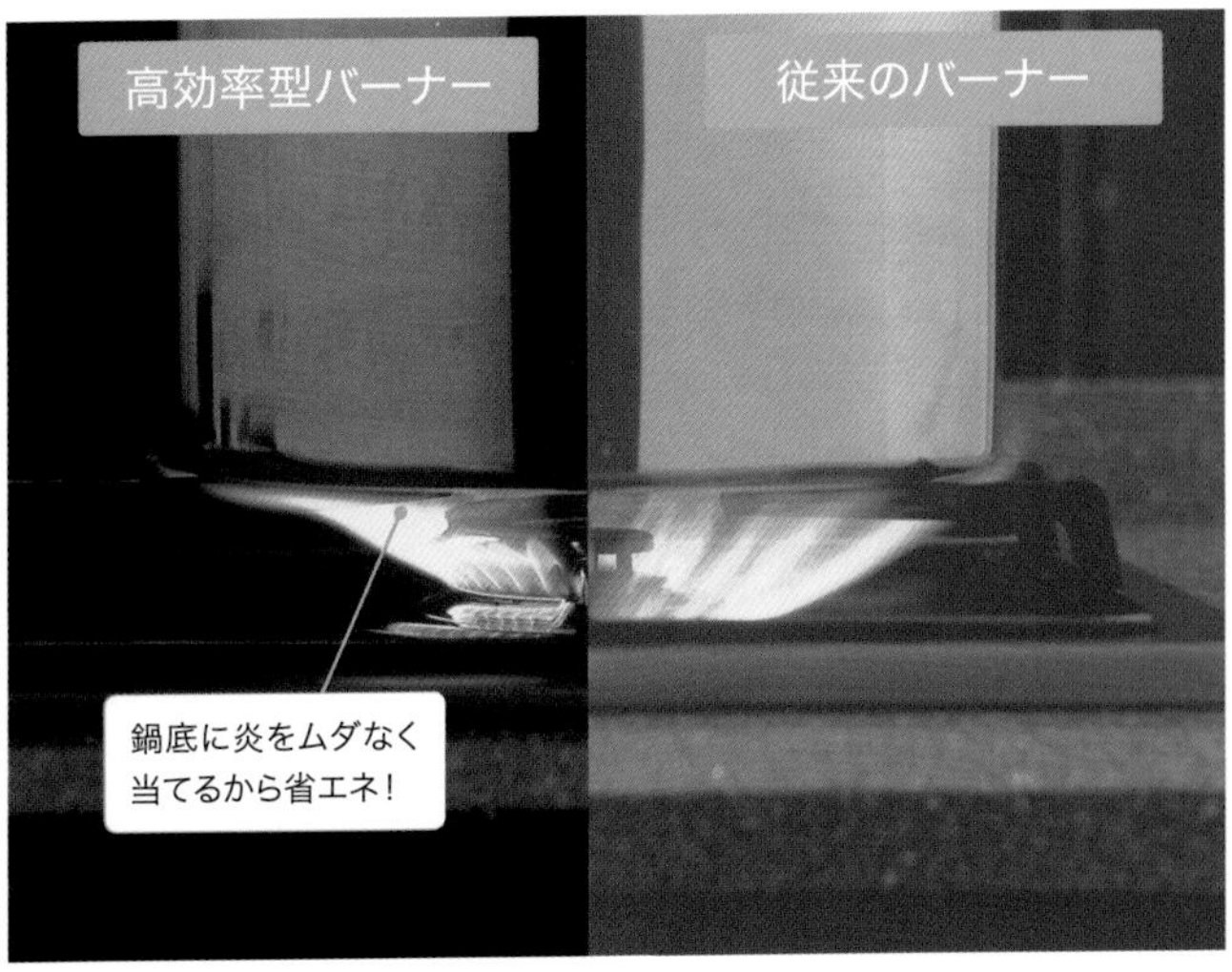
高効率型バーナー
従来のバーナー
鍋底に炎をムダなく
当てるから省エネ！

経済効果はどのくらい？

年間ガス量が約11%削減。
強い火力が調理時間も短縮。

ガスコンロの省エネ効果で、調理に要するガス量が約11%減ります。使用条件により数値は変化しますが、従来型で年間コンロガス量136m^{3}ご使用の場合、約14m^{3}削減することができます。さらに、ガスならではの強火なら、調理時間も短縮され、コストも経済的になります。

※ガス会社によっては、省エネ給湯器エコジョーズや温水床暖房を設置することで、家中のガス代がお得になる料金プランを用意している場合があります。詳しくは、ご利用のガス会社へお問い合わせください。

■炒飯4人前

	時　間	ランニングコスト
Si センサーコンロ	5分04秒	3.3円

○試算条件/干しえびとレタスの炒飯（4人前）
Siセンサーコンロ：4.2kW、直径28cm中華鍋使用（2016年大阪ガス調べ）

■あじ2匹

	時　間	ランニングコスト
ガス両面焼グリル	13分27秒	4.9円

○試算条件/アジ2匹
ガスグリル:2.21kW（両面水なしタイプ）（2013年東邦ガス調べ）

【適用料金】ガス料金：一般料金 C 127.84 円 / ㎥（税込）電気料金：従量電灯 A 第 3 段階 31.72 円 /kWh（税込）※ガス料金と電気料金はそれぞれ大阪ガスと関西電力の 2018 年 7 月時点単価。電気料金の「再生可能エネルギー発電促進賦課金」、および「再生可能エネルギーの買取価格」は 2018 年度時点。

Siセンサーコンロで、快適生活が始まります。

◉ 導入時の留意点

ガスコンロをご使用頂く場合は、必ず換気扇を回すか、窓を開けて換気が必要となります。
機器を導入の際には、販売店やガス会社に換気設備が十分であるか念のため確認してください。

年間 約11%のガス光熱費を節約

※この数値は「賃貸・分譲エコ・マンション研究会」で一定条件を前提に試算したもので各社カタログ等の数値と異なる場合があります。実際のエネルギーコストや省エネルギー性は、機器の使い方や生活スタイル、お住まいの地域によって変化します。

水まわり（浴室）

Q 『省エネ浴室改修』ってなぁに？

お使いの2バルブ水栓金具をサーモスタットシャワー水栓金具、
節水シャワーヘッドや保温浴槽付の浴室ユニットなどに改修することです。

Q 省エネ浴室改修をするとどうなるの？

サーモスタット水栓と節水型シャワー、保温浴槽でお得に節約

利便性・経済性

ずっとあったかい長時間保温の秘密は、二重の断熱構造

保温機能をもった専用フタと、浴槽のまわりを保温材でサンドイッチすることにより、お湯が冷めにくくなるように工夫しています。

追い炊きなしで、年間約3,400円のお得

保温浴槽

従来浴槽に比べ、時間が経ってもお湯の温度は約2.5度しか下がりません。追い焚きのガス代が節約できます。

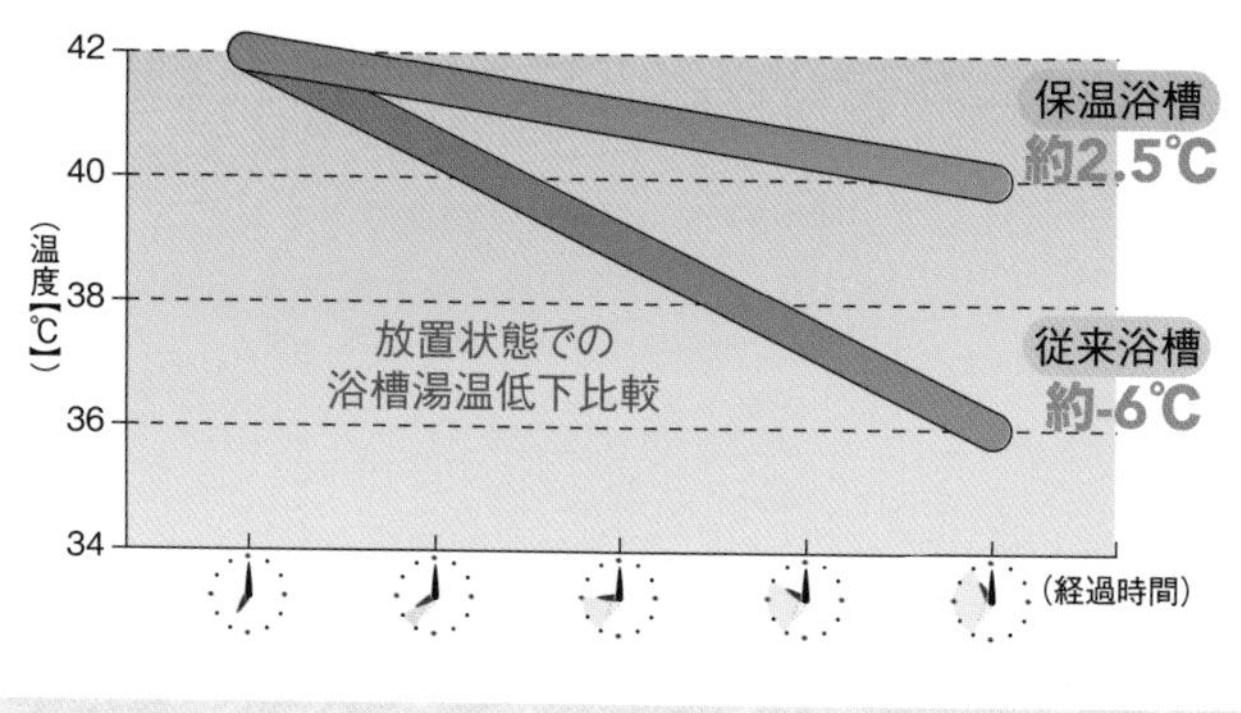
42
40
38
36
34
温度（℃）
保温浴槽
約2.5℃
従来浴槽
約-6℃
放置状態での
浴槽湯温低下比較
（経過時間）

※JIS高断熱浴槽の性能基準：浴槽周囲温度10℃、浴槽湯量は深さの70%、断熱ふろふたを閉じたままの状態で4時間後の温度低下2.5℃以下

利便性・経済性

節水しながらも、たっぷりの浴び心地を体感

サーモスタット水栓・手元切替スイッチ付き節水シャワーヘッドに取り替えると温度調節時のムダ水やこまめな開閉がしやすくなり、水道使用量やエネルギー消費量を削減。

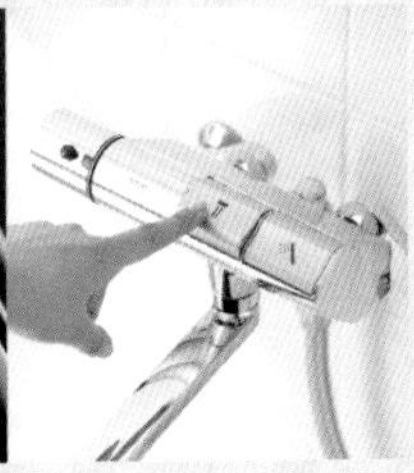

更にシャワーの水に空気を含ませることで、浴び心地はそのままに大幅節水できます。

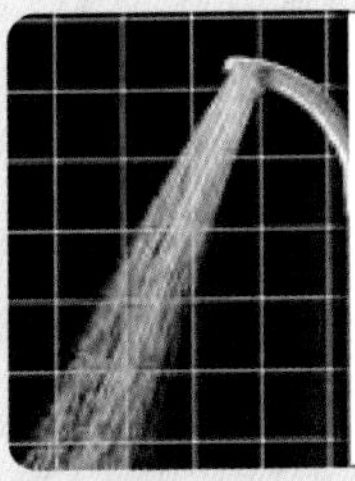

従来品シャワー

最適流量10ℓ/毎分

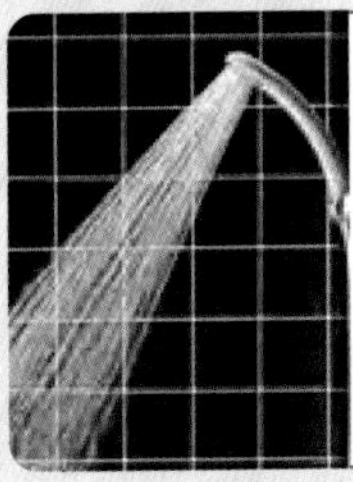

節水シャワー

最適流量8.5ℓ/毎分

節水量 15%

経済効果はどのくらい？

節水型シャワーの省エネ効果で、
年間約2万円の節約

節水機能に加え、手元止水操作付シャワーの改修で、従来と比べ約48％もの節約効果があります。改修前と同じ使い方で水道代とエネルギー代を大幅に節約します。

手元止水機能付シャワーヘッド

快適性

浴槽の温度キープ技術と浴室の冷たさ解消で快適に。

浴槽湯温を快適な温度に保つ保温浴槽。保温力が高く、追い炊きによるエネルギー消費量が削減でき、大幅な省エネ効果が実現できます。また、断熱性の高い床などもあり、足元がヒヤッとすることなく、快適な浴室にすることができます。

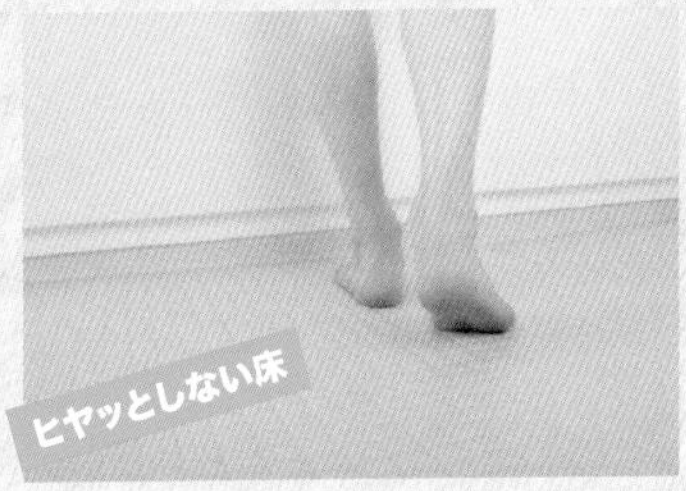

浴室の改修で省エネ、さらに快適生活が始まります。

年間 約**50%**の水道光熱費を**節約**

※図中の数値は「省エネ・防犯住宅アプローチブック」で一定条件を前提に試算したもので各社カタログ等の数値と異なる場合があります。実際のエネルギーコストや省エネルギー性は、機器の使い方や生活スタイル、お住まいの地域によって変化します。

◉ 導入時の注意点

お使いの給湯機の能力が重要
専門業者に確認が必要です。

- 水栓の取替えは専門業者にご依頼ください。
- 取り付けの前に給湯機の能力を十分確認してください。シャワー吐水量が少なくなり、快適なシャワーを使用できなくなることがあります。
- 保温浴槽にするには、浴室ユニットごと取り替える必要があります。

水まわり(トイレ)

Q 『省エネトイレ改修』ってなぁに？

お使いのトイレを最新の節水便器に改修したり、
省エネ性能の高い温水洗浄便座に替えることです。

Q 省エネトイレ改修をするとどうなるの？

最新の便器なら水道代も電気代もお得に節約！

快適性

温水洗浄便座一体型便器

温水洗浄機能の他に、トイレ使用時のオート開閉、使用後の自動洗浄など至れり尽くせりの機能を満載し、タンクも内蔵したスッキリデザインの便器で快適なトイレ空間が実現します。

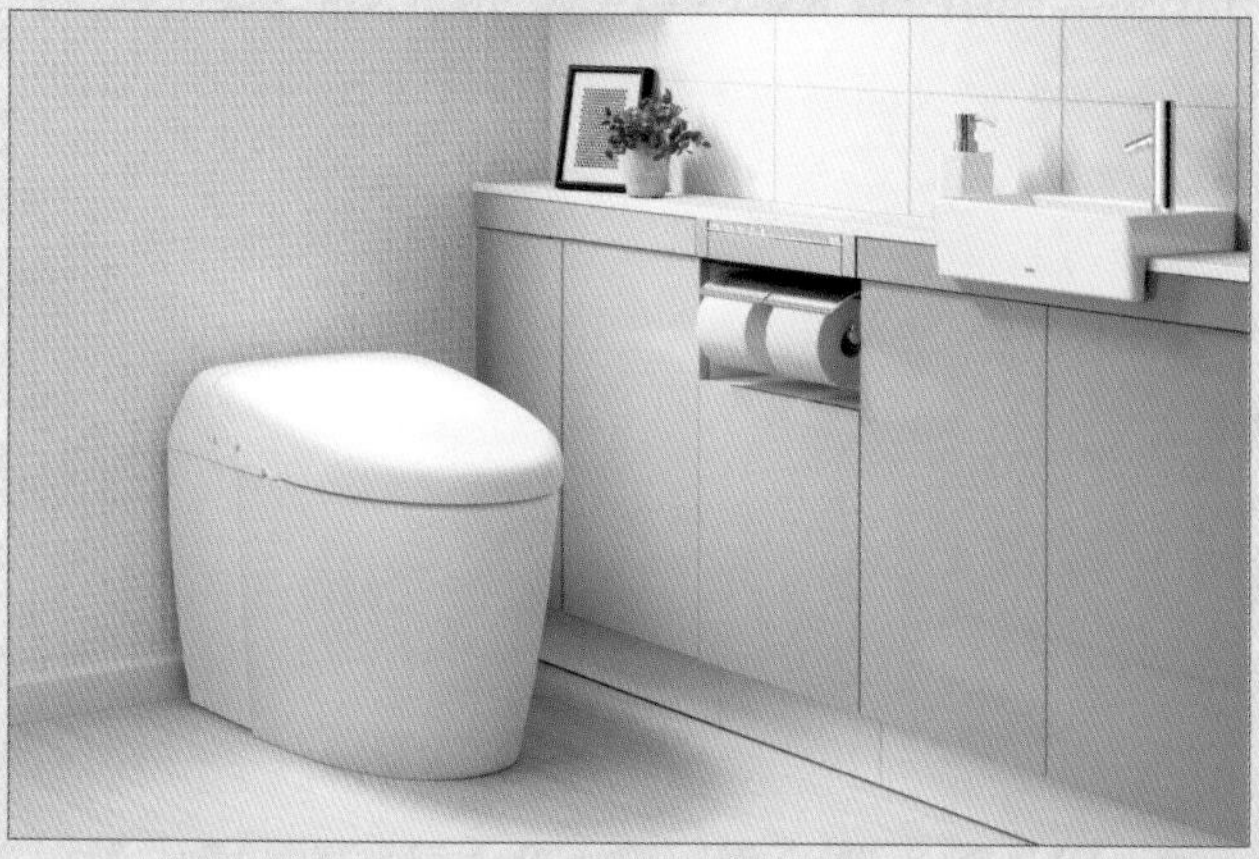

利便性

汚れにくくお掃除が楽

便器の表面を滑らかにつるつるに仕上げることで、汚れが付きにくく落ちやすくなり、お掃除が楽な便器となります。

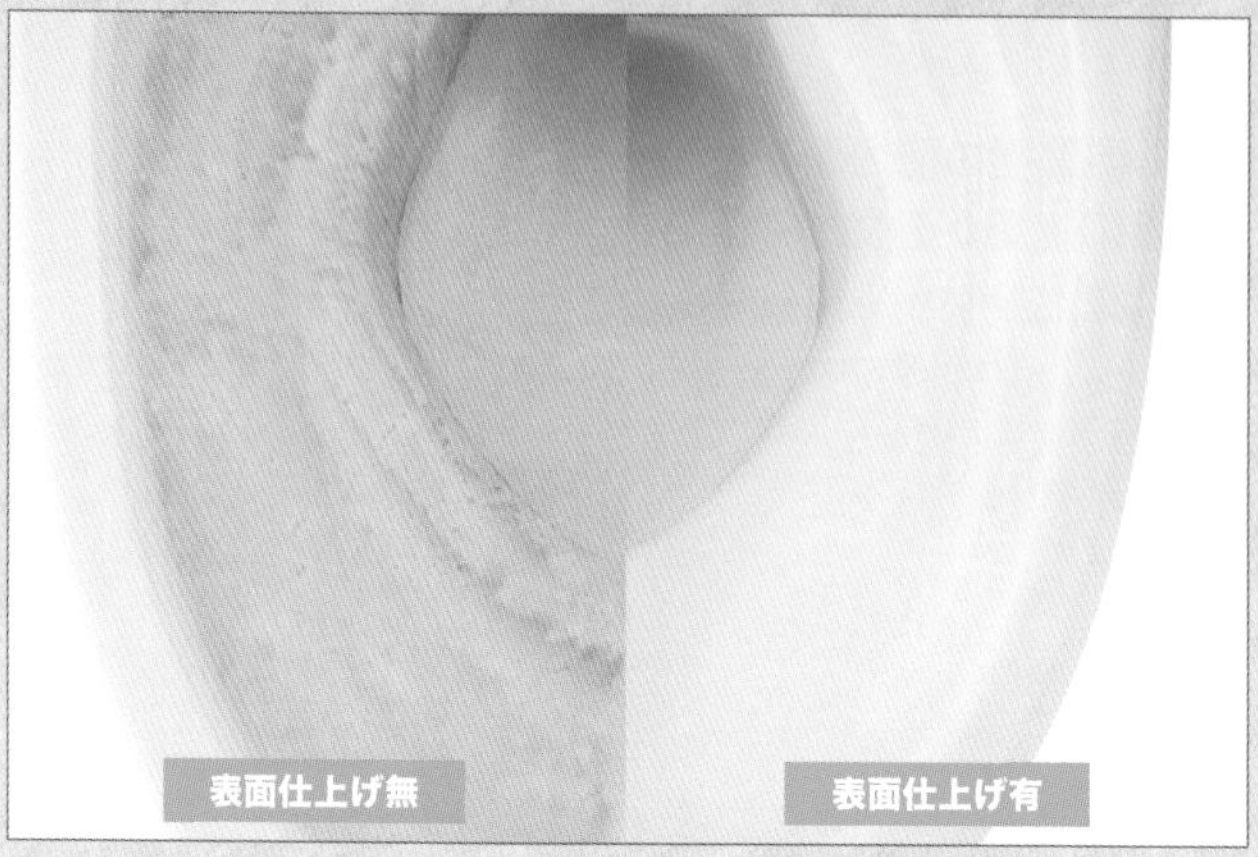

経済性

便器

進化した洗浄方式と便器形状で、大幅な節水効果

進化した洗浄技術と便器形状を最適化することで、約6リットルのわずかな水量で洗浄できます。更に5リットル洗浄の便器、近年では制約はありますが、4リットル洗浄の便器も出始めています。また、便座の暖房も効率的で賢い節電機能が向上し、大幅な省エネ効果を実現しました。

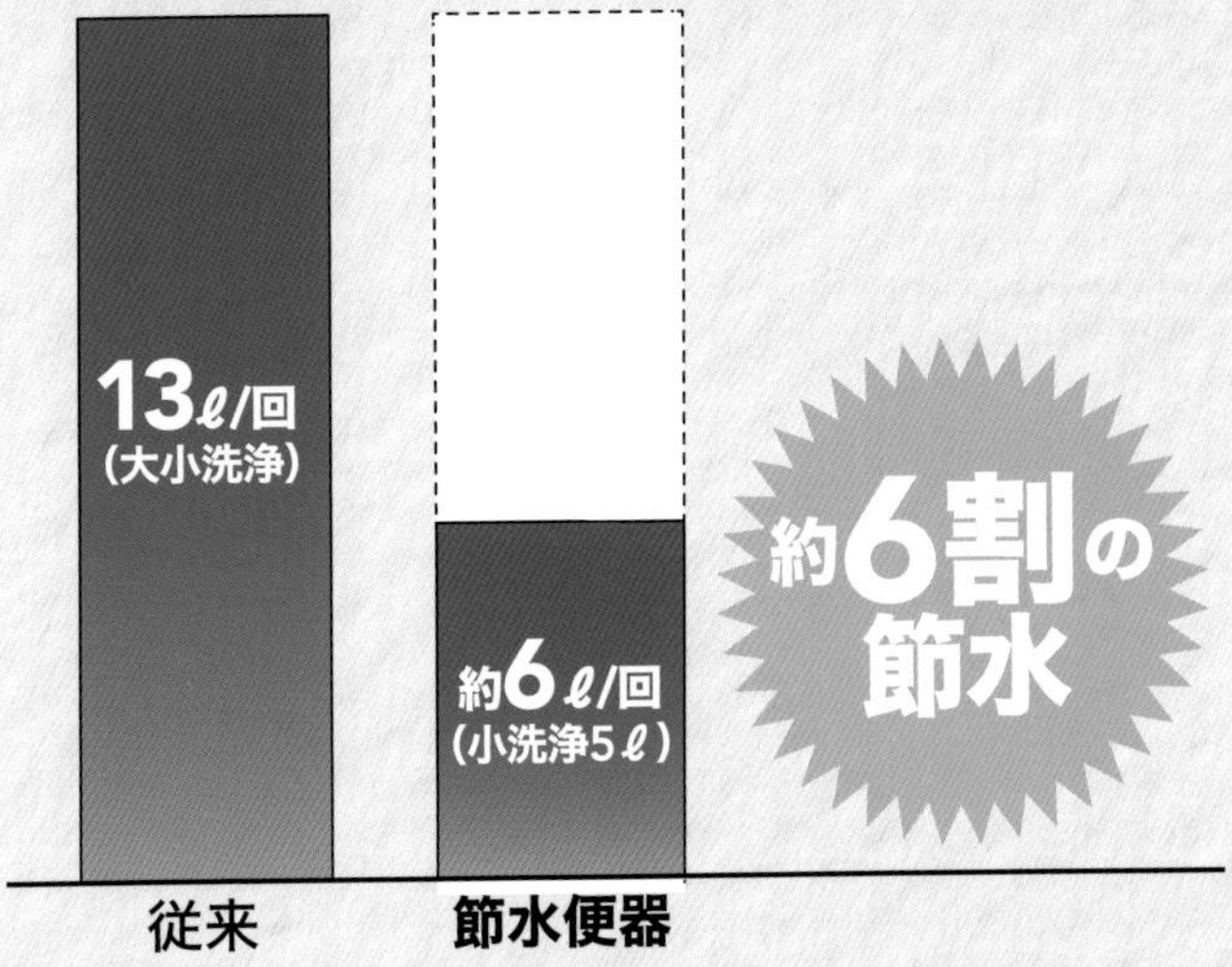
13ℓ/回
(大小洗浄)
約6ℓ/回
(小洗浄5ℓ)
約6割の節水
従来
節水便器

温水洗浄便座

使う時だけ暖めて、使用しない時のムダな電力を低減。

温水洗浄便座のお尻を洗うお湯も保温することなく、使う時だけ温めたり、便座も人の動きを感知するセンサー付きなら、使用時のみ温めることにより大幅な省エネ効果が実現します。

センサーが、
人の動きを
感知

トイレの改修で省エネ、さらに快適生活が始まります。

◉ 導入時の注意点

排水配管が重要
専門業者に確認が必要です。

- 便器の取替えの場合、排水の方向によりご希望の機種が設置できないケースがあります。
- 対応できる便器の種類や洗浄水量を減らしても排水配管に支障が出ないことを専門業者に確認願います。

年間

約56%の水道光熱費を節約

※図中の数値は「省エネ・防犯住宅アプローチブック」で一定条件を前提に試算したもので各社カタログ等の数値と異なる場合があります。実際のエネルギーコストや省エネルギー性は、機器の使い方や生活スタイル、お住まいの地域によって変化します。

こんな方法も…

マンション一括受電サービス

マンション一棟で電力会社と一括契約することにより、今までよりも安価に電気を利用できるサービスです。一括契約にするために必要な設備投資は全て中央電力が負担するため新たな出費は一切不要であり導入初月からメリットが発生します。

共用部分の削減プランを採用した実例。

安価となる削減分を全てエントラスや廊下の照明、エレベーターなど共用部の電気料金の削減に充当することで、下記の事例通り大幅に削減することが可能です。

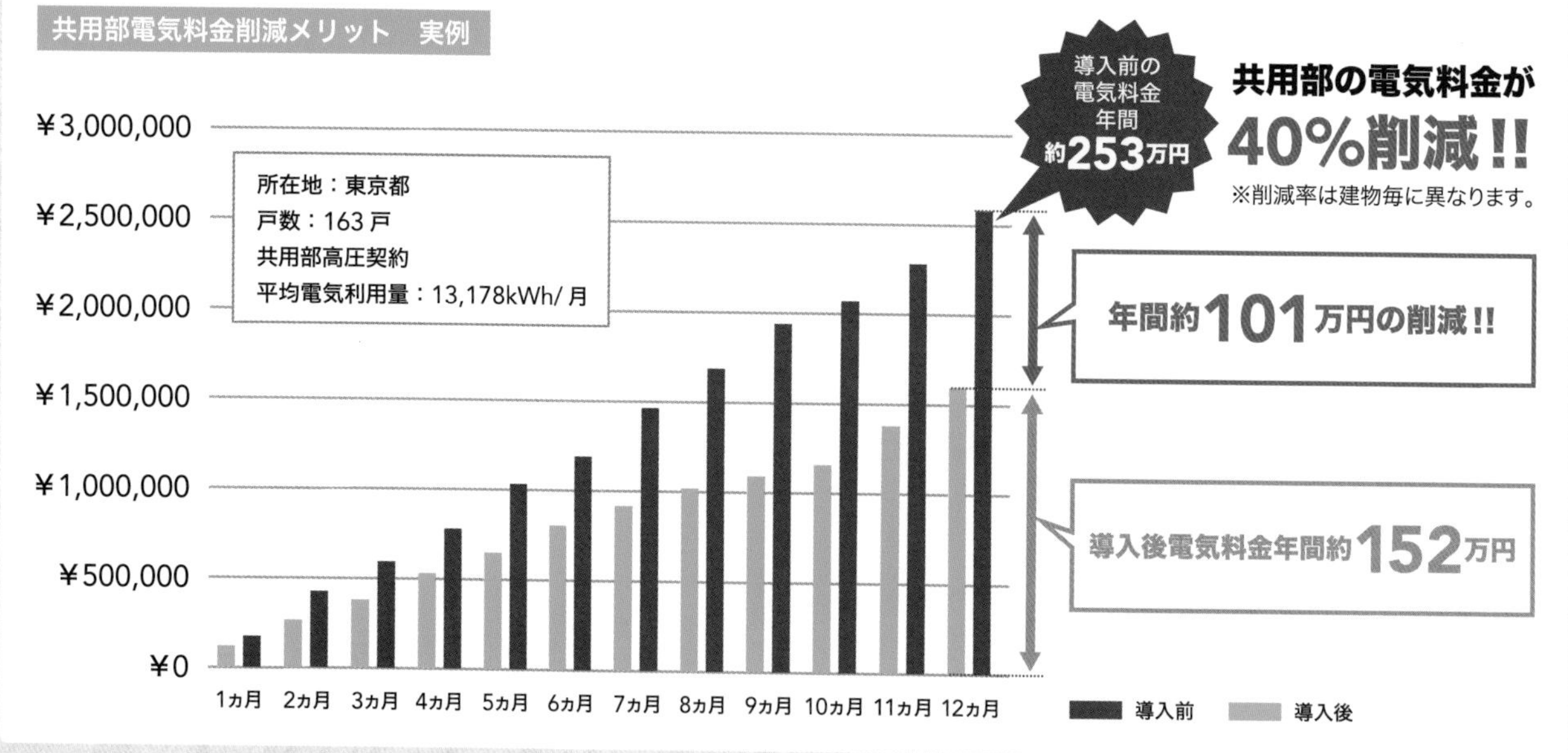

共用部電気料金削減メリット　実例
¥3,000,000
¥2,500,000
¥2,000,000
¥1,500,000
¥1,000,000
¥500,000
¥0
所在地：東京都
戸数：163 戸
共用部高圧契約
平均電気利用量：13,178kWh/ 月
1ヵ月 2ヵ月 3ヵ月 4ヵ月 5ヵ月 6ヵ月 7ヵ月 8ヵ月 9ヵ月 10ヵ月 11ヵ月 12ヵ月
導入前 導入後
導入前の電気料金年間約253万円
共用部の電気料金が40%削減!!
※削減率は建物毎に異なります。
年間約101万円の削減!!
導入後電気料金年間約152万円

「一括受電」はマンションにお住まいの皆さまの「権利」です。

もともとマンションは高圧で受電すべきですが電気室を電力会社に無償で借して変圧器を置いてもらい、低圧に変換して電気を利用しています。中央電力に業務委託をし管理組合が自ら高圧から低圧に変換することで、送電費用を抑えることができ、安い電気が利用できます。

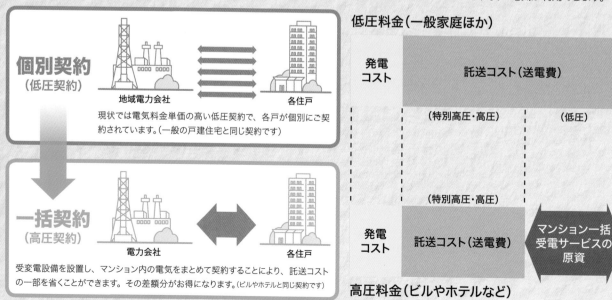

個別契約
（低圧契約）

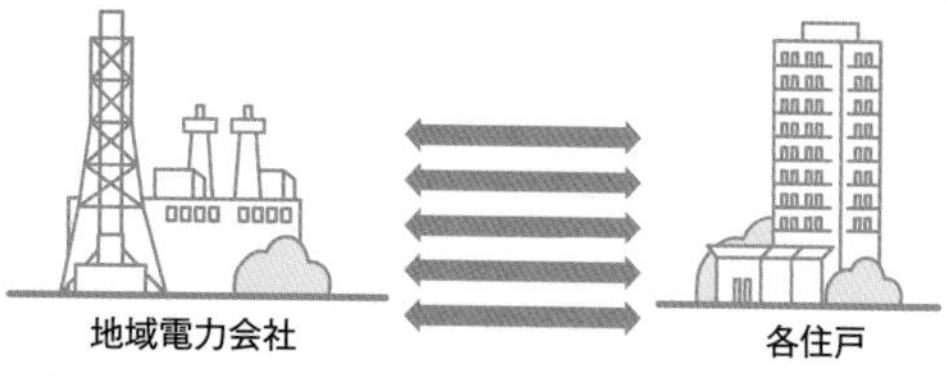

地域電力会社
各住戸

現状では電気料金単価の高い低圧契約で、各戸が個別にご契約されています。（一般の戸建住宅と同じ契約です）

一括契約
（高圧契約）

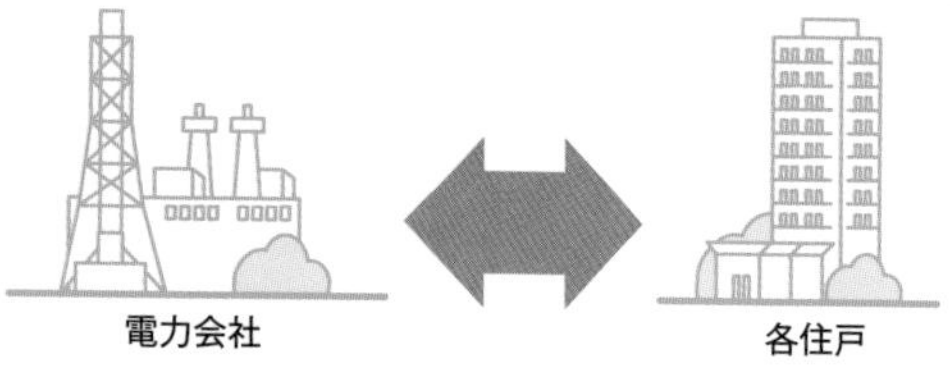

電力会社
各住戸

受変電設備を設置し、マンション内の電気をまとめて契約することにより、託送コストの一部を省くことができます。その差額分がお得になります。（ビルやホテルと同じ契約です）

低圧料金（一般家庭ほか）

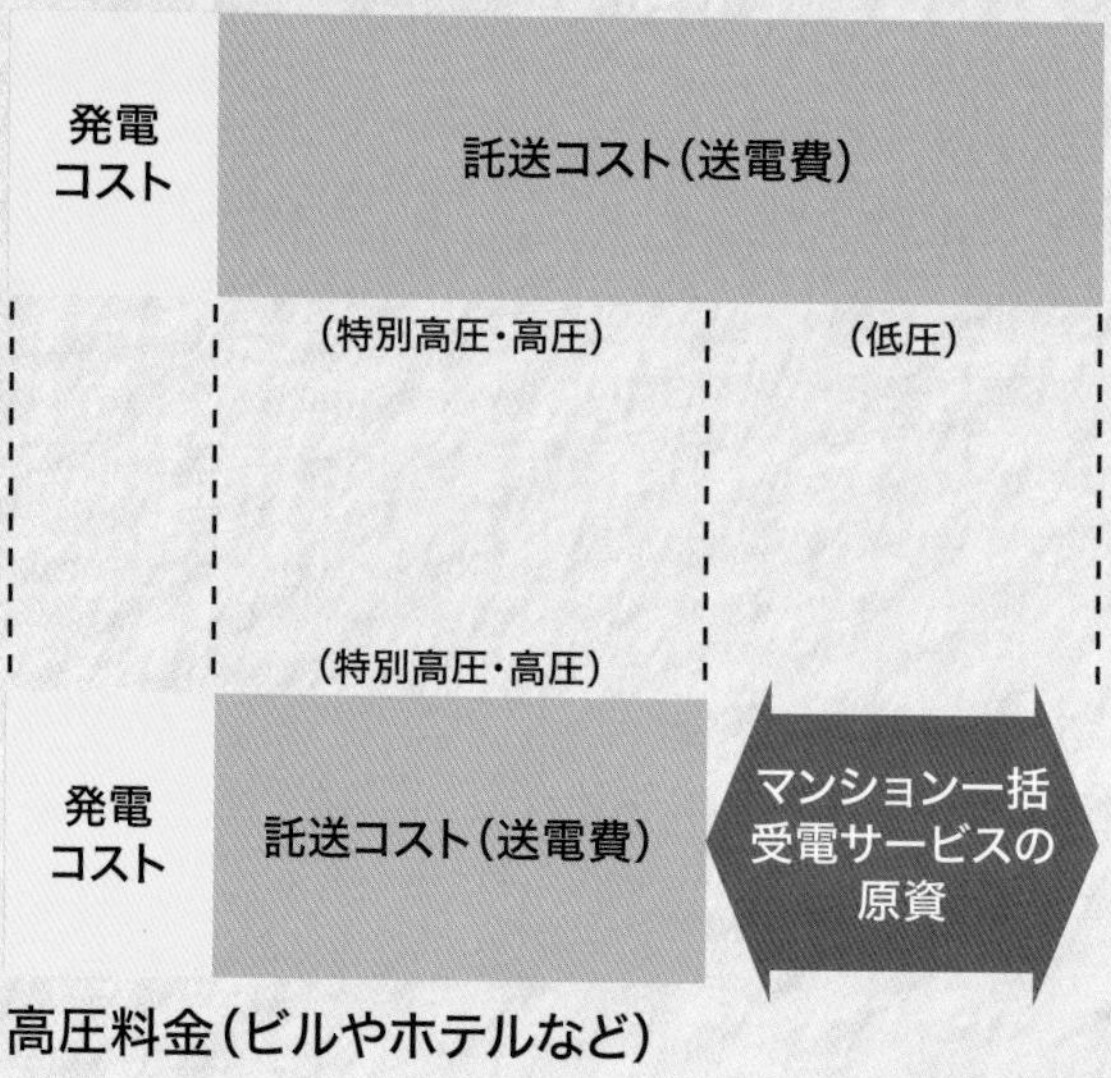

発電コスト
託送コスト（送電費）
（特別高圧・高圧）
（低圧）
（特別高圧・高圧）
発電コスト
託送コスト（送電費）
マンション一括受電サービスの原資

高圧料金（ビルやホテルなど）

もっと詳しく知りたい方はコチラ!

省エネ改修メニュー	参考商品取り扱い企業名	問い合わせ	ホームページ URL
資金調達	中央電力株式会社	TEL：03-6277-8423	https://www.denryoku.co.jp/

「業務負担ゼロ、費用0円」の魅力。

「マンション一括受電サービス」を導入することで生じる業務は、管理組合に変わり中央電力が行うため、業務負担はありません。また、導入工事で発生する初期費用や月々のランニグコストは、低圧契約と高圧契約の電気料金の単価差からいただくため、月々の電気料金以外の費用はかかりません。

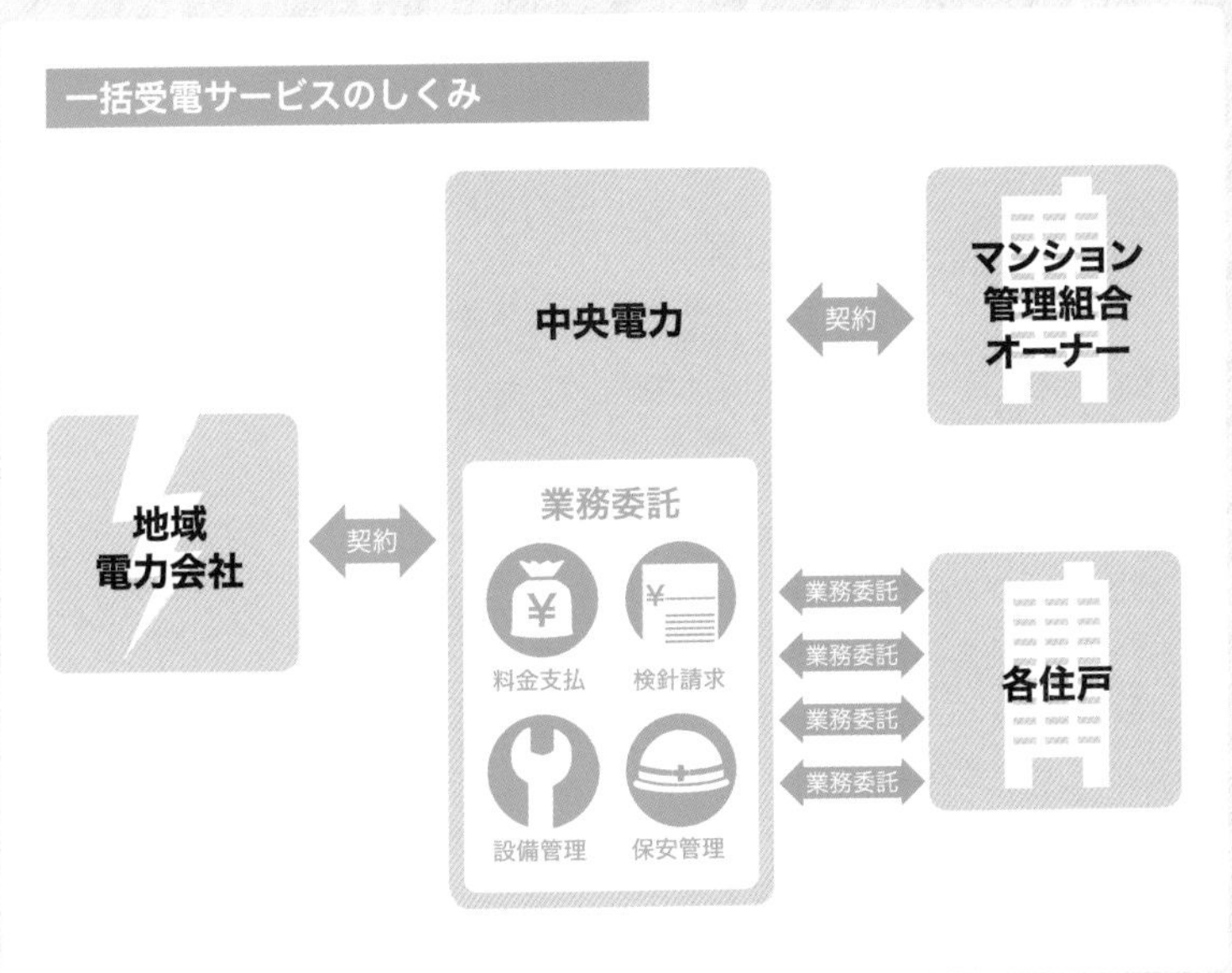

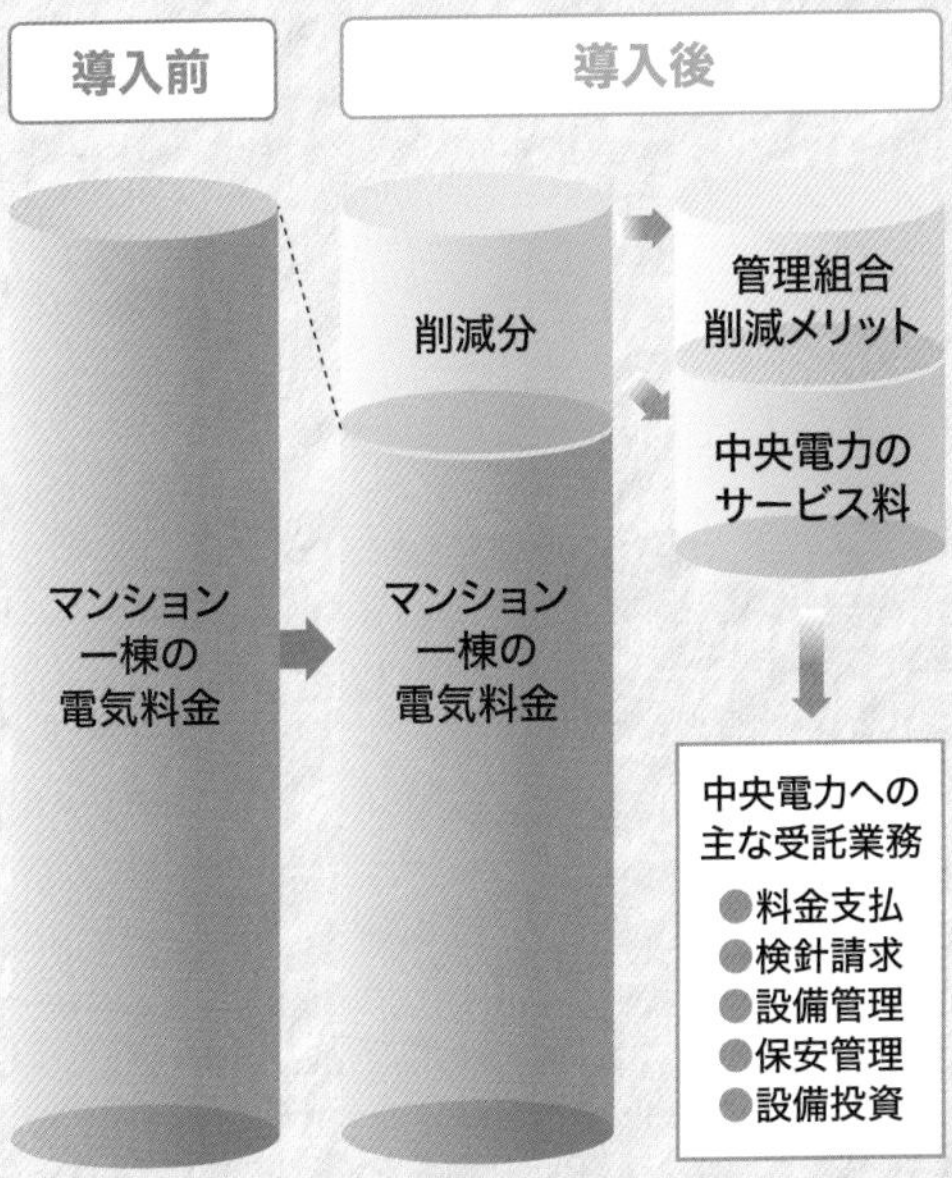

サービス導入までの流れ。

① 現地調査

電気室を含めたマンションの調査を行い、サービスの導入が可能であるか検討します。

② 理事会でのご提案

サービス内容とお客さまのメリットをわかりやすくご提案します。

③ 総会決議

総会にてサービス内容を決議いただきます。

④ 手続き書類へのご記入

全戸の居住者さまに必要書類をご提出いただきます。電力会社への契約変更の申請のために必要です。

⑤ サービス導入工事

サービス開始です

サービス導入のためにご協力いただく点。

①導入時、電気設備の入れ替え工事を行うため、工事当日は午前と午後それぞれ1 ～ 1.5時間の全館停電となります。

②3年に一度、全館を停電にして電気の法定点検を行なう必要があります。

改良工事による マンション再生スケジュールの目安

安全で快適なマンションライフとその資産を守るには、計画的な保全が求められます。それには物理的劣化はもとより、時代によって変化していく性能や機能の水準向上に対応していくことが重要であり、建築時の初期性能を回復させる修繕工事に加えて改良工事を施すことが求められます。そこで、改良工事によってマンションを再生するスケジュールを整理してみましたので参考にして下さい。なお、個々の劣化具合は、その設計、施工･工法、使用材料、使用状況、環境等によって異なりますので、工事の実施にあたっては事前の調査診断によって判断して下さい。

［ 共用部分 ］

※国土交通省『改修によるマンションの再生手法に関するマニュアル（平成22年改訂）』を参照に独自の見解を加味して作成しました。

区分	改修工事項目		工事周期（年）	改良工事の主なポイント	備考
建築	塗装仕上げ		10～15	耐久性美装性の向上・中性化抑制・断熱工事	※1
	タイル仕上げ		10～15	張替による安全性・意匠性の向上	※2
	屋上防水（露出）		12～15	仕様向上して修繕周期を延伸・外断熱・笠木材質の向上・排水能力の改善	
	屋上防水（保護）		18～25		
	ドア部	脱着塗装	10～30	性能向上・ドア廻り改善・パイプスペースメーターボックス扉の改善	※3
		取替え	20～45		
	サッシ	付属金物	20～30	耐久性・利便性向上	※3
		本体	30～40	性能向上・面格子や窓手摺等の改善	
	エントランス		24～	アプローチ・ドアを含む意匠性向上・自動ドア化・防犯対策等	※3
設備・他	給水管①更新		10～15	耐久性・耐震性・防音性・防振性・メンテナンス性等を向上させる最新の配管材料等にする	※4
	給水管②更新		15～20		
	給水管③更新		20～25		
	給水管④更新		25～30		
	給水管⑤更新		30～40		
	給水ポンプ		5～7	耐久性・省エネ・防振防音性能の向上・制御方法の改善等	
	附属機器類		18～24		
	排水管①更新		15～20	耐久性・耐震性・防音性・防振性・メンテナンス性等を向上させる最新の配管材料等にする・サイズ通気勾配改善・排水システムの変更	※5
	排水管②更新		25～30		
	排水管③更新		30～40		
	屋外照明		12～18	省エネ性能向上・自動化等	
	庭園灯・街路灯		10～15	防犯灯増設・防犯カメラ設置	

区分	改修工事項目		工事周期(年)	改良工事の主なポイント	備考
設備・他	非常照明	器具	8～12	性能向上	
		電池	6～8		
	エレベーター		24～32	性能向上・耐震性向上	
	舗装		24～36	バリアフリー性意匠性向上	
	外構工作物		24～36	耐久性安全性意匠性向上	
	緑化環境		12～24		※6

［専有部分］

専有部分内の設備機器は本体そのものは長く使用できるものが多いですが、経年劣化や使用劣化によって部品の故障が発生することは避けられません。そこで、交換の一つの目安は、その製品の機能を維持するために必要な性能部品の最低保有期間となります。また、内装のように汚れや破損、デザインの陳腐化が問題となってくることもあります。

区分	機器·部位	更新周期(年)	備考
設備	エアコン	10～15	※7）9年
	換気扇	10～15	※7）6年
	電気温水器	10～15	※7）7年
	エコキュート	10～15	※7）9年　2017年11月26日以降の商品は10年
	ガス給湯器	10～15	※8）11年
	ユニットバス	15～25	※9）
	トイレ	15～25	※9）
	キッチン	15～25	※9）

※1)躯体修繕と同時　※2)外壁修繕と同時　※3)大規模修繕時

※4)給水管の現状によっておよそ以下のように分ける
　給水管①：「水道用亜鉛めっき鋼管＋亜鉛めっき継手」で過去に更生工事を行った場合は、更生工事後10～15年
　給水管②：「水道用亜鉛めっき鋼管＋亜鉛めっき継手」で過去に更生工事を行ってない場合は、15～20年
　給水管③：「硬質塩化ビニルライニング鋼管」で防食継手を用いてない場合は、20～25年
　給水管④：「硬質塩化ビニルライニング鋼管」で管端コアを用いている場合は、25～30年
　給水管⑤：「硬質塩化ビニルライニング鋼管」で防食継手を用いている場合は、30～40年

※5)排水管の現状によっておよそ以下のように分ける
　排水管①：配管用炭素鋼鋼管(白ガス管)は、15～20年
　排水管②：硬質塩化ビニル管は、25～30年
　排水管③：屋内汚水管の排水用鋳鉄管は、30～40年

※6)全体計画の検討

※7)家庭電気製品製造業における表示に関する公正競争規約施行規則第12条「補修用性能部品の保有期間」による

※8)消費生活用製品安全法による「特定保守製品」に該当し、部品の保有期間は11年

※9)キッチン・トイレ・浴室などの水栓やシャワーの部品、特にパッキンの交換は随時行うものとする

「マンションストック長寿命化等モデル事業」を活用したマンション建替え

旭化成不動産レジデンス株式会社
マンション建替え研究所
大木　祐悟

はじめに

わが国で初めて供給された分譲マンションは１９５３年に竣工した「宮益坂ビルディング」であるといわれています。また１９５５年には日本住宅公団が設立され分譲団地も供給されるようになりましたが、国土交通省が公表している「分譲マンションのストック数の推移」（以下「ストック統計」といいます）によれば、１９６８年時点（マンション供給が始まってから15年が経過した時点）におけるわが国のマンションストックの総数は５万３，０００戸に過ぎません。

ところが、ストック統計によると１９７０年ごろからマンションの供給数が急増し、１９７０年は１年間で５万７，０００戸、71年には４万５，０００戸、72年には５万４，０００戸と、マンション供給が始まってから15年間の総供給戸数に匹敵する量のマンションが毎年のように供給されるようになりました。築年数で一律にマンションの高経年化を議論するべきではないことは承知しつつ、あえて「築50年」を超えるマンションのストックを数値化すると図1で示すように今後急激に増加することが確認できます（２０３１年には、築後50年を超えるマンションストック戸数は１００万戸を超えることになります）。

多くのマンションは、鉄筋コンクリート造や鉄骨鉄筋コンクリート造等極めて堅固な構造で作られていることから、適切に管理をしていれば50年程度で建替えやマンション敷地売却の検討をする必要はないといわれています。しかしながら、築年数が経過すれば建物の設備やインフラの更新等が必要となるほか、建物の構造躯体につ

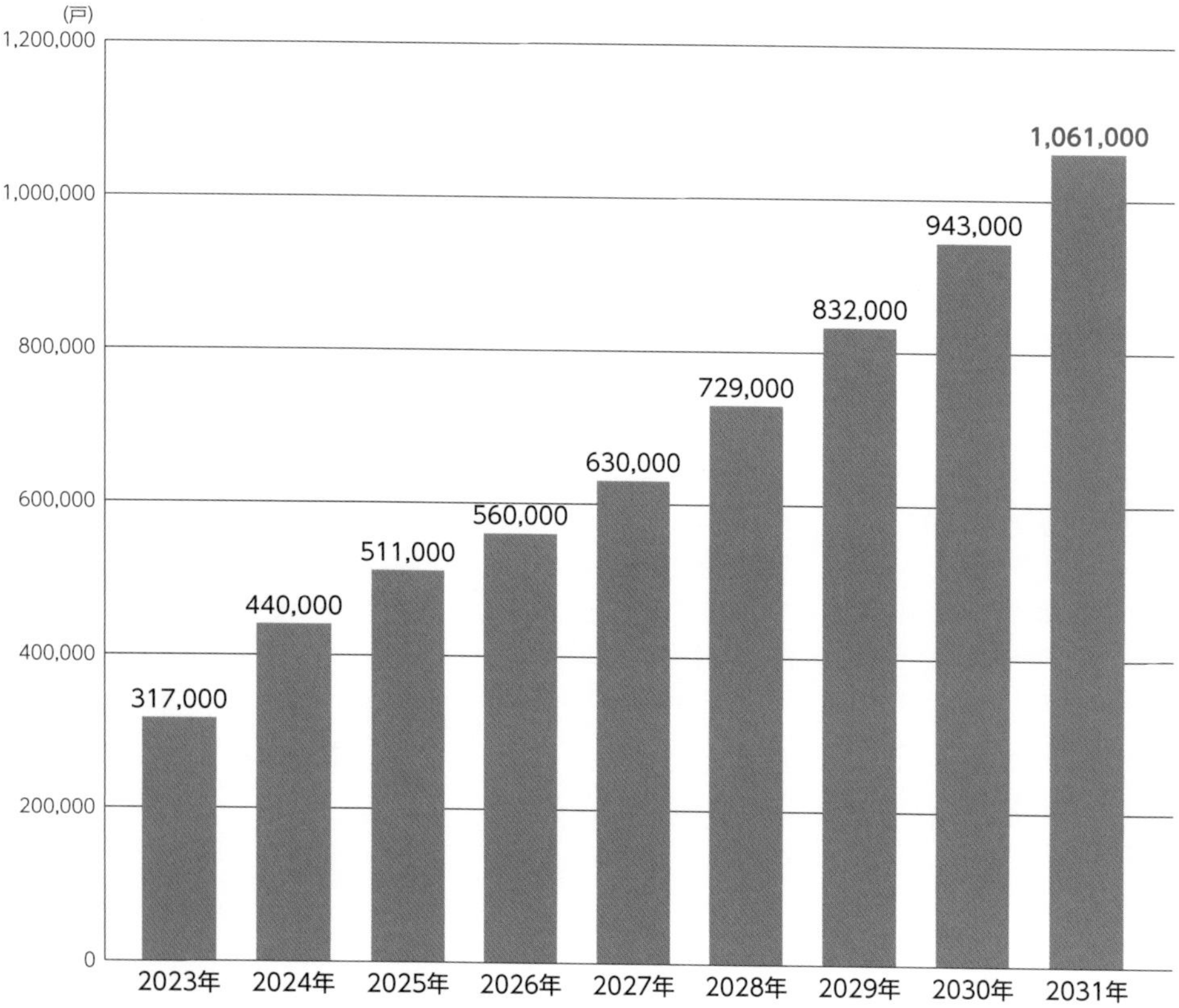
(戸)
1,200,000
1,000,000
800,000
600,000
400,000
200,000
0
317,000
440,000
511,000
560,000
630,000
729,000
832,000
943,000
1,061,000
2023年
2024年
2025年
2026年
2027年
2028年
2029年
2030年
2031年

図1　築50年を超えるマンションストック戸数

いても防水工事等一定の修繕は必要となります。

　以上の事項は、一般に「建物の効用の維持」といわれていますが、これらは「長期修繕計画」の対象となっているものがほとんどです。

　ところで、時代の経過とともに住まいに求められる居住水準は変化するため、建物の居住水準をその時代に求められるレベルに維持するための更新等が必要となります。また現行の耐震基準を満たさない建物については、耐震補強等も必要となります。これらの工事は「建物の効用の回復」といわれることもありますが、マンションの資産価値を維持し、また安全快適に居住するためにも必要と考えられます。

写真１　行政代執行により除却されたマンション

　さて、マンションは区分所有者の財産（私有財産）ですから、所有者である区分所有者が適切に管理をすることが必要ですが、管理会社等に面倒なことは丸投げしてしまい管理には無関心な区分所有者も少なくない状況にあります。しかしながら、堅固な構造で作られているマンションも、管理がずさんであれば築後50年程度でも老朽化が顕著となってしまう可能性があることを区分所有者は認識しなければいけません。

　数年前に「廃墟マンション」として話題になった滋賀県野洲のマンションは1972年竣工で、2020年の建物解体時点で築48年に過ぎなかったことからも、管理の重要性を理解できるでしょう。

マンション管理計画認定制度創設の意味

　マンション管理の適正化等に関する法律（以下「適正化法」といいます）は2000年に制定された法律ですが、2020年の改正により国および地方自治体がマンション管理に積極的に関与すべきことが規定されました。また、この法改正によりマンション管理計画認定制度（以下「管理計画認定制度」といいます）も誕生しました。

　前述のように、マンションは私有財産ですから、本来はその管理に行政が関与すべきではありません。しかしながら、マンションは規模の大きな建物ですから、管理不全により建物の老朽化が著しくなると、周辺に与える負の影響も大きくなります。こうしたことから、区分所有者がマンション管理に留意すべきことは当然として、行政もマンション管理に関与する必要性があると考えられ、2020年の法改正につながっています。

　この法改正では、市区が「マンション管理適正化推進計画」を定めることが求められています。マンション管理適正化推進計画が定められていない市区では管理計画認定制度の申請ができないので、申請を希望する管理組合は、それぞれの市区でマンション管理適正化推進計画が定められているか否かを調べるようにしてください。

　ところで、管理計画認定制度は「マンションの格付け」と捉えられているようですが、この制度の本来的な意味は次の二つと考えるべきでしょう。

（ⅰ）マンションの管理組合が、自分たちの管理上の課題を知ることができる

（ⅱ）市区が、それぞれのマンションの管理状況と課題を知ることができる

　すなわち、管理計画認定制度の申請をする際は、管理組合で指定された項目をチェックすることになるのですが、このときに○が付かない事項は自分たちのマンションの管理上の課題であることが確認できます。

　一方で、市区がマンション管理に関わるときには、そもそも地区内のマンションの状況を把握することが前提となりますが、現実には私有財産であるマンションに係る情報を市区はほとんど持ち合わせていません。そのため、管理組合が管理計画認定制度の申請をすることで、申請のあったマンションの管理状況や課題について市区も知ることが可能となります。以上から、市区がマンション管理について適切な対応をするために

は、管内の全てのマンションがこの申請をすべきだと考えます。

　なお、管理計画認定制度の認定基準は図2の（1）から（4）および（5）の①が原則となりますが、市区で定める都道府県等マンション管理適正化指針で他の基準が定められることもあります。

　ところで、管理計画認定制度は、（一社）マンション管理業協会の「マンション管理適正化評価制度（以下「適正化評価制度」といいます）」や、（一社）日本マンション管理士会連合会の「マンション管理適正化診断サービス（以下「適正化診断」といいます）」と一緒に申請をすることができます。管理計画認定制度は、それぞれの項目に適合しているか否かのチェックのみとなりますが、適正化評価制度は6段階（星が0から5まで）で評価をしますし、適正化診断も「S」・「A」・「B」の3段階で評価するので、これらが一般化すると、管理計画認定制度の本来的な意味に加えて、「マンションの格付け」の要素がより高まることも想定されます。

　また、マンションの供給戸数が減少していることから、今後はマンション市場においても既存ストックの存在は大きくなることが想定されます。前述のストック統計によると、１９９５年から２００７年まではマンションの年間供給戸数は20万戸前後で推移していましたが、２０１０年以降は供給戸数が10万戸前後と半減しています。住宅全体の供給戸数も減少する中で、新築マンションの供給もさらに減少していることがその理由です。

　このようなことを考えると、「マンション管理の良否」に関しては、今後よりいっそう市場から注目されることになるのではないでしょうか。「マンションは管理を買え」という言葉がありますが、文字通り、この言葉が示すような時代に移行しつつあると考えられます。

（1）管理組合の運営	①管理者等が定められていること
	②監事が選任されていること
	③集会が年1回以上開催されていること
（2）管理規約	①管理規約が作成されていること
	②マンションの適切な管理のため、管理規約において災害等の緊急時や管理上必要なときの専有部分の立ち入り、修繕等の履歴情報の管理等について定められていること
	③マンションの管理状況に係る情報取得の円滑化のため、管理規約において、管理組合の財務・管理に関する情報の書面の交付（または電磁的方法による提供）について定められていること
（3）管理組合の経理	①管理費・修繕積立金等について明確に区分して経理が行われていること
	②修繕積立金会計から他の会計への充当がされていないこと
	③直前の事業年度の終了の日時点における修繕積立金の3カ月以上の滞納額が全体の1割以内であること
（4）長期修繕計画の作成・見直し	①長期修繕計画が「長期修繕計画標準様式」に準拠し作成され、長期修繕計画の内容およびこれに基づき算定された修繕積立金額について集会にて決議されていること
	②長期修繕計画の作成または見直しが7年以内に行われていること
	③長期修繕計画の実効性を確保するため、計画期間が30年以上で、かつ、残存期間内に大規模修繕工事が2回以上含まれるように設定されていること
	④長期修繕計画において将来の一時的な修繕積立金の徴収を予定していないこと
	⑤長期修繕計画の計画期間全体での修繕積立金の総額から算定された修繕積立金の平均額が著しく低額でないこと
	⑥長期修繕計画の計画期間の最終年度において、借入金の残高のない長期修繕計画となっていること
（5）その他	①管理組合がマンションの区分所有者等への平常時における連絡に加え、災害等の危急時に迅速な対応を行うため、組合員名簿、居住者名簿を備えているとともに、1年に1回以上は内容の確認を行っていること
	②都道府県等マンション管理適正化指針に照らして適切なものであること

図2　管理計画認定制度の認定基準

高経年マンションはどうすればよいか

(1) 行うべきこと

以上から、マンションの市場価値を高めるためにも、区分所有者はマンション管理に留意する必要があることは理解できるでしょう。

その第一歩は、所有するマンションに係る管理の現状を知ることだと思います。具体的には、「管理計画認定制度」あるいは「適正化評価制度」や「適正化診断」等を受ける、あるいは専門家等から客観的な評価をしてもらう中で、不足している点をクリアにすることと等から始めたらよいと思います。

ところで、築年数の浅いマンションであればこうした対応の中で不足している点を改善できることが多いと思われます。一方で築年数が経過した「高経年マンション」においては、さまざまな理由から課題となる事項への対応が困難であるものも少なくありません。

例えば、高経年マンションの中には修繕積立金が低く設定されているものも散見されますが、特に区分所有者の高齢化が進んでしまっていると、修繕積立金を必要な水準に改定するための合意形成が難しいことも少なくありません。加えて、長期修繕計画では耐震補強の費用まで考えていないものが多いため、旧耐震マンションで耐震補強まで行うことになると費用負担はさらに大きくなります。

マンションにおいてさまざまなことを決めるときは、区分所有者集会の決議が必要となるのですが、経済的な負担が大きなマンションでは再生を進める上での合意形成のハードルも高くなる傾向にあります。

(2) 公的支援の利用の可否

高経年化して、管理不全のほかさまざまな理由で課題を抱え始めたマンションについては、「大規模修繕」とともに「大規模改修」を進めるか、思い切って「建替え」あるいは「マンション敷地売却」を選択するか、いずれかの方向で検討をすることになります。もっとも、いずれの選択をするときでも、前述の経済的な負担についての課題は残ります。

まず大規模修繕や大規模改修についてですが、この中で耐震改修については行政で補助金等の仕組みを設けていることがあります。具体的な取り組みは各自治体で異なるので、確認をされることをお勧めします。

なお、旧耐震基準のマンションの建替えの場面でも、前述の耐震補強に係る支援を利用できることがあります。所轄の自治体で耐震補強に係る補助金の制度があるときは、建替えの場面における利用の可否は確認しておくべきだと思います。そのほか、優良建築物等整備事業の補助金の仕組みがある自治体であれば、建替えに際してこの補助金を利用することができるか否かも調べて置いたほうがいいでしょう。

また、住宅金融支援機構では、共用部分のリフォームについて低利の融資の制度を設けています。詳細は同機構のホームページ等で確認されることをお勧めします**（編注：26頁に関連記事を掲載）**。

次に国の支援ですが、ここでは「マンションストック長寿命化等モデル事業」を挙げさせていただきます。この事業は、「高経年マンションを適切に維持管理するために改修や建替えにより高経年マンションの再生を促進するという国の政策目的に適合した取り組み」で、独自性、創意工夫、合理性、合意形成、工程計画、維持管理の点で総合的に優れた先導的な再生プロジェクトを公募するもので、事業が採択されると実施に要する費用の一部について補助を受けることができます。この事業の中で収集された「改修や建替えによるマンションの再生についての優良事例とノウハウ」は全国へ普及展開されることになります。

本事業は、改修や建替えについての計画時点に対する支援（計画支援型）と、具体的な工事に対する支援（改修工事支援型・建替え工事支援型）の二段階に分けて募集されており、令和6年度が最終年度となる予定です**（編注：詳細については巻頭企画参照）**。

各年度における応募状況と採択状況は98頁図3の通りです。

なおこの事業は、改修や建替えについてモデルとなるべき事業に対する支援であるため、単に「耐震改修をする」とか「建替えをする」というだけの事業は対象外となります。このことは、令和2年度第3回募集において計画支援型で2件と工事支援型で2件の応募があったものの採択が0となり、次のようなコメントが公表されていることからも確認できます。

「本事業は、マンションの再生に向けて、具体的な課題解決を図るモデル的なプロジェクトに対して支援を行い、その成果の全国展開を図る目的であるため、提案書において、提案対象のマンションを取り巻く現状及び課題の具体的な説明があり、それに対する対応策を検討し、実施に向けて具体的に提案されていることを前提に、今後普及が期待される先導性や汎用性等の観点から、採択事業として適切であるものを評価している」

「審査においては、提案内容がすでに普及しているものや特段の工夫が見られないもの、提案内容を実行するための体制や方法が具体的でないもの、提案書から当該マンションが置かれている状況や課題、それを踏まえた解決策が具体的ではなく、その提案手法を選定する合理性や実現性が判断・評価できないもの等は、採択に至らないと評価している」

もっとも、マンションの改修や建替えを進めるときにはさまざまな課題があるので、事業を進める上で多様なアイデアが必要とされています。そうしたものの中には、先進性があり他でも参考とできるものもあるはずです。その意味では、国土交通省のホームページで公表されているこの事業の採択事例の分析をすることも一つの考え方となるのではないでしょうか。

年度		提案区分	申込件数	採択件数
令和２年度	第1回	計画支援型	6	3
		工事支援型（改修）	2	1
		工事支援型（建替え）	0	-
	第2回	計画支援型	22	11
		工事支援型（改修）	6	2
		工事支援型（建替え）	1	1
	第3回	計画支援型	2	0
		工事支援型（改修）	2	0
		工事支援型（建替え）	0	-
令和３年度	第1回	計画支援型	2	2
		工事支援型（改修）	2	2
		工事支援型（建替え）	1	1
	第2回	計画支援型	8	7
		工事支援型（改修）	7	7
		工事支援型（建替え）	2	2
	第3回	計画支援型	6	2
		工事支援型（改修）	2	1
		工事支援型（建替え）	2	2
令和４年度	第1回	計画支援型	3	2
		工事支援型（改修）	2	2
		工事支援型（建替え）	0	-
	第2回	計画支援型	12	9
		工事支援型（改修）	14	4
		工事支援型（建替え）	5	5
	第3回	計画支援型	2	2
		工事支援型（改修）	5	2
		工事支援型（建替え）	0	-
令和５年度	第1回	計画支援型	6	0
		工事支援型（改修）	6	3
		工事支援型（建替え）	2	1
	第2回	計画支援型	24	4
		工事支援型（改修）	7	3
		工事支援型（建替え）	4	1

図３　マンションストック長寿命化等モデル事業　申込・採択件数

（3）モデル事業の事例 ～下野池第2住宅マンション建替え事業～

具体的な採用事例の中で、令和3年度第3回のモデル事業において計画支援型で採択され、かつ令和5年度第1回のモデル事業においても建替え工事支援型で採択された、「下野池第2住宅マンション建替え事業」について見てみましょう。

そもそも、団地の建替えや再生にはさまざまな課題があるものです。当該事業では、15棟４１０戸で構成される団地の建替えに際して、次のような検討を行うことで、課題解決のための取り組みの先進性や、他の団地再生でも参考となることが多い点をアピールしました。

	令和３年度第３回	令和５年度第１回
提案の概要	【既存住宅の仮住まい利用および地域貢献施設の導入による団地型マンションの建替え検討】 築約50年、５階建て15棟、410戸の団地型マンション。改修の場合、修繕積立金額を増額しても一時的な借入が必要であり、建替えを検討。合意形成活動の結果、2020年11月に建替え推進決議を可決、2021年に事業協力者を決定。2022年度中の一括建替え決議成立を目指し、合意形成に取り組む。	【既存住宅の仮住まい利用および地域貢献施設の導入による団地型マンションの建替え】 築約50年、15棟・410戸の団地型マンション。令和３年度の計画支援型で採択された案件。既に一括建替え決議済みであり、計画支援型で提案された既存住棟の仮住まい利用、保留敷地への地域貢献機能の導入、共用棟へのコミュニティー機能の導入、防災備蓄倉庫、ガスコージェネレーションによる災害時対応、カーシェアリングの導入などを実現する。
総評	団地型マンションの再生であり、高齢者向け住宅や医療モール等の地域貢献機能の導入を計画。既存住棟の仮住まい利用、防災備蓄倉庫、ガスコージェネレーションによる災害時対応、カーシェアリングなどの独自性・創意工夫が見られる。また、仮住まい利用をした場合の損益分岐点の検証を行う点に合理性が認められるほか、部会・ワークショップによる建替え計画検討等の合意形成上の工夫も見られる点を評価した。	解体工事時期をずらすことにより、施行マンションの一部を仮住まいとして管理運営し、仮住まいの家賃収入により団地外に仮移転する区分所有者との費用負担の不衡平を補うといった仮住まい事業や、保留敷地における医療モール、高齢者向け住宅の整備等を、創意工夫のある建替え事業として評価した。

図４　下野池第２住宅マンション建替え事業　採択結果

①高齢者向け住宅や医療モール等の地域貢献施設を含めた計画をすること
②工事を複数期に分けて行うことで、団地内で仮住まいへの一定の対応をすること
③災害時への対応やカーシェアリング等の検討

　計画支援型のモデル事業に採択後、この団地では令和5年2月に団地一括建替え決議をした上で、令和5年度第一回モデル事業において工事支援型の事業で採択されています。着実に合意形成を進めていることに加えて、特に段階施工による仮住まい対策が大きく評価されていることが総評からも確認できます。規模が大きな団地では、一斉に仮住まいの需要が出たときの対応は大きな課題になるといわれていますが、段階施工によりこの課題を解決したことが高い評価につながりました。

まとめ

　わが国では住宅は新築が好まれる傾向が続いていましたが、前述のとおり今後はストックが重視されるようになることが想定されます。

　そのため、既存ストックを良好な状態で維持することは不可欠になると思われますし、また老朽化等が顕著となったストックの解消も重要なテーマとなります。ことにマンションは多くの区分所有者で構成される不動産であるため、改修をするときも建替えやマンション敷地売却を進めるときも合意形成が必要となることが、これらの問題を考える上での大きな課題となります。

　今般の区分所有法の改正で、所在不明区分所有者の取り扱いや、決議要件の緩和等が実現するため、合意形成のハードルは下がるといわれています。一方で、改修を進めるときはもとより、建替えやマンション敷地売却で対応するときにも、経済的な負担が大きければ、法改正後も引き続き合意形成が大きな課題であることは間違いないでしょう。

　この点をクリアするためには、修繕積立金の拡充等、管理組合で可能な準備をしておくことが必要ですが、併せて公的な助成の仕組みについても確認しておくべきでしょう。

　最後に、修繕までは通常のマンション管理会社の業務の中で受ける支援の範囲で対応することが可能ですが、改修や建替えの検討を進めるときは専門家の協力が重要です。検討の比較的早い時点から、コンサルタントや事業協力者等の専門家とともに計画を進めることをお勧めします。

モデル事例

マンションの長寿命化に取り組む企業紹介

CASE 01

修繕
改修

建設DX、SDGsに向けた先進的な取り組みにチャレンジ

Brillia Tower KAWASAKI

所在地
神奈川県
川崎市

Brillia Tower KAWASAKI、川崎駅や商業施設へのアクセスが良い利便性の高い地域に建つ、２００８年に竣工した地上34階建て３９５戸の超高層マンションです。

今回の工事は、外壁・屋上防水工事を含む第1回目の大規模修繕工事にあたり、建設ＤＸ、いわゆるデジタルトランスフォーメーションによ

修繕・改修DATA

改修年月	2022年2月～11月
改修実施時の経年	14年
構造・規模	RC造34階建て
総戸数	395戸
設計監理者	(株) MTK
施工者	建装工業 (株)

物件DATA

工事費用
5億330万円 (追加工事含む)
物件の種類
マンション（単棟）
物件規模
大規模（200戸超）
竣工年
2008年

SDGsを啓発する仮囲い

共用部内観

共用部内観

建設DXの推進による働き方改革

現場でのタブレットの活用

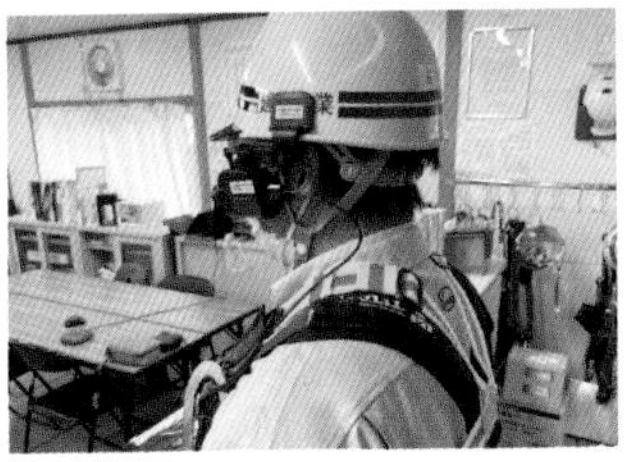
ウエアラブルカメラの実装

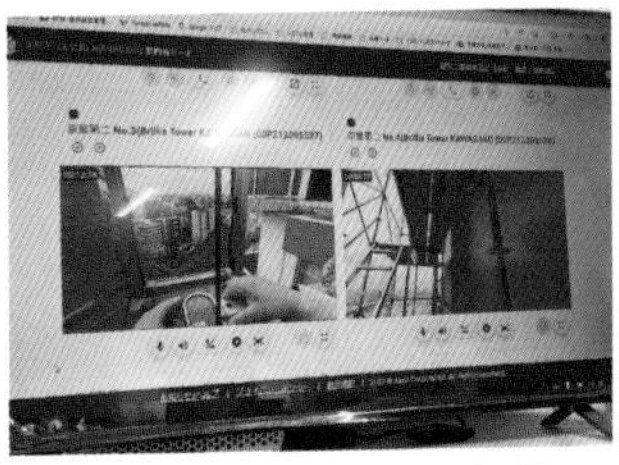
リモートでの現場状況の把握

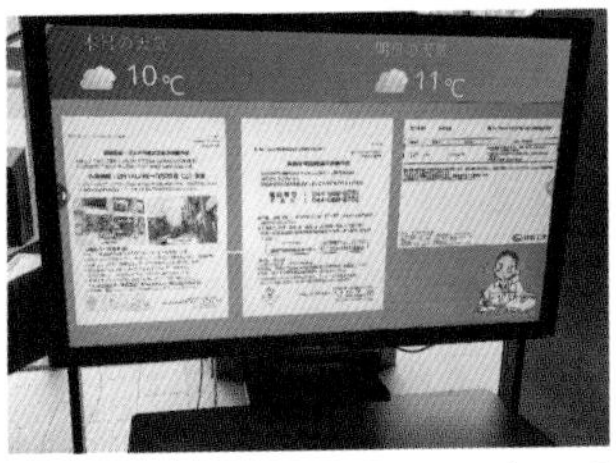
情報発信システム「KENSOメディア」

る建設現場での働き方改革とＳＤＧｓに向けた取り組みを積極的に実施。現場の生産性向上を推し進めた点が評価され、（一社）マンション計画修繕施工協会による「第13回マンションクリエイティブリフォーム賞」を受賞しました。

具体的には、従来は紙の図面を出力し現場に持ち込み、外壁劣化状況の調査結果などを手書きで記入していたのに対し、本工事では電子機器（タブレット端末）に図面などの電子データを保存して持ち運び、現場で補修個所などを確認のうえ直接記載することを可能にしました。これによって2次元ＣＡＤ清書や集計作業等が不要になるのに加えて、各種図面や仕様書などの膨大な情報を都度事務所に戻らずに確認できるようになり、業務の効率化を図ることができました。

また超高層マンションであるため、現場代理人と現場担当職員による現場状況把握に基づいた指示、確認作業について、ウエアラブルカメラの実装によりリアルタイムによるリモート対応を行いました。さらに、マンションで導入されているＩＣカードによる入退館システムを活用し、セキュリティーの向上と入退館管理を徹底しました。

このほか、大規模修繕工事そのものがＳＤＧｓに寄与する事業ということを見つめ直し、現場でできるＳＤＧｓの取り組みとして、共聴設備を利用したＴＶ、パソコン、スマートフォン、そして館内に設置したデジタルサイネージなどによる情報発信システム「ＫＥＮＳＯメディア」を活用。現場のペーパーレス化を進めました。さらに、「見られる現場」から「見せる現場」へと変えていきたいという思いから、外部との仮囲いにＳＤＧｓの啓発を目的に「地球のことを考える現場シート」を作成。シートには地球のことを考える質問を季節ごとに掲示し、通行者に対して持続可能な社会の実現へ向けての思いを伝えました。

問い合わせ先
建装工業株式会社
首都圏マンションリニューアル事業部
〒105-0003
東京都港区西新橋3-11-1
☎03-3433-0503
https://www.kenso.co.jp/

CASE 02

修繕
改修

建物の耐用年数の延伸、美観の回復、住環境の整備、資産価値の維持向上を図る

パークシティ白岡

所在地
埼玉県
白岡市

修繕・改修DATA

改修年月	2022年5月～2023年6月
改修実施時の経年	第1回目大規模修繕工事より15年
構造・規模	SRC造14階建て・3棟
総戸数	796戸
設計監理者	㈱T.D.S
施工者	㈱アール・エヌ・ゴトー

パークシティ白岡はA・B・C棟の3棟からなる大型物件で1995～1997年竣工の集合住宅です。2007～2008年に第1回目の大規模修繕工事を実施し、そこから15年経過した今回が2回目の大規模修繕工事となります。本工事は、建物の耐用年数の延伸、美観の回復、住環境の整備、資産価値の維持向上を目的として実施しました。

第1回目の大規模修繕工事もアール・エヌ・ゴトーで実施しており、その時のノウハウを生かし、今回の工事を受注しました。今回の工事においては、外壁タイル面およびコンクリート面の補修、各所シーリング打ち替え、外壁塗装の塗り替え、各所防水工事を実施しました。外壁タイルおよびコンクリート補修については、大半がプレキャストコンクリート構造ということもあり、接合部以外の部分に関しては、全体的に良好な状態でした。美観回復の観点より、外壁等塗装工事においては、超低汚染塗料や無機塗料を採用し、長寿命化を図っています。また、駐車場棟の著しい汚れ部分には、光触媒塗料を採用しました。

住環境の整備という観点において

物件DATA

工事費用
約7億円
物件の種類
団地（2棟以上）
物件規模
大規模（200戸超）
竣工年
A棟：1997年、B棟：1996年、C棟：1995年

電動アシスト自転車等が置ける平置きスペース

ラックが新設された駐輪場

交換後の隔壁板

は、以下3点の工事を実施しました。

一つ目は、外構照明のLED化です。近年照明器具のLED化が進んでいる中で、当マンションにおいても建屋内は既に変更を完了しており、今回の工事においては、未着手であった外構回りのLED化を実施しました。特に、照明器具の照度と光色については、数回にわたり試験施工を実施、夜間に管理組合ならびに専門委員会での確認を経て決定しました。

二つ目は、駐輪場への自転車ラックの新設です。新築当初より駐輪場には自転車ラックがなく登録制にて対応していましたが、無造作に自転車が駐輪されている状態となっており、また強風時には自転車がドミノ倒しになるなど自転車の出し入れにも支障がある状態でした。新規駐輪ラック設置にあたり、まず必要台数を把握することから計画を開始し、近年の登録台数や最近の自転車の種類の傾向（電動アシスト自転車やタイヤ幅の異なる自転車など）を踏まえて自転車ラック設置台数を決定しました。また、平置きスペースを設けることにより、子供用自転車や電動アシスト自転車へも対応しています。

三つ目は、隔壁板の交換です。今回の隔壁板交換においては、隔壁板の枠を超高層建物に使用されている枠へと変更し、また隔壁板を押さえる金物についても、通常より板厚を厚くし、さらに隔壁板の先端上部に金物を用いた天井への補強も行いました。

本工事は、着工から竣工まで発注者である管理組合ならびに専門委員会のリーダーシップと懸案事項に対する迅速な対応、計画段階から設計監理まで的確な指示を行った設計監理者、および各居住者の理解と協力により全ての工事を無事完成とすることができました。

LED化された外構照明

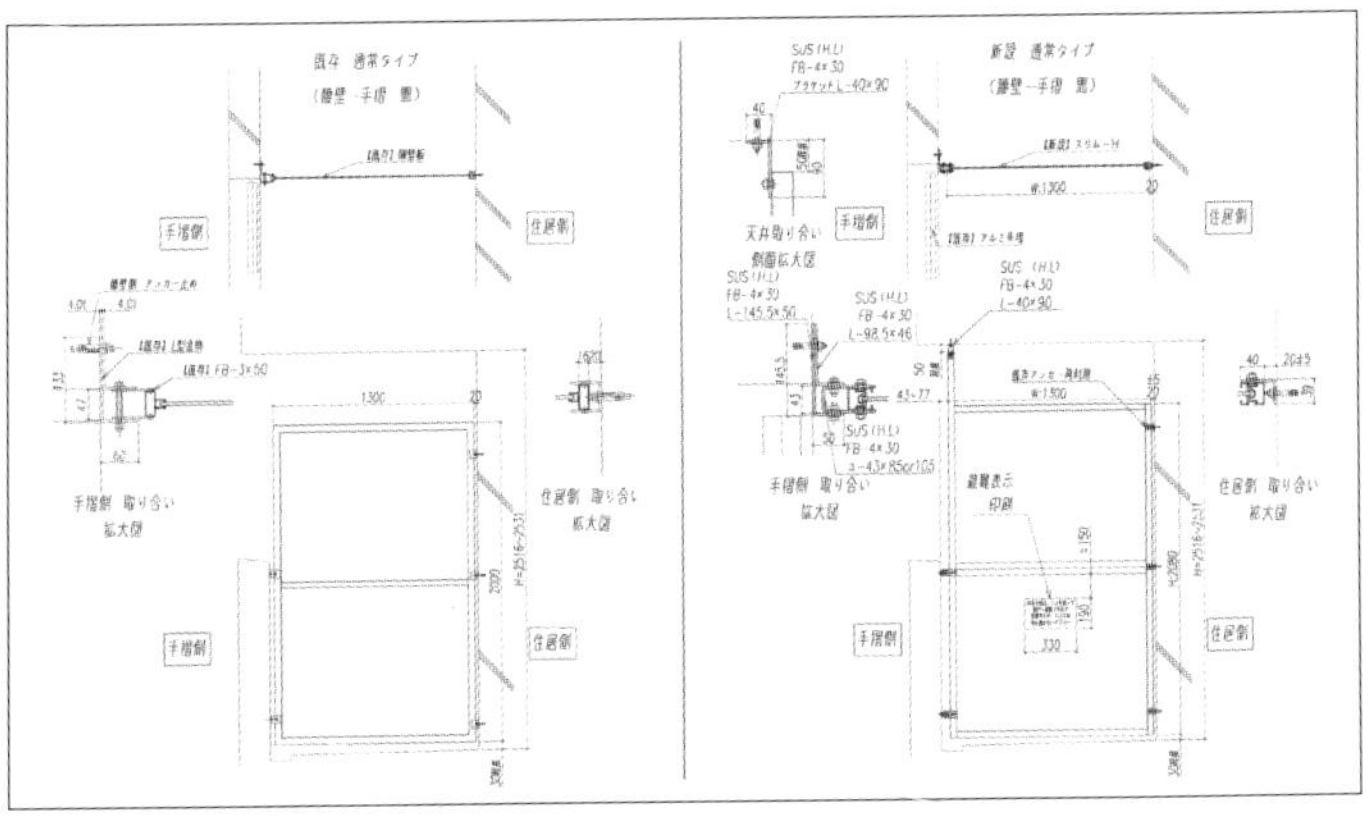

新旧の隔壁板の比較図面

問い合わせ先

株式会社
アール・エヌ・ゴトー

〒211-0043
神奈川県川崎市中原区新城中町16-10
☎044-777-5158
http://www.rngoto.com

CASE 03

修繕
改修

維持管理の負担低減や生活価値の向上を目的とした大規模修繕工事

稲城ハイコーポ

所在地
東京都
稲城市

稲城ハイコーポは最寄り駅からもほど近く、周辺には商業施設や教育機関の充実した立地に建つ、1972年2月に竣工した分譲マンションです。自分たちの家であるマンション（集合住宅）を健全な状態に維持していこうという意識が高い委員会や理事会が、日頃からマンションの管理やメンテナンスに積極的に関わっているため、築43年という経年を全く感じさせず、「マンションの価値は築年数に関係ない」ということを証明している建物となっています。

　今回の工事では、外壁塗装や防水改修といった一般的な改修工事のほかに、日常の生活で不具合を感じている箇所を改善するための工事や、生活価値の向上を目的とした自動ドアの新設工事も実施されています。さらに、安全にメンテナンスができるようにとタラップを新設するなど日常の管理・点検のための工事が行われた点も、当マンションの特徴を表しているといえるでしょう。

　屋上防水は、かぶせ工法による改修が既に3回実施されていたため、今回は既存防水を撤去した上で断熱遮熱工法による改修が行われまし

修繕・改修DATA

改修年月	2021年9月~2022年3月
改修実施時の経年	42年
構造・規模	SRC造13階建て
総戸数	202戸
設計監理者	㈱小野富雄建築設計室
施工者	リノ・ハピア㈱

物件DATA

工事費用
1億8,500万円
物件の種類
マンション（単棟）
物件規模
大規模（200戸超）
竣工年
1979年

施工前

左から、建物外観、廊下、屋上の様子。住民の管理意識が高かったため、築年数の割には良好な状態を保っていた。

施工後

廊下

屋上は遮熱塗料により改修

定期的なメンテナンスのために新設されたタラップ

自動ドアが新設され生活価値も向上

た。遮熱保護塗装は屋上表面温度の上昇を抑制し、室内温度の上昇を和らげるだけでなく、防水層の劣化抑制効果も期待できるため、修繕周期の延伸につながります。

外壁塗装工事においても、現時点で最も耐用年数の長い高耐候性フッ素塗料を採用することで、修繕周期の延伸を図っています。大規模修繕工事は、「大規模仮設工事」と言っても過言ではないほど仮設工事にかかる費用が大きくなります。したがって、足場を必要とする外壁の修繕周期を長くすることは長期的なトータルコストの軽減＝修繕積立金の軽減に大きく寄与します。

修繕計画の中で予定された「工事を行うこと」で安心してしまいがちですが、本マンションのように「維持費軽減や生活価値の向上」を目的に掲げ、1回の工事内容だけにとどまらず長期修繕計画の適切な見直しなどを含めた総合的な検討を行うことが、マンション管理成功の鍵となるのではないでしょうか。

問い合わせ先

リノ・ハピア株式会社

〒145-0062
東京都大田区北千束3-1-3
☎03-3748-4011
https://reno-happia.co.jp/

CASE 04

修繕
改修

アスタくにづか3番館

綿密な施工計画と安全対策を徹底した、複合型超高層マンションの大規模修繕工事

所在地
兵庫県
神戸市

修繕・改修DATA

改修年月	2021年6月~2022年6月
改修実施時の経年	19年
構造・規模	SRC造29階（地下1階）建て
総戸数	155戸（住戸）
設計監理者	㈱山本設計
施工者	建装工業㈱

アスタくにづか3番館は、阪神淡路大震災の震災復興市街地再開発事業によって建設された、地下1階、地上29階建ての建物で、地下から2階までが店舗（71軒）、3階から5階が駐車場（500台）、6階から29階までが住居（155戸）で構成される用途複合型マンションです。

一般のマンションとは異なる複合型マンションであるため、店舗、駐車場、住戸それぞれの用途や業務に配慮した、多岐に及ぶ打ち合わせや施工計画の構築が必要でした。計画の構築にあたっては、工事によって商業施設の営業に悪影響を生じさせないよう、昼間工事と夜間工事が混在する進行を採用。昼間と夜間それぞれの作業チームが、工程上の引継ぎ事項を丁寧に伝達する体制を整え徹底しました。これにより、店舗、駐車場、住戸、いずれのエリアにも影響を与えない工事を実現。特に、建物の西面は最寄り駅のJR長田駅から続く商店街に面しているため、足場を組まずに高所作業車を使用し、夜間工事にて対応することで、店舗の営業に支障が出ないようにしました。

物件DATA

工事費用	6億4,086万円（追加工事含む）
物件の種類	マンション（単棟）
物件規模	大規模（200戸超）
竣工年	2004年

店舗部分内観

施工中外観

高所作業車の使用で店舗への影響を抑制

吹き抜け上部に採用された特殊なガラス

徹底した落下物対策

レールゴンドラによる外壁補修

店舗吹き抜け上部のガラス屋根の改修においては、夏場の日差しによる室温上昇を抑止したいとの要望があり、当初計画を変更。乳白色フィルムを挟んだ合わせガラスへの交換を提案し、採用されました。このガラスには、日射対策だけではなく万が一割れても飛散しないような安全性の高い中間膜を採用しています。施工に際しては、ステージ足場の上部に隙間なくコンクリートパネルや足場板を敷き込み、ほこりなども落下しないように注意を払い、安全対策についても徹底しました。

　外壁の修繕作業においても、全面養生し徹底した落下物対策を行いました。住宅棟の外壁補修ではレールゴンドラを使用し、バルコニー内部の作業では隔て板に開閉加工を施すことで、作業員の動線と効率性を確保しました。

　本工事は、施工管理体制を構築するこれらの取り組みが先進的であると評価され、（一社）マンション計画修繕施工協会による「第13回マンションクリエイティブリフォーム賞」を受賞しています。

昼間工事と夜間工事の両立

昼間と夜間それぞれのチームが引継ぎを徹底し、住民や利用者へ影響を与えない工夫がなされた。

〈 昼間工事 〉

〈 夜間工事 〉

問い合わせ先

建装工業株式会社
関西支店

〒564-0063
大阪府吹田市江坂町2-1-52
☎06-6821-3611
https://www.kenso.co.jp/

CASE 05

修繕
改修

外壁改修で塗膜の全剥離を実施 アスベスト飛散防止に万全を期した施工

相武台第4住宅

所在地
神奈川県
相模原市

修繕・改修DATA

改修年月	2023年10月～2024年4月（予定）
改修実施時の経年	56年
構造・規模	RC造4階建て・4棟
総戸数	120戸
施工者	ヤシマ工業㈱

物件DATA

工事費用
1億2,600万円
物件の種類
団地（2棟以上）
物件規模
中規模（50戸超200戸未満）
竣工年
1967年

相武台第4住宅は、東京ドーム約7個分の敷地に賃貸住宅11棟、分譲住宅82棟の計93棟からなる総戸数約2，500戸を擁する相武台団地の一画にあります。竣工から56年が経過していますが、近年では多世代交流拠点や高齢者支援施設の設置、外部への情報発信などを行い、バリューアップに積極的な団地として知られています。

ヤシマ工業では2005年に本物件の第二回目の大規模修繕工事を施工し、その後も部分補修工事や玄関扉交換工事などの実績を積み重ねることで管理組合からの信頼を得て、その縁から2020年の建物診断の依頼を受けました。診断結果を踏まえて施工箇所、範囲、方法などの打ち合せを重ね、今回の第3回の大規模修繕工事の実施に至りました。

管理組合との協議の結果、今回工事では外壁補修（階段室・バルコニー内を除く既存塗膜全剥離による塗装改修）、シーリング、鉄部塗装、防水、その他工事（金物交換・点検口交換・床タイル改修）が計画されています。

外壁については、管理組合で実施した既存塗膜付着力試験により付着

施工前（石綿飛散防止のため養生を徹底）

湿潤材の塗布

剥離剤の塗布

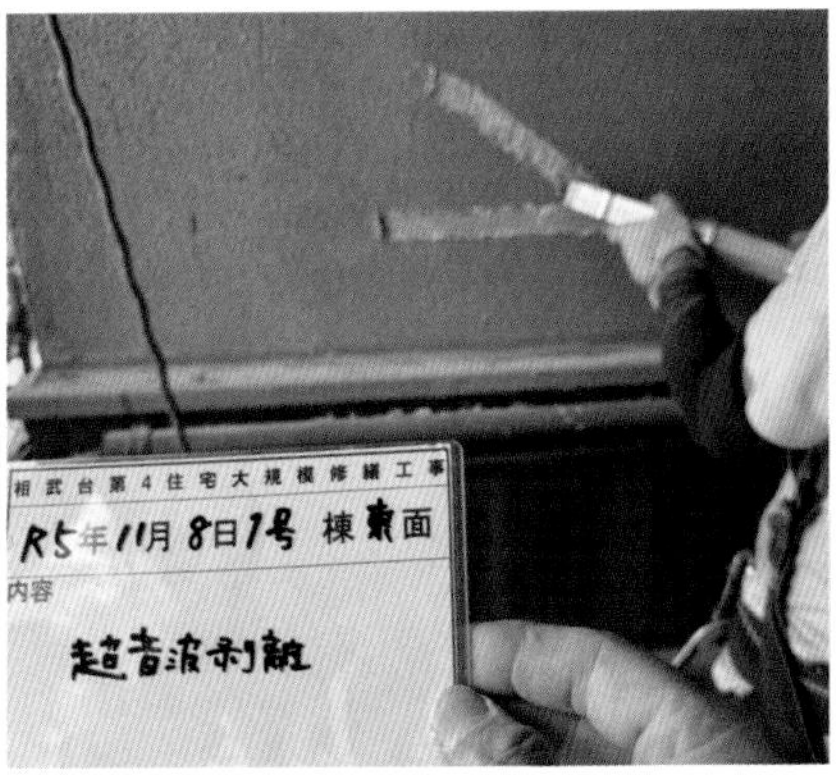

超音波剥離機による剥離

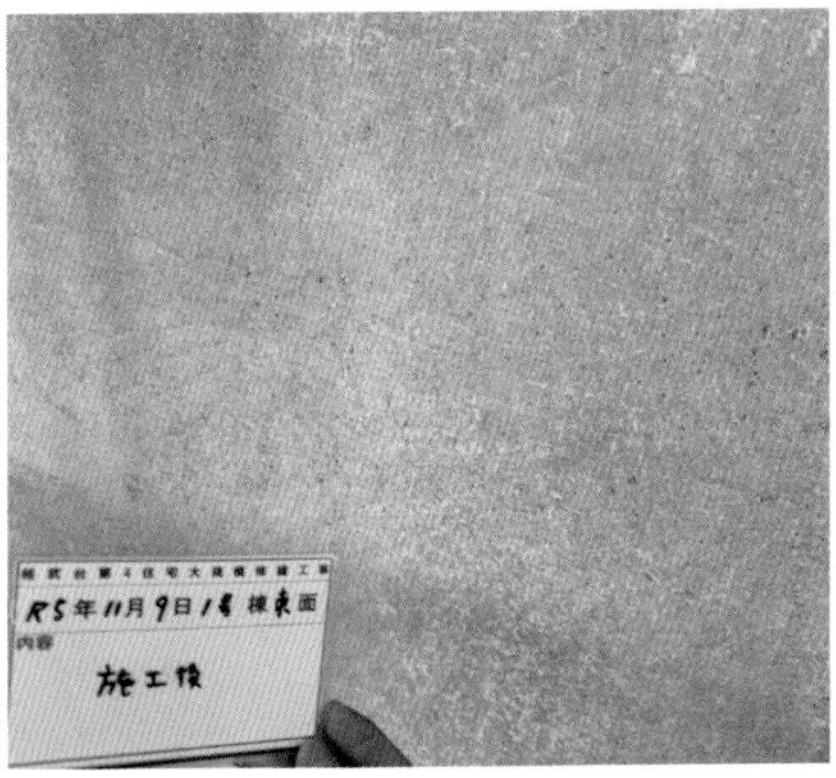

剥離後の外壁

薄塗り施工後

施工中の外観

力不足が判明したため、塗膜の全剥離を行うことになりました。また塗膜の剥離に伴い、壁、上裏、腰壁について4棟（計12検体）での石綿（アスベスト）含有調査を実施したところ、全ての箇所で下地調整材に石綿が含有されていることが分かりました。そのため、既存の塗膜を除去する際には、安全に作業を進めるために湿潤材、剥離剤、超音波剥離機を併用した手法を採用しました。また、注意が必要な階段開口部などは特に慎重に養生を行うなど、石綿飛散防止対策には万全を期しています。

２０２３年12月現在はシーリング工事、剥離部の薄塗補修、下地補修を実施中ですが、剥離箇所の下地補修の作業が多くなっているため、なるべく段差などができないように丁寧な作業を行うなど、管理組合との連携、協力のもと、順調に工事は進捗しているとのことです。

問い合わせ先

ヤシマ工業株式会社

〒165-0026
東京都中野区新井2-10-11
☎03-6365-1818
https://www.yashima-re.co.jp/

CASE 06

修繕
改修

施工後のメンテナンス軽減も考慮された マンション全体の排水管更生工事

グリーンパーク船橋

所在地
千葉県
船橋市

物件DATA
工事費用
7,500万円
物件の種類
団地（2棟以上）
物件規模
中規模（50戸超200戸未満）
竣工年
1992年

修繕・改修DATA	
改修年月	2023年8月～11月
改修実施時の経年	32年
構造・規模	SRC造13階建て・2棟
総戸数	142戸
施工者	㈱タイコー

グリーンパーク船橋は、京成本線谷津駅と船橋競馬場駅の中間に位置し、閑静な住宅地に建つ２棟からなる大型集合住宅です。近年は特に経年劣化による専有部排水管からの溢水が懸案事項でした。事前の調査結果でも、排水竪管内部が７～８割程閉塞し、配管外面も腐食しかけている状態が確認されました。そこで、マンション全体の排水設備改修工事の実施に向けて検討を重ねてきました。

排水管改修工事には専有部分内作業が必須であるため、全住戸（１４２戸）への入室日の在宅確認や長期連絡不通住戸へのアポイント等が懸念されたため、排水管改修工法には株式会社タイコーが工法開発元であるＣＳＣ（サイクロンスーパーコート）工法を採用しました。この工法は、抗菌材を配合した特殊エポキシ塗料を採用しています。抗菌剤を配合させることで配管内の雑菌の繁殖・汚れの付着・粘つきヌメリ・臭いの発生を制御し、衛生的な配管の長期的な維持が図れます。汚れの付着を抑えることにより、施工後の配管メンテナンスの軽減も見込めるメリットがありました。

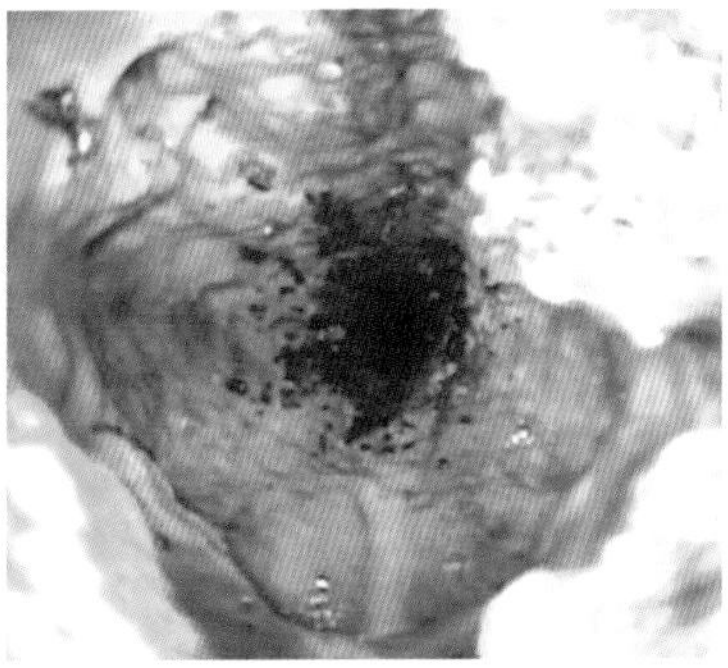

作業前の配管内部

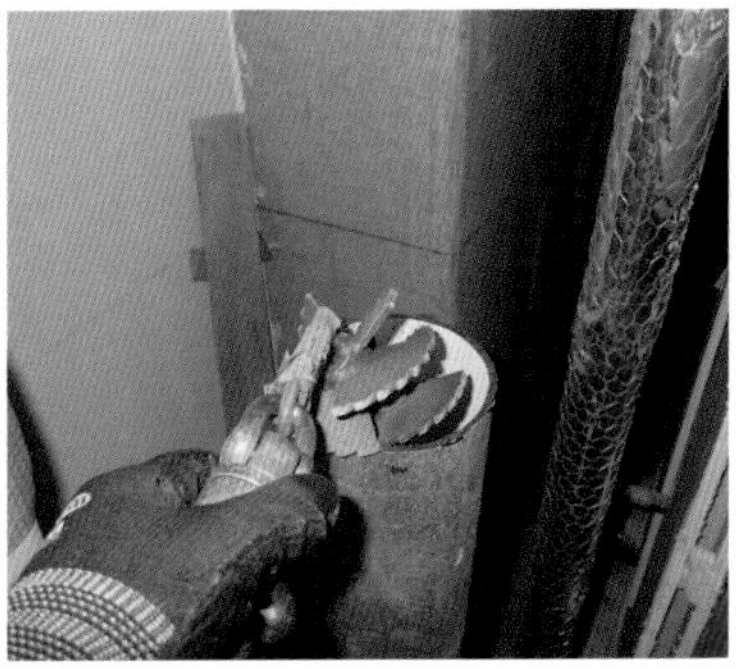

研磨作業

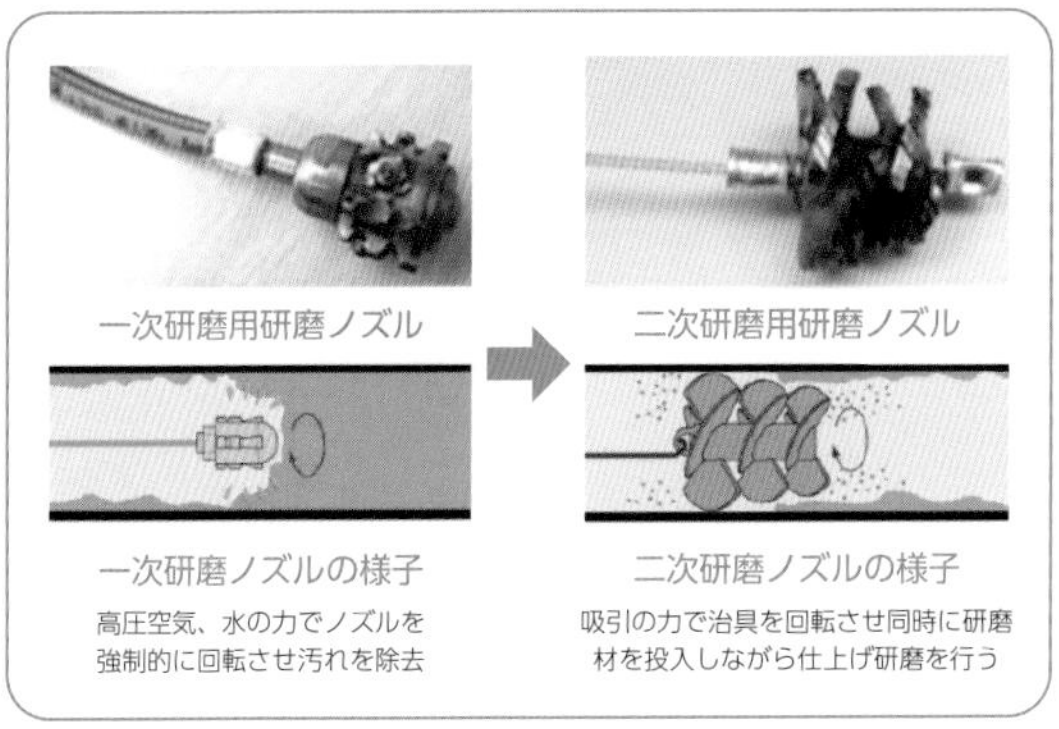

一次研磨用研磨ノズル
二次研磨用研磨ノズル
一次研磨ノズルの様子
高圧空気、水の力でノズルを強制的に回転させ汚れを除去
二次研磨ノズルの様子
吸引の力で治具を回転させ同時に研磨材を投入しながら仕上げ研磨を行う

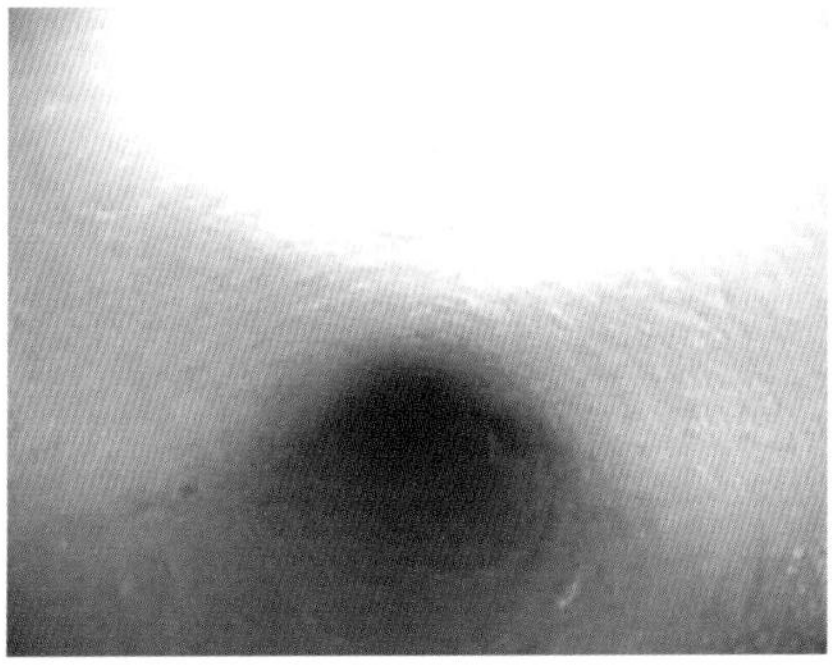

研磨後の配管内部

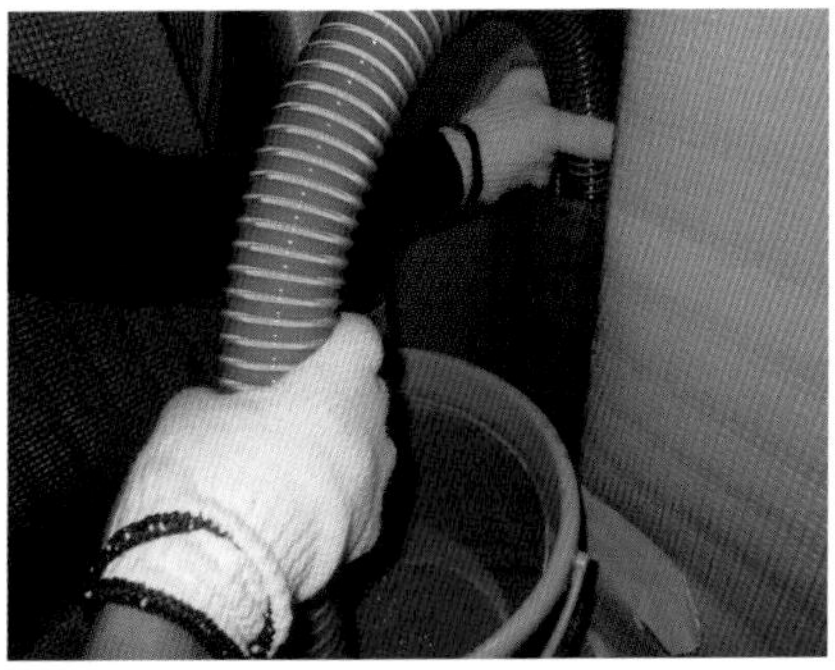

エポキシ樹脂塗布作業

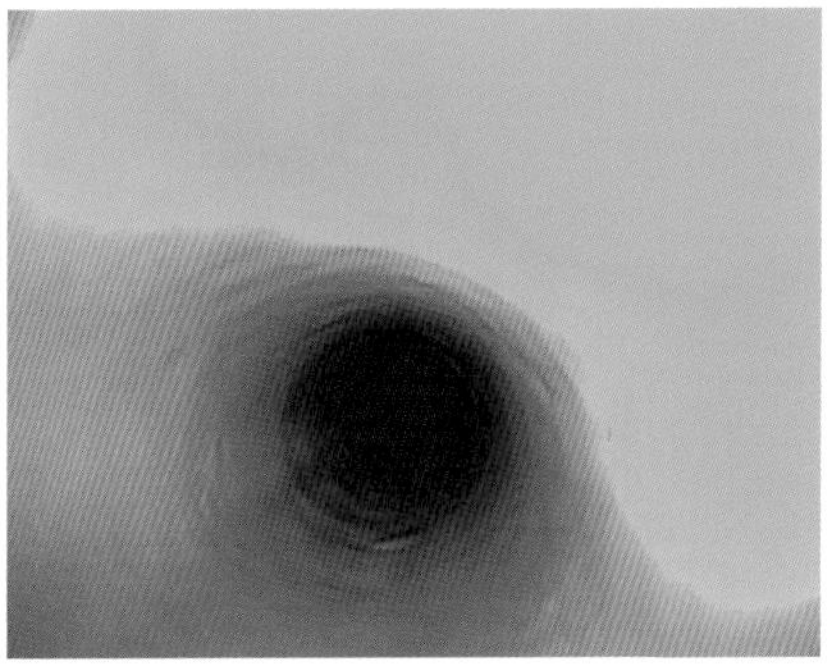

エポキシ樹脂塗布後の配管内部

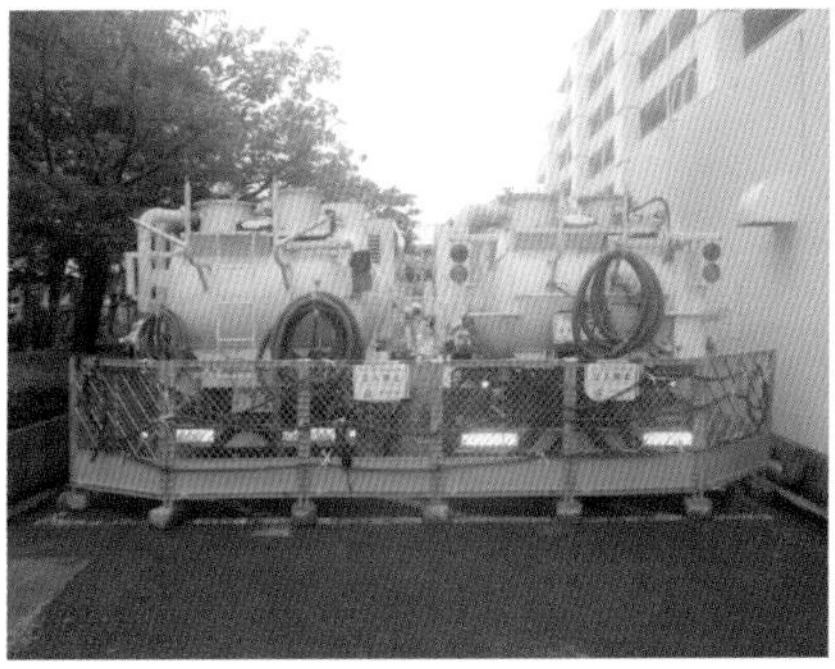

吸引車設置状況

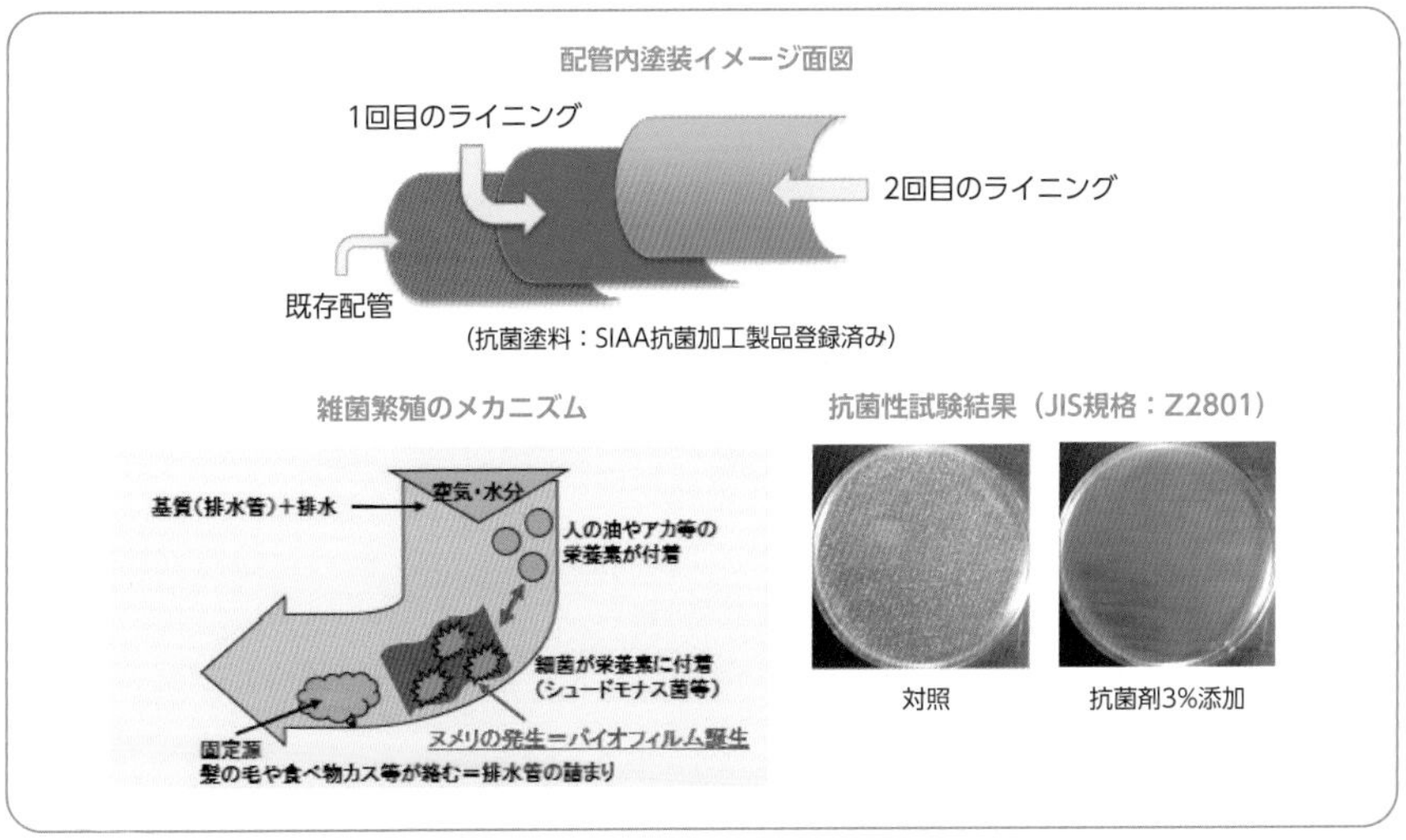

配管内塗装イメージ面図
1回目のライニング
2回目のライニング
既存配管
(抗菌塗料：SIAA抗菌加工製品登録済み)
雑菌繁殖のメカニズム
基質(排水管)+排水
空気・水分
人の油やアカ等の栄養素が付着
細菌が栄養素に付着(シュードモナス菌等)
ヌメリの発生＝バイオフィルム誕生
固定源
髪の毛や食べ物カス等が絡む＝排水管の詰まり
抗菌性試験結果（JIS規格：Z2801）
対照
抗菌剤3%添加

施工は1住戸に排水竪管が2～5本あり、1日間で1本の工事を実施しました。また、今回は老朽化した配管に対しての更生工事であったため、より慎重・丁寧な施工を心掛け、徹底した事前調査により、劣化が進行した部位は配管等の更新も行い、劣化による溢水・漏水が懸念される金属配管は全て改修を行いました。

今回の施工により、金属配管の腐食抑制、また、施工後のメンテナンスの軽減が図られ、将来起こりうるトラブルを未然に防ぎ、住民に安心した暮らしを提供することができました。

問い合わせ先

株式会社タイコー
東京支店

〒104-0045
東京都中央区築地192 イセツネビル2階
☎03-3546-3700
https://taikoh-e.com/

CASE 07

修繕
改修

築40年超の大規模マンションの給排水配管改修工事

稲城ハイコーポ

所在地
東京都
稲城市

物件DATA

工事費用	2億5,000万円
物件の種類	マンション（単棟）
物件規模	大規模（200戸超）
竣工年	1979年

修繕・改修DATA

改修年月	2022年5月～2023年5月
改修実施時の経年	43年
構造・規模	SRC造13階建て
総戸数	202戸
設計監理者	㈱小野富雄建築設計室
施工者	㈱スターテック

稲城ハイコーポは1979年2月に竣工した、地上13階建て、総戸数202戸の大規模マンションです。

今回の工事では、老朽化した給排水配管の改修と合わせて、直結増圧システムへの改修も行いました。直結システムのメリットを生かすため、ポンプからの配管を最下階で接続することとし、これによって停電時でも中層階までは給水できるようになっています。

給排水配管の改修工事においては、一部専有部分内の工事が必要でした。修繕委員会としては、居住者の生活への影響が大きいと考え、住民に納得してもらうことを最重要課題として計画をスタートしました。そのため、実際に給排水の改修を行っているマンションでの見学会を企画し、工事内容や方法を見てもらったうえで、修繕委員や施工会社から具体的な説明を行いました。

その中で、専有部分内工事（管理組合負担）では床や壁を剥がす必要があるため、専有部の配管改修工事（区分所有者負担）も同時にかつ、安価に行うことが可能であることから、オプション工事として設定する

駐車場脇に新設された増圧ポンプ

増圧ポンプ付近の埋設管

メーターボックス内の給水管

施工前

施工後

保温材を施した給水管

専有部分の配管改修

施工前

床解体後

配管改修後

ことを提案しました。その結果、区分所有者に対して行った専有部分配管改修工事のアンケートでは、多くの住戸からの申し込み希望がありました。

給排水管の改修に当たっては、専有部分まで更新しなければ下階への漏水事故等のリスクが解消されたことにはならないため、区分所有者の意向を尊重しながら、可能な限り同時に行うことが重要となってきます。ただし、共用部分工事と専有部分工事を同時に監理しなければならず、現場代理人の負担は大幅に増えますので、対応可能な施工会社の選定が成功の鍵となると考えられます。

問い合わせ先

株式会社
スターテック

〒144-0052
東京都大田区蒲田3-23-8
蒲田ビル9階
☎03-3739-8851
http://www.star-tech.biz/

CASE
08
建替え

給田北住宅（アトラスシティ千歳烏山グランスイート）

容積率特例を活用して住宅団地の建替えを実現

※上写真は完成予想図

建替えDATA

	Before	After
竣工年	1971年	2025年予定
敷地面積	12,033.90㎡	12,033.90㎡
延床面積	11,616.59㎡	20,196.02㎡
建ぺい率	-	約50%
容積率	78%	約137%
土地の権利形態	所有権	所有権
構造・規模	RC造7階建て・2棟	RC造4階（地下1階）建て・2棟
総戸数	171戸	248戸
間取り	3DK	1LDK～4LDK
各戸専有面積（㎡）	50.25～57.53㎡	39.6～90.98㎡

所在地
東京都
世田谷区

物件DATA

物件DATA
工事費用
約90億円
物件の種類
団地（2棟以上）
物件規模
大規模（200戸超）
建替え決議等
区分所有法70条
事業手法
円滑化法（組合施行）

給田北住宅は、1971年に建設された7階建て2棟からなる住宅団地です。特急停車駅である京王線千歳烏山駅から徒歩9分と都心方面へのアクセスも良好な立地でありながら、周辺は戸建て住宅や低層のマンションなどが立ち並ぶ落ち着いた住宅街にある、緑豊かな環境です。しかし、建築物の高経年化に伴い、給水やガスなどの設備関係に不具合が生じていたほか、電気容量が不足している、室内のバリアフリー化がなされていないなど、現在の建物に求められる一般的な水準を満たしておらず、住まい続ける上でのさまざまな課題が生じていました。

そうしたなか、2012年に行われた耐震診断で、2棟ともが現在求められる耐震性能を満たしていないことが明らかになり、その他の積み重なる課題も含めて解決するために、団地管理組合が中心となり再生検討が始まりました。その後約6年

にわたり建替えに向けた検討・協議を重ねた上で、2018年には事業協力者として旭化成不動産レジデンス株式会社および丸紅都市開発株式会社を選定。その協力も得て171戸の団地建物所有者における合意形成を進めた結果、2021年に一括建替え決議が可決されました。

給田北住宅の建替えの検討においては、余剰容積率が多くないことが計画を進める上での大きな課題となっていました。そこで、「マンションの建替え等の円滑化に関する法律」に定める「除却の必要性にかかる認定」を取得した上で、同法で定める「容積率の特例」の許可を受けることとし、行政協議を重ねました。その結果、この建替え計画では、従前の建物よりも大きな規模で再建マンションを建築することが可能となりました。

これまで、高経年マンションの再生を支えるためさまざまな制度改正が行われてきましたが、2014年の法改正で整えられた当該制度を有効に活用することにより、マンションの建替えが一層進むことが期待されています。給田北住宅の建替えは、当該制度により再生が後押しされた好事例であるといえるでしょう。

一括建替え決議後はマンション建替組合を設立して事業を推進し、2022年7月に権利変換認可を受け、8月には解体工事に着手しました。2025年に竣工予定の再建建物は、安心・快適に暮らせる現代の耐震性・居住性を満たすとともに、中庭を配して緑豊かな住環境を受け継ぐ、2棟4階建て・248戸の住宅団地に生まれ変わることとなります。

建替えの流れ

2018年 4月	事業協力者決定
2021年 5月	建替え決議成立
2022年 2月	給田北住宅マンション建替組合設立
7月	権利変換計画認可
2023年 7月	新築工事着手
2025年 7月	竣工予定

問い合わせ先

旭化成不動産レジデンス株式会社

〒101-8101 東京都千代田区神田神保町1-105
神保町三井ビルディング
☎0120-691-512
https://www.afr-web.co.jp/tatekae-lab/index.html/

丸紅都市開発株式会社

〒108-8088 東京都千代田区大手町1-4-2
☎03-6268-5311
https://www.mred.co.jp/

長期寿命の樹脂管、大流量のRevosで安心・安全な暮らしを

オンダ製作所

オンダ製作所は、配管資材の総合メーカーとして、60周年を迎えました。1998年に外径シール構造ワンタッチ継手「ダブルロックジョイント」を発売し、20年以上ご愛顧いただいております。そして、さらなる進化を追い求め、2018年に「ダブルロックジョイントRevos」を発売。これからも皆さまが満足する製品を開発してきます。

国内の現状

国土交通省の調査では、2021年末時点で685・9万戸の分譲マンションストックがあり、そのうち115万戸が築40年以上経過していると推計しています。築40年以上のマンションは、20年後には約3・7倍の425万戸に達する見込みです。

マンション専有部の課題

1990年以前に建設されたマンションでは、給水・給湯配管は金属配管となっています。技術の進歩により建物は長期間の居住が可能となりましたが、金属管の寿命は一般的に30年とされ、経年劣化による腐食から赤水や漏水事故が増加することが予想されます。マンション共用部は管理組合にて修繕が行われますが、給水給湯配管がある専有部分は、区分所有者の維持・管理範囲のため、漏水等の事故があった場合は個人での対応が求められます。そのため、不安を抱える住民が少なくなく、専有部の給水給湯管の更新は大きな課題ともいえるのです。

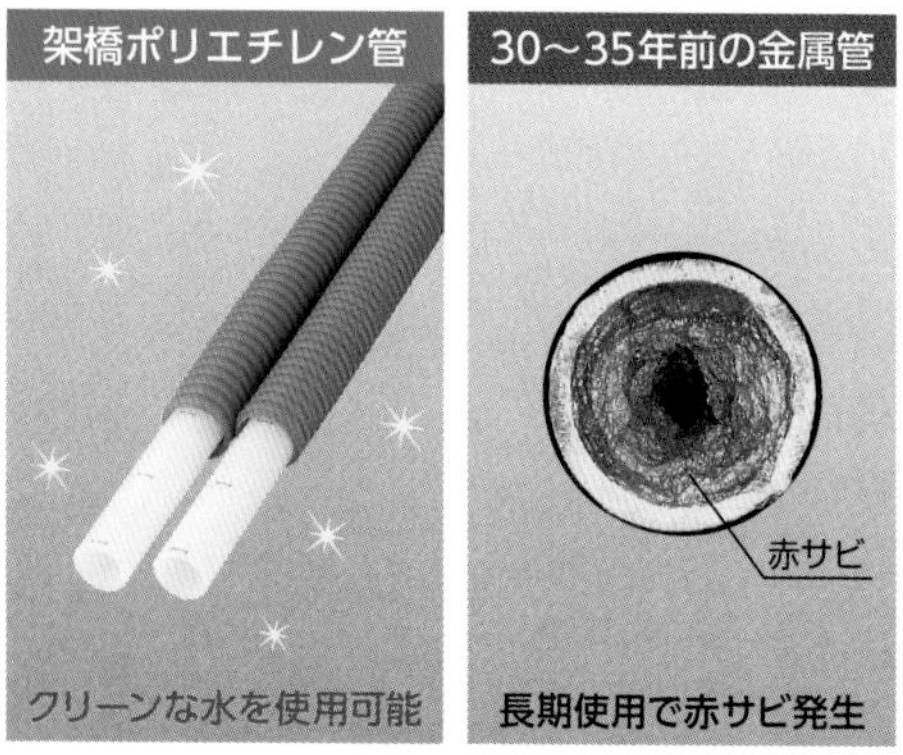
架橋ポリエチレン管
30〜35年前の金属管
赤サビ
クリーンな水を使用可能
長期使用で赤サビ発生

図1　金属管と樹脂管の比較

専有部樹脂配管への更新

近年、新築やリフォーム住宅の給水給湯配管として架橋ポリエチレン管が多く使用されるようになりました。耐食性や耐久性に優れていることから「約55年相当の寿命がある」といわれおり、マンションの資産価値を長期間維持できるとともに、安心して快適な生活を送ることができます。

配管更新工事は入居者の生活と同時進行のため、作業のスピードが求められます。架橋ポリエチレン管は、配管を保護する被覆材に擦れ傷が付きやすく、配管についた巻きぐせ「ねじれ」により、作業の負担が大きくなります。弊社のコルゲートイージーカポリは、傷付きにくい保護管を採用し、テープ等で補修する作業がありません。さらに、巻きぐせを解消したことで取り回しが良くなり、リフォーム工事での管更新時には特に重宝されています。

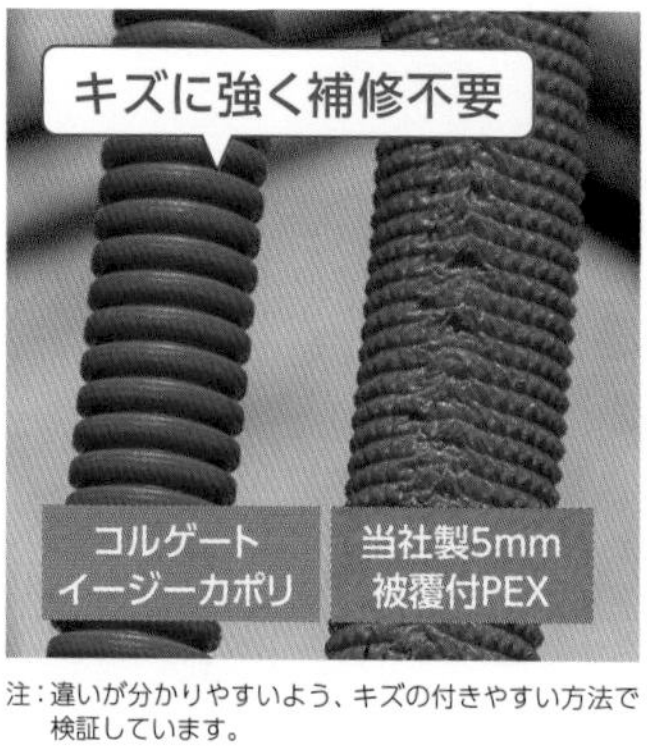
キズに強く補修不要
コルゲート
イージーカポリ
当社製5mm
被覆付PEX

注：違いが分かりやすいよう、キズの付きやすい方法で検証しています。

図2　キズ比較

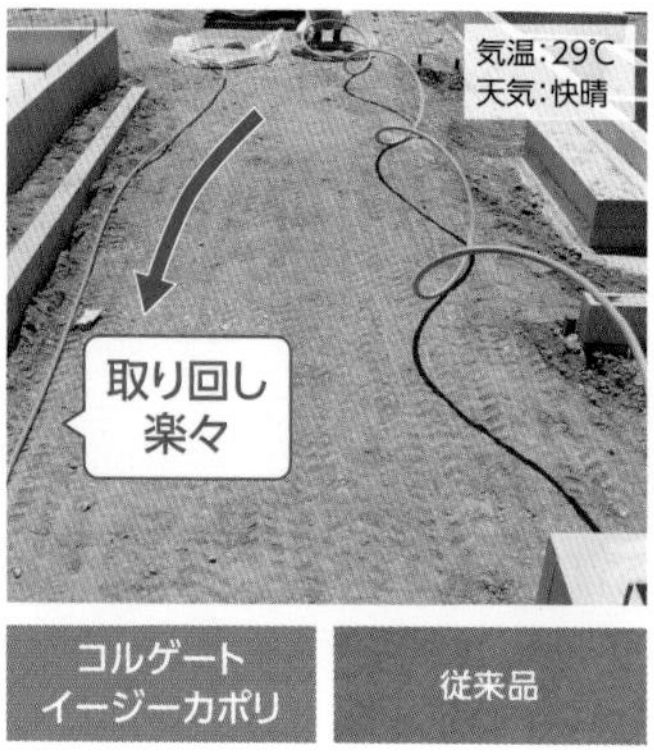
気温：29℃
天気：快晴
取り回し
楽々
コルゲート
イージーカポリ
従来品

図3　巻きぐせ比較

2019年省エネ大賞受賞の低圧損型給水給湯用樹脂製管継手「Revos（レボス）」

給水・給湯管の更新時は、架橋ポリエチレン管だけでなく配管同士や水栓へつなぐ際に使用する継《つぎ》手《て》もリフォームに適した材料の使用が望ましいです。

継手は水が流れる際に水圧の損失が生まれ、その数が増えるほど水圧損失につながり、シャワーなどの流量が減ります。

弊社の低圧損型継手「Revos（レボス）」は、2019年に省エネ大賞の製品・ビジネスモデル部門において、最高賞の経済産業大臣賞を受賞しました。損失抵抗の少ない構造により、スムーズな流れと流量を確保、樹脂管では一般的な内径シール構造の継手と比べて圧力損失を継手1個当たり最大約20分の1に抑えられます。住宅のリフォーム配管等で流量不足を解消し、省エネに大きく寄与する点を評価いただきました。

「Revos」は、PPS（ポリフェニレンサルファイド）樹脂を採用。これは、従来のプラスチックと比較し､優れた力学的特性､耐熱性、耐久性を持つ高機能樹脂"スーパーエンジニアリングプラスチック"に分類され、マンションの長寿命化につながります。

PPS樹脂は金属よりも軽く、軽量化が進む自動車分野でも広く普及しています。また、金属とは異なり「錆びや腐食が発生しない」大きなメリットがあり、清潔な水を長期間供給することが可能です。

図6は、代表的なプラスチックの分類です。

建築現場では、コンクリート埋設や発泡ウレタン、防蟻剤、配管用接着剤等の付着が想定され、その使用環境は樹脂にとって過酷です。PPS樹脂はフッ素樹脂に次ぐ耐薬品性能（200℃以下で溶かす溶媒がない）を持つ結晶性樹脂であり、150℃以上の耐熱性を持ち合わせているため、安心してご使用いただけます。さらに、弊社が採用するPPS樹脂は、添加剤を配合した特殊グレードのため、粘り強く耐衝撃性にも優れています。水回り用途で懸念されるウォーターハンマーによる衝撃や、凍結による膨張もしなやかに吸収することで、破損しにくい特性を保有しています。

安心・安全な暮らし

「丁寧に手を入れれば、建物は100年持つ」といわれていますが、配管材料には周期的な修繕が必要となります。現在では、専有部の給排水管工事を管理組合で取り組むマンションが増えています。マンションの資産価値を維持するためにもコルゲートイージーカポリやRevosのようなリフォームに適した高寿命・高耐久の部材をお選びいただき、皆さまの安心・安全な暮らしをサポートさせていただければ幸いです。

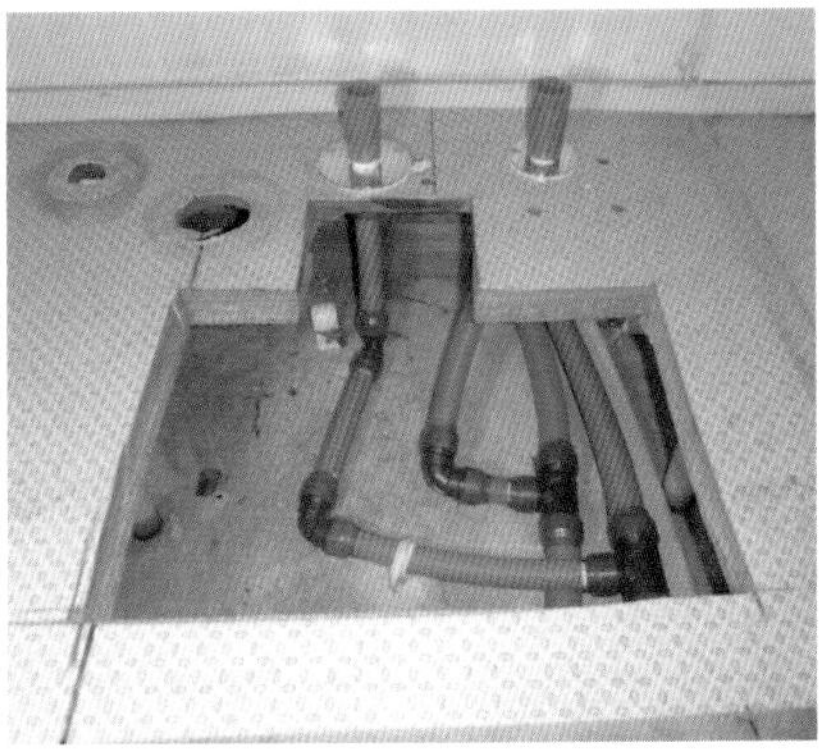

図4　継手を使用したリフォーム現場

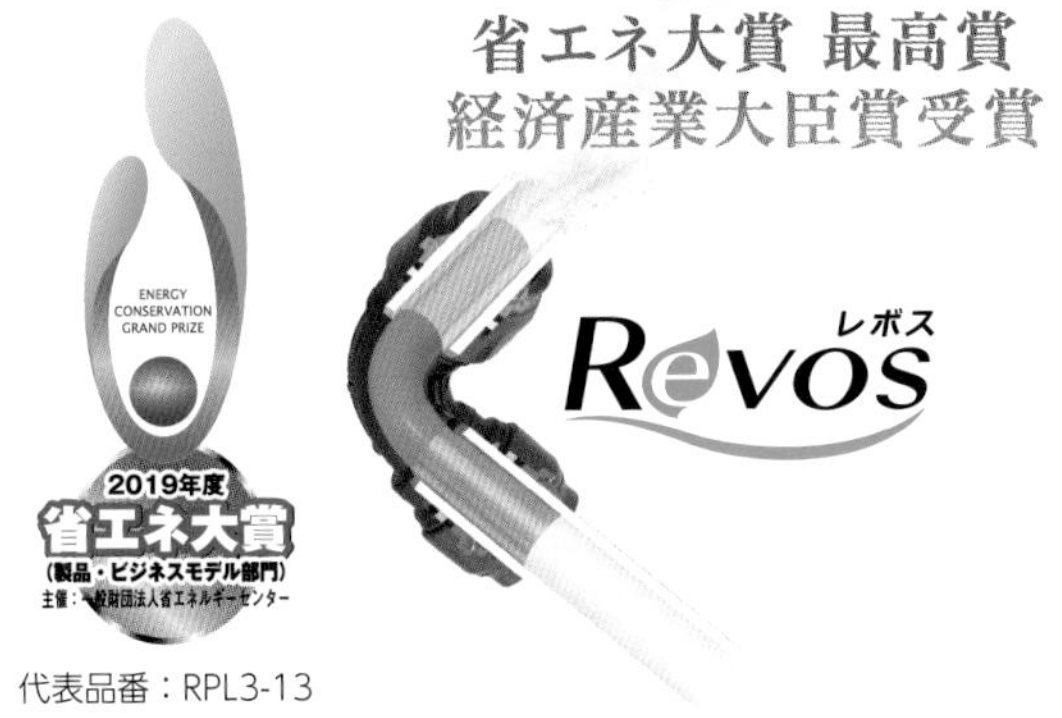
省エネ大賞 最高賞
経済産業大臣賞受賞
ENERGY CONSERVATION GRAND PRIZE
2019年度
省エネ大賞
（製品・ビジネスモデル部門）
Revos
レボス
代表品番：RPL3-13

図5　省エネ大賞受賞

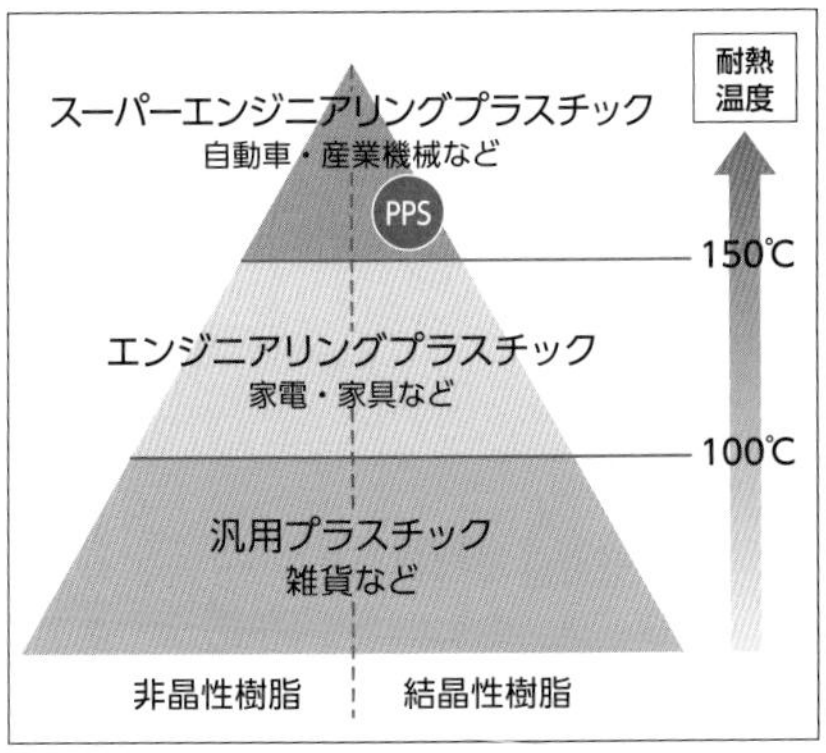
耐熱温度
スーパーエンジニアリングプラスチック
自動車・産業機械など
PPS
150℃
エンジニアリングプラスチック
家電・家具など
100℃
汎用プラスチック
雑貨など
非晶性樹脂
結晶性樹脂

図6　プラスチック分類

問い合わせ先

株式会社オンダ製作所
東京営業所

〒101-0032　東京都千代田区岩本町
1-10-5　TMMビル3階
☎03-5822-2061
https://www.onda.co.jp

積算資料 ポケット版 マンション修繕編〈別冊〉

マンション長寿命化モデル事例集

2024年2月20日 初版発行

編集発行
一般財団法人 経済調査会
〒105-0004 東京都港区新橋6-17-15 菱進御成門ビル

印刷・製本 株式会社ローヤル企画

●書籍購入に関するお問い合わせ
販売 0120-217-106 FAX03-6868-0901
(経済調査会出版物管理事務代行 KSCジャパン㈱)
書店 ☎ 03-5777-8225 FAX 03-5777-8240

●内容に関するお問い合わせ
出版事業部 調査企画室
☎ 03-5777-8221 FAX 03-5777-8236

●広告に関するお問い合わせ
メディア事業部
☎ 03-5777-8223 FAX 03-5777-8238

ISBN978-4-86374-348-9

編集協力
国土交通省 住宅局参事官(マンション・賃貸住宅担当)付
齊藤 広子 (横浜市立大学 国際教養学部 教授)
独立行政法人 住宅金融支援機構 マンション・まちづくり支援部
江守 芙実 (NPO法人耐震総合安全機構(JASO))
一般社団法人 日本建材・住宅設備産業協会
大木 祐悟 (旭化成不動産レジデンス株式会社マンション建替え研究所)
重水 丈人 (旭化成不動産レジデンス株式会社マンション建替え研究所)